Arzneimittelgesetz

Arzneimittelgesetz

Text mit Kurzdarstellung des Arzneimittelrechts und arzneimittelbezogenen Regelungen des Sozialgesetzbuches

Herausgegeben von
Hermann Josef Pabel, Bonn

8. Auflage
Stand: 26. Juli 2000

Deutscher Apotheker Verlag Stuttgart 2001

Ein Markenzeichen kann warenrechtlich geschützt sein, auch wenn ein Hinweis auf bestehende Schutzrechte fehlt.

Die deutsche Bibliothek – CIP-Einheitsaufnahme

Arzneimittelgesetz : Text mit Kurzdarstellung des Arzneimittelrechts / hrsg. von Hermann Josef Pabel. – 8. Aufl., Stand: 26. Juli 2000. – Stuttgart : Dt. Apotheker-Verl., 2001
  ISBN 3-7692-2873-1

Alle Rechte, auch die des auszugsweisen Nachdrucks, der photomechanischen Wiedergabe (durch Photokopie, Mikrofilm oder irgendein anderes Verfahren) und der Übersetzung, vorbehalten.
© 2001 Deutscher Apotheker Verlag, Birkenwaldstraße 44, 70191 Stuttgart
Printed in Germany
Satz: primustype Robert Hurler, Notzingen
Druck: Hofmann, Schorndorf
Umschlagsgestaltung: Atelier Schäfer, Esslingen

Inhaltsverzeichnis

Fünfter Abschnitt   Registrierung homöopathischer Arzneimittel

Sechster Abschnitt   Schutz des Menschen bei der klinischen Prüfung

Siebter Abschnitt   Abgabe von Arzneimitteln

Achter Abschnitt   Sicherung und Kontrolle der Qualität   §§

Neunter Abschnitt   Sondervorschriften für Arzneimittel, die bei Tieren angewendet werden

Zehnter Abschnitt   Beobachtung, Sammlung und Auswertung von Arzneimittelrisiken

Elfter Abschnitt   Überwachung

Zwölfter Abschnitt   Sondervorschriften für Bundeswehr, Bundesgrenzschutz, Bereitschaftspolizei, Zivilschutz

Kurzdarstellung des Arzneimittelrechts 167

Übersicht   Seite

Gesetz über den Verkehr mit Arzneimitteln (Arzneimittelgesetz)

in der Fassung der Bekanntmachung vom 11. Dezember 1998 (BGBl. I S. 3585), zuletzt geändert durch Gesetz vom 25. Juli 2000 (BGBl. I S. 1045)

Die Bekanntmachung der Neufassung des Arzneimittelgesetzes vom 11. Dezember 1998 hat berücksichtigt:

1. die teils am 2. September 1976, teils am 1. Januar 1978 in Kraft getretenen Artikel 1, 2 und 3 des Gesetzes vom 24. August 1976 (BGBl. I S. 2445, 2448, 2476),
2. den am 2. September 1976 in Kraft getretenen Artikel 1 des Gesetzes über Regelungen auf dem Arzneimittelmarkt vom 24. August 1976 (BGBl. I S. 2483),
3. die teils am 2. März 1983, teils am 1. Juli 1983, teils am 1. Januar 1986 in Kraft getretenen Artikel 1, 2 und 3 des Gesetzes vom 24. Februar 1983 (BGBl. I S. 169, 176),
4. die teils am 22. August 1986, teils am 1. Februar 1987, teils am 1. Januar 1988 in Kraft getretenen Artikel 1 und 2 des Gesetzes vom 16. August 1986 (BGBl. I S. 1296, 1303),
5. den mit Wirkung vom 6. Juni 1986 in Kraft getretenen Artikel 1 der Verordnung vom 26. November 1986 (BGBl. I S. 2089),
6. die am 27. Juli 1988 in Kraft getretenen Artikel 1, 2 und 3 des Gesetzes vom 20. Juli 1988 (BGBl. I S. 1050, 1051),
7. den am 31. Dezember 1989 in Kraft getretenen Artikel 1 des Gesetzes vom 22. Dezember 1989 (BGBl. I S. 2462),
8. die teils am 20. April 1990, teils am 1. Januar 1992, teils am 1. Januar 1993, teils am 1. Januar 1994 in Kraft getretenen Artikel 1, 2, 3 und 4 des Gesetzes vom 11. April 1990 (BGBl. I S. 717, 724, 726),
9. den am 29. September 1990 in Kraft getretenen Artikel 1 des Gesetzes vom 23. September 1990 in Verbindung mit Anlage I Kapitel X Sachgebiet D Abschnitt II Nr. 23, 24 und 25 des Einigungsvertrages vom 31. August 1990 (BGBl. II S. 885, 1084),
10. den am 1. Januar 1993 in Kraft getretenen Artikel 18 des Gesetzes vom 21. Dezember 1992 (BGBl. I S. 2266, 2327),
11. die am 13. März 1993 in Kraft getretenen Artikel 9 und 10 der Verordnung vom 26. Februar 1993 (BGBl. I S. 278, 279),
12. den am 1. Januar 1994 in Kraft getretenen Artikel 4 des Gesetzes vom 27. April 1993 (BGBl. I S. 512, 514, 2436),
13. den am 1. Juli 1994 in Kraft getretenen Artikel 4 §§ 1 und 2 des Gesetzes vom 24. Juni 1994 (BGBl. I S. 1416, 1418),
14. den am 1. Januar 1995 in Kraft getretenen § 51 des Gesetzes vom 2. August 1994 (BGBl. I S. 1963, 1982),
15. den teils am 17. August 1994, teils am 17. August 1995, teils am 1. Januar 1996, teils am 17. August 1996 in Kraft getretenen Artikel 1 des Gesetzes vom 9. August 1994 (BGBl. I S. 2071);
16. den am 28. Dezember 1996 in Kraft getretenen Artikel 1 des Gesetzes vom 20. Dezember 1996 (BGBl. I S. 2084)[1],
17. den mit Wirkung vom 14. Oktober 1997 in Kraft getretenen Artikel 3 der Verordnung vom 21. September 1997 (BGBl. I S. 2390)[2],
18. den am 1. Dezember 1997 in Kraft getretenen § 21 des Gesetzes vom 5. November 1997 (BGBl. I S. 2631)[3],

19. den teils am 4. März 1998 in Kraft getretenen, teils am 1. April 1999 in Kraft tretenden Artikel 1 des Gesetzes vom 25. Februar 1998 (BGBl. I S. 374)[4],
20. den am 7. Juli 1998 in Kraft getretenen § 34 des Gesetzes vom 1. Juli 1998 (BGBl. I S. 1752)[5],
21. den am 12. August 1998 in Kraft getretenen Artikel 5 des Gesetzes vom 6. August 1998 (BGBl. I S. 2005)[6],
22. den am 11. September 1998 in Kraft getretenen Artikel 1 des Gesetzes vom 7. September 1998 (BGBl. I S. 2649)[7].

weitere in dieser Textfassung berücksichtigt und im Druck hervorgehobene Änderungen durch

23. **den am 31. Juli 1999 in Kraft getretenen Artikel 1 des Neunten Gesetzes zur Änderung des Arzneimittelgesetzes vom 26. Juli 1999 (BGBl. I S. 1666),**
24. **den teils am 12. Juli 2000, ein abweichendes Inkrafttreten ist bei der entsprechenden Änderung angemerkt, teils am 1. Februar 2001, teils am 1. August 2001 in Kraft tretenden Artikel 1 und den am 12. Juli 2000 in Kraft getretenen Artikel 2 des Zehnten Gesetzes zur Änderung des Arzneimittelgesetzes vom 4. Juli 2000 (BGBl. I S. 1002)**
25. **den am 25. Juli 2000 in Kraft getretenen Art. 2 des Vierten Gesetzes zur Änderung des Futtermittelgesetzes vom 20. Juli 2000 (BGBl. I S. 1040)**
26. **den am 25. Juli 2000 in Kraft getretenen Teil 4 § 10 des Gesetzes vom 20. Juli 2000 (BGBl. I S. 1045)[8]**

---

1 Sechstes Änderungsgesetz AMG
2 Sechste Zuständigkeitsanpassungs-Verordnung
3 Transplantationsgesetz
4 Siebtes Änderungsgesetz AMG
5 Transfusionsgesetz
6 Erstes Änderungsgesetz MPG
7 Achtes Änderungsgesetz AMG
8 Seuchenrechtsneuordnungsgesetz

Erster Abschnitt   Zweck des Gesetzes und Begriffsbestimmungen

§ 1   Zweck des Gesetzes

Es ist der Zweck dieses Gesetzes, im Interesse einer ordnungsgemäßen Arzneimittelversorgung von Mensch und Tier für die Sicherheit im Verkehr mit Arzneimitteln, insbesondere für die Qualität, Wirksamkeit und Unbedenklichkeit der Arzneimittel nach Maßgabe der folgenden Vorschriften zu sorgen.

§ 2[1]   Arzneimittelbegriff

(1) Arzneimittel sind Stoffe und Zubereitungen aus Stoffen, die dazu bestimmt sind, durch Anwendung am oder im menschlichen oder tierischen Körper

1. Krankheiten, Leiden, Körperschäden oder krankhafte Beschwerden zu heilen, zu lindern, zu verhüten oder zu erkennen,
2. die Beschaffenheit, den Zustand oder die Funktionen des Körpers oder seelische Zustände erkennen zu lassen,
3. vom menschlichen oder tierischen Körper erzeugte Wirkstoffe oder Körperflüssigkeiten zu ersetzen,
4. Krankheitserreger, Parasiten oder körperfremde Stoffe abzuwehren, zu beseitigen oder unschädlich zu machen oder
5. die Beschaffenheit, den Zustand oder die Funktionen des Körpers oder seelische Zustände zu beeinflussen.

(2) Als Arzneimittel gelten

1. Gegenstände, die ein Arzneimittel nach Absatz 1 enthalten oder auf die ein Arzneimittel nach Absatz 1 aufgebracht ist und die dazu bestimmt sind, dauernd oder vorübergehend mit dem menschlichen oder tierischen Körper in Berührung gebracht zu werden,
1a. tierärztliche Instrumente, soweit sie zur einmaligen Anwendung bestimmt sind und aus der Kennzeichnung hervorgeht, daß sie einem Verfahren zur Verminderung der Keimzahl unterzogen worden sind,
2. Gegenstände, die, ohne Gegenstände nach Nummer 1 oder 1a zu sein, dazu bestimmt sind, zu den in Absatz 1 Nr. 2 oder 5 bezeichneten Zwecken in den tierischen Körper dauernd oder vorübergehend eingebracht zu werden, ausgenommen tierärztliche Instrumente,
3. (weggefallen)
4. Stoffe und Zubereitungen aus Stoffen, die, auch im Zusammenwirken mit anderen Stoffen oder Zubereitungen aus Stoffen, dazu bestimmt sind, ohne am oder im menschlichen oder tierischen Körper angewendet zu werden,

---

[1] Absatz 2 Nr. 1 a geänd., Nr. 2 neugef., Nr. 3 aufgeh., Nr. 4 Buchst. b neugef., Absatz 3 Nr. 5 aufgeh. und Nr. 7 angef. durch § 51 Nr. 1 des Medizinproduktegesetzes v. 2. 8. 1994 (BGBl. I S. 1963); Absatz 3 Nr. 8 angef. durch § 21 Nr. 1 des Transplantationsgesetzes vom 5. 11. 1997 (BGBl. I. S. 2631); Absatz 2 Nr. 7 neugef. durch Art. 5 Ges. v. 6. 8. 1998 (BGBl. I S. 2005); **Absatz 3 Nr. 6 geändert durch Art. 2 des Gesetzes vom 20. Juli 2000 (BGBl. I S. 1040).**

a) die Beschaffenheit, den Zustand oder die Funktionen des Körpers erkennen zu lassen oder der Erkennung von Krankheitserregern zu dienen,

b) Krankheitserreger oder Parasiten zu bekämpfen, ausgenommen solche, die dazu bestimmt sind, der Bekämpfung von Mikroorganismen einschließlich Viren bei Bedarfsgegenständen im Sinne des § 5 Abs. 1 Nr. 1 des Lebensmittel- und Bedarfsgegenständegesetzes oder bei Medizinprodukten im Sinne des § 3 Nr. 1, 2, 6, 7 und 8 des Medizinproduktegesetzes zu dienen.

(3) Arzneimittel sind nicht

1. Lebensmittel im Sinne des § 1 des Lebensmittel- und Bedarfsgegenständegesetzes,
2. Tabakerzeugnisse im Sinne des § 3 des Lebensmittel- und Bedarfsgegenständegesetzes,
3. kosmetische Mittel im Sinne des § 4 des Lebensmittel- und Bedarfsgegenständegesetzes,
4. Stoffe oder Zubereitungen aus Stoffen, die ausschließlich dazu bestimmt sind, äußerlich am Tier zur Reinigung oder Pflege oder zur Beeinflussung des Aussehens oder des Körpergeruchs angewendet zu werden, soweit ihnen keine Stoffe oder Zubereitungen aus Stoffen zugesetzt sind, die vom Verkehr außerhalb der Apotheke ausgeschlossen sind,
5. (weggefallen)
6. Futtermittel, Zusatzstoffe und Vormischungen im Sinne **der §§ 2 bis 2b Abs. 1 Nr. 1** des Futtermittelgesetzes,
7. Medizinprodukte und Zubehör für Medizinprodukte im Sinne des § 3 des Medizinproduktegesetzes, es sei denn, es handelt sich um Arzneimittel im Sinne des § 2 Abs. 1 Nr. 2,
8. die in § 9 Satz 1 des Transplantationsgesetzes genannten Organe und Augenhornhäute, wenn sie zur Übertragung auf andere Menschen bestimmt sind.

(4) ¹Solange ein Mittel nach diesem Gesetz als Arzneimittel zugelassen oder registriert oder durch Rechtsverordnung von der Zulassung oder Registrierung freigestellt ist, gilt es als Arzneimittel. ²Hat die zuständige Bundesoberbehörde die Zulassung oder Registrierung eines Mittels mit der Begründung abgelehnt, daß es sich um kein Arzneimittel handelt, so gilt es nicht als Arzneimittel.

§ 3   Stoffbegriff

Stoffe im Sinne dieses Gesetzes sind

1. chemische Elemente und chemische Verbindungen sowie deren natürlich vorkommende Gemische und Lösungen,
2. Pflanzen, Pflanzenteile und Pflanzenbestandteile in bearbeitetem oder unbearbeitetem Zustand,
3. Tierkörper, auch lebender Tiere, sowie Körperteile, -bestandteile und Stoffwechselprodukte von Mensch oder Tier in bearbeitetem oder unbearbeitetem Zustand,
4. Mikroorganismen einschließlich Viren sowie deren Bestandteile oder Stoffwechselprodukte.

§ 4¹ Sonstige Begriffsbestimmungen

(1) Fertigarzneimittel sind Arzneimittel, die im voraus hergestellt und in einer zur Abgabe an den Verbraucher bestimmten Packung in den Verkehr gebracht werden.

(2) Blutzubereitungen sind Arzneimittel, die aus Blut gewonnene Blut-, Plasma- oder Serumkonserven, Blutbestandteile oder Zubereitungen aus Blutbestandteilen sind oder als arzneilich wirksame Bestandteile enthalten.

(3) ¹Sera sind Arzneimittel im Sinne des § 2 Abs. 1, die aus Blut, Organen, Organteilen oder Organsekreten gesunder, kranker, krank gewesener oder immunisatorisch vorbehandelter Lebewesen gewonnen werden, spezifische Antikörper enthalten und die dazu bestimmt sind, wegen dieser Antikörper angewendet zu werden. ²Sera gelten nicht als Blutzubereitungen im Sinne des Absatzes 2.

(4) Impfstoffe sind Arzneimittel im Sinne des § 2 Abs. 1, die Antigene enthalten und die dazu bestimmt sind, bei Mensch oder Tier zur Erzeugung von spezifischen Abwehr- und Schutzstoffen angewendet zu werden.

(5) Testallergene sind Arzneimittel im Sinne des § 2 Abs. 1, die Antigene oder Haptene enthalten und die dazu bestimmt sind, bei Mensch oder Tier zur Erkennung von spezifischen Abwehr- oder Schutzstoffen angewendet zu werden.

(6) Testsera sind Arzneimittel im Sinne des § 2 Abs. 2 Nr. 4 Buchstabe a, die aus Blut, Organen, Organteilen oder Organsekreten gesunder, kranker, krank gewesener oder immunisatorisch vorbehandelter Lebewesen gewonnen werden, spezifische Antikörper enthalten und die dazu bestimmt sind, wegen dieser Antikörper verwendet zu werden, sowie die dazu gehörenden Kontrollsera.

(7) Testantigene sind Arzneimittel im Sinne des § 2 Abs. 2 Nr. 4 Buchstabe a, die Antigene oder Haptene enthalten und die dazu bestimmt sind, als solche verwendet zu werden.

(8) Radioaktive Arzneimittel sind Arzneimittel, die radioaktive Stoffe sind oder enthalten und ionisierende Strahlen spontan aussenden und die dazu bestimmt sind, wegen dieser Eigenschaften angewendet zu werden; als radioaktive Arzneimittel gelten auch für die Radiomarkierung anderer Stoffe vor der Verabreichung hergestellte Radionuklide (Vorstufen) sowie die zur Herstellung von radioaktiven Arzneimitteln bestimmten Systeme mit einem fixierten Mutterradionuklid, das ein Tochterradionuklid bildet, (Generatoren).

(9) (weggefallen)

---

[1] Absätze 5 und 7 geändert durch Art. 1 Nr. 1 Ges. v. 11. 4. 1990 (BGBl. I S. 717); Absatz 8 geänd. durch Art. 1 Nr. 2 Ges. v. 16. 8. 1986 (BGBl. I S. 1296), 2. Halbsatz eingef. durch Art. 1 Nr. 1 Buchst. a Ges. v. 24. 2. 1983 (BGBl. I S. 169; Abs. 12 geänd. durch Art. 1 Nr. 1 Buchst. b Ges. v. 9. 8. 1994 (BGBl. I S. 2071); Absatz 19 eingef. durch Art. 1 Nr. 1 Buchst. c Ges. v. 11. 4. 1990 (BGBl. I S. 717); Absatz 9 aufgeh. mit Wirkung vom 1. 1. 1995 durch § 51 Nr. 2 des Medizinproduktegesetzes v. 2. 8. 1994 (BGBl. I S. 1963). Die Änderungen durch das Medizinproduktegesetz gelten ab 1. 1. 1995. Absatz 2 geändert durch Art. 1 Nr. 1 Ges. v. 7. 9. 1998 (BGBl. I S. 2649)

(10) Fütterungsarzneimittel sind Arzneimittel in verfütterungsfertiger Form, die aus Arzneimittel-Vormischungen und Mischfuttermitteln hergestellt werden und die dazu bestimmt sind, zur Anwendung bei Tieren in den Verkehr gebracht zu werden.

(11) Arzneimittel-Vormischungen sind Arzneimittel, die dazu bestimmt sind, zur Herstellung von Fütterungsarzneimitteln verwendet zu werden.

(12) Wartezeit ist die Zeit, innerhalb der bei bestimmungsgemäßer Anwendung von Arzneimitteln bei Tieren mit Rückständen nach Art und Menge gesundheitlich nicht unbedenklicher Stoffe, insbesondere in solchen Mengen, die festgesetzte Höchstmengen überschreiten, in den Lebensmitteln gerechnet werden muß, die von den behandelten Tieren gewonnen werden, einschließlich einer angemessenen Sicherheitsspanne.

(13) Nebenwirkungen sind die beim bestimmungsgemäßen Gebrauch eines Arzneimittels auftretenden unerwünschten Begleiterscheinungen.

(14) Herstellen ist das Gewinnen, das Anfertigen, das Zubereiten, das Be- oder Verarbeiten, das Umfüllen einschließlich Abfüllen, das Abpacken und das Kennzeichnen.

(15) Qualität ist die Beschaffenheit eines Arzneimittels, die nach Identität, Gehalt, Reinheit, sonstigen chemischen, physikalischen, biologischen Eigenschaften oder durch das Herstellungsverfahren bestimmt wird.

(16) Eine Charge ist die jeweils in einem einheitlichen Herstellungsgang erzeugte Menge eines Arzneimittels.

(17) Inverkehrbringen ist das Vorrätighalten zum Verkauf oder zu sonstiger Abgabe, das Feilhalten, das Feilbieten und die Abgabe an andere.

(18) Pharmazeutischer Unternehmer ist, wer Arzneimittel unter seinem Namen in den Verkehr bringt.

(19) Wirkstoffe sind Stoffe, die dazu bestimmt sind, bei der Herstellung von Arzneimitteln als arzneilich wirksame Bestandteile verwendet zu werden.

Zweiter Abschnitt   Anforderungen an die Arzneimittel

§ 5 Verbot bedenklicher Arzneimittel

(1) Es ist verboten, bedenkliche Arzneimittel in den Verkehr zu bringen.

(2) Bedenklich sind Arzneimittel, bei denen nach dem jeweiligen Stand der wissenschaftlichen Erkenntnisse der begründete Verdacht besteht, daß sie bei bestimmungsgemäßem Gebrauch schädliche Wirkungen haben, die über ein nach den Erkenntnissen der medizinischen Wissenschaft vertretbares Maß hinausgehen.

§ 6[1]   Ermächtigung zum Schutz der Gesundheit

(1) Das Bundesministeriumium für Gesundheit (Bundesministerium) wird ermächtigt, durch Rechtsverordnung mit Zustimmung des Bundesrates die Verwendung bestimmter Stoffe, Zubereitungen aus Stoffen oder Gegenstände bei der Herstellung von Arzneimitteln vorzuschreiben, zu beschränken oder zu verbieten und das Inverkehrbringen von Arzneimitteln, die nicht nach diesen Vorschriften hergestellt sind, zu untersagen, soweit es geboten ist, um eine unmittelbare oder mittelbare Gefährdung der Gesundheit von Mensch oder Tier durch Arzneimittel zu verhüten.

(2) Die Rechtsverordnung nach Absatz 1 ergeht im Einvernehmen mit dem Bundesministerium für Umwelt, Naturschutz und Reaktorsicherheit, soweit es sich um radioaktive Arzneimittel und um Arzneimittel handelt, bei deren Herstellung ionisierende Strahlen verwendet werden, und im Einvernehmen mit dem Bundesministerium für Ernährung, Landwirtschaft und Forsten, soweit es sich um Arzneimittel handelt, die zur Anwendung bei Tieren bestimmt sind.

§ 6 a[2]   Verbot von Arzneimitteln zu Dopingzwecken im Sport

(1) Es ist verboten, Arzneimittel zu Dopingzwecken im Sport in den Verkehr zu bringen, zu verschreiben oder bei anderen anzuwenden.

(2) Absatz 1 findet nur Anwendung auf Arzneimittel, die Stoffe der im Anhang des Übereinkommens gegen Doping (Gesetz vom 2. März 1994 zu dem Übereinkommen vom 16. November 1989 gegen Doping, BGBl. 1994 II S. 334) aufgeführten Gruppen von Dopingwirkstoffen enthalten, sofern

1. das Inverkehrbringen, Verschreiben oder Anwenden zu anderen Zwecken als der Behandlung von Krankheiten erfolgt und
2. das Doping bei Menschen erfolgt oder erfolgen soll.

(3) Das Bundesministerium wird ermächtigt, im Einvernehmen mit dem Bundesministerium des Innern durch Rechtsverordnung mit Zustimmung des Bundesrates weitere Stoffe oder Zubereitungen aus Stoffen zu bestimmen, auf die Absatz 1 Anwendung findet, soweit dies geboten ist, um eine unmittelbare oder mittelbare Gefährdung der Gesundheit des Menschen durch Doping im Sport zu verhüten.

§ 7[3]   Radioaktive und mit ionisierenden Strahlen behandelte Arzneimittel

(1) Es ist verboten, radioaktive Arzneimittel oder Arzneimittel, bei deren Herstellung ionisierende Strahlen verwendet worden sind, in den Verkehr zu bringen, es sei denn, daß dies durch Rechtsverordnung nach Absatz 2 zugelassen ist.

---

[1] § 6 Abs. 1 u. 2 geänd. gem. Art. 1 Nr. 1 Buchst. a VO v. 26. 11. 1986 (BGBl. I S. 2089) und Absatz 1 gem. Art. 10 Nr. 1 VO v. 26. 2. 1993 (BGBl. I S. 278) und Art. 1 Nr. 54 Ges. v. 9. 8. 1994 (BGBl. I S. 2071).
[2] § 6 a eingef. durch Art. 1 Nr. 2 Ges. v. 7. 9. 1998 (BGBl. I S. 2649).
[3] § 7 Abs. 2 geänd. gem. Art. 1 Nr. 1 VO v. 26. 11. 1986 (BGBl. I S. 2089) und durch Art. 1 Nr. 54 Ges. v. 9. 8. 1994 (BGBl. I S. 2071).

(2) [1]Das Bundesministerium wird ermächtigt, im Einvernehmen mit dem Bundesministerium für Umwelt, Naturschutz und Reaktorsicherheit und, soweit es sich um Arzneimittel handelt, die zur Anwendung bei Tieren bestimmt sind, im Einvernehmen mit dem Bundesministerium für Ernährung, Landwirtschaft und Forsten, durch Rechtsverordnung mit Zustimmung des Bundesrates das Inverkehrbringen radioaktiver Arzneimittel oder bei der Herstellung von Arzneimitteln die Verwendung ionisierender Strahlen zuzulassen, soweit dies nach dem jeweiligen Stand der wissenschaftlichen Erkenntnisse zu medizinischen Zwekken geboten und für die Gesundheit von Mensch oder Tier unbedenklich ist. [2]In der Rechtsverordnung können für die Arzneimittel der Vertriebsweg bestimmt sowie Angaben über die Radioaktivität auf dem Behältnis, der äußeren Umhüllung und der Packungsbeilage vorgeschrieben werden.

§ 8   Verbote zum Schutz vor Täuschung

(1) [1]Es ist verboten, Arzneimittel herzustellen oder in den Verkehr zu bringen, die
1. durch Abweichung von den anerkannten pharmazeutischen Regeln in ihrer Qualität nicht unerheblich gemindert sind oder
2. mit irreführender Bezeichnung, Angabe oder Aufmachung versehen sind.
   [2]Eine Irreführung liegt insbesondere dann vor, wenn
   a) Arzneimitteln eine therapeutische Wirksamkeit oder Wirkungen beigelegt werden, die sie nicht haben,
   b) fälschlich der Eindruck erweckt wird, daß ein Erfolg mit Sicherheit erwartet werden kann oder daß nach bestimmungsgemäßem oder längerem Gebrauch keine schädlichen Wirkungen eintreten,
   c) zur Täuschung über die Qualität geeignete Bezeichnungen, Angaben oder Aufmachungen verwendet werden, die für die Bewertung des Arzneimittels mitbestimmend sind.

(2) Es ist verboten, Arzneimittel in den Verkehr zu bringen, deren Verfalldatum abgelaufen ist.

§ 9[1]   Der Verantwortliche für das Inverkehrbringen

(1) Arzneimittel, die im Geltungsbereich dieses Gesetzes in den Verkehr gebracht werden, müssen den Namen oder die Firma und die Anschrift des pharmazeutischen Unternehmers tragen.

(2) Arzneimittel dürfen im Geltungsbereich dieses Gesetzes nur durch einen pharmazeutischen Unternehmer in den Verkehr gebracht werden, der seinen Sitz im Geltungsbereich dieses Gesetzes, in einem anderen Mitgliedstaat der Europäischen Gemeinschaften oder in einem anderen Vertragsstaat des Abkommens über den Europäischen Wirtschaftsraum hat.

---

[1] § 9 Abs. 2 geänd. durch Art. 4 Nr. 1 Ges. v. 27. 4. 1993 (BGBl I S. 514).

§ 10[1]   Kennzeichnung der Fertigarzneimittel

(1) [1]Fertigarzneimittel, die Arzneimittel im Sinne des § 2 Abs. 1 oder Abs. 2 Nr. 1 sind, dürfen im Geltungsbereich dieses Gesetzes nur in den Verkehr gebracht werden, wenn auf den Behältnissen und, soweit verwendet, auf den äußeren Umhüllungen in gut lesbarer Schrift, allgemeinverständlich in deutscher Sprache und auf dauerhafte Weise angegeben sind

1. der Name oder die Firma und die Anschrift des pharmazeutischen Unternehmers,
2. die Bezeichnung des Arzneimittels; sofern das Arzneimittel unter gleicher Bezeichnung in mehreren Darreichungsformen oder Stärken in den Verkehr gebracht wird, muß dieser Bezeichnung die Angabe der Darreichungsform, der Stärke oder der Personengruppe, für die das Arzneimittel bestimmt ist, folgen, es sei denn, daß diese Angabe bereits in der Bezeichnung enthalten ist,
3. die Zulassungsnummer mit der Abkürzung „Zul.-Nr.",
4. die Chargenbezeichnung, soweit das Arzneimittel in Chargen in den Verkehr gebracht wird, mit der Abkürzung „Ch.-B.", soweit es nicht in Chargen in den Verkehr gebracht werden kann, das Herstellungsdatum,
5. die Darreichungsform,
6. der Inhalt nach Gewicht, Rauminhalt oder Stückzahl,
7. die Art der Anwendung,
8. die arzneilich wirksamen Bestandteile nach Art und Menge und weitere Bestandteile nach der Art, soweit dies durch Auflage der zuständigen Bundesoberbehörde nach § 28 Abs. 2 Nr. 1 angeordnet oder durch Rechtsverordnung nach § 12 Abs. 1 Nr. 4 oder nach § 36 Abs. 1 vorgeschrieben ist; bei Arzneimitteln zur parenteralen oder zur topischen Anwendung, einschließlich der Anwendung am Auge, alle Bestandteile nach der Art,

8 a bei gentechnologisch gewonnenen Arzneimitteln der Wirkstoff und die Bezeichnung des bei der Herstellung verwendeten gentechnisch veränderten Mikroorganismus oder die Zellinie,

9. das Verfalldatum mit dem Hinweis „verwendbar bis",
10. bei Arzneimitteln, die nur auf ärztliche, zahnärztliche oder tierärztliche Verschreibung abgegeben werden dürfen, der Hinweis „Verschreibungspflichtig", bei sonstigen Arzneimitteln, die nur in Apotheken an Verbraucher abgegeben werden dürfen, der Hinweis „Apothekenpflichtig",
11. bei Mustern der Hinweis „Unverkäufliches Muster",
12. der Hinweis, daß Arzneimittel unzugänglich für Kinder aufbewahrt werden sollen, es sei denn, es handelt sich um Heilwässer,

---

[1] § 10 Abs. 1 geänd. und Abs. 1a eingef. durch Art. 1 Nr. 4 Ges. v. 16. 8. 1986 (BGBl. I S. 1296) und durch Art. 1 Nr. 2 Ges. v. 9. 8. 1994 (BGBl. I S. 2071); Absatz 1 Satz 1 Nr. 8 a eingef., Absatz 1 a 2. Halbsatz eingef., Absatz 4 Satz 4 angef. und Absatz 5 Nr. 3 a eingef. durch Art. 1 Nr. 2 Ges. v. 11. 4. 1990 (BGBl. I S. 717); Absatz 2 Nr. 2 2, Halbsatz eingefügt, Nr. 8 neugef., Nr. 12 und 13 eingef., Satz 2 und 3 angef., Absatz 2, 4 und 7 neugef., Absatz 5 Satz 1 Nr. 1 geänd., Satz 2 und 3 angef., Absatz 8 Satz 1 neugef. und Absatz 10 angef. durch Art. 1 Nr. 2 Ges. v. 9. 8. 1994 (BGBl. I S. 2071); Absatz 8 Satz 3 angef. durch § 34 Nr. 1 des Transfusionsgesetzes v. 1. 7. 1998 (BGBl. I S. 1752); Absatz 1 Satz 1 Nr. 8 und 13 sowie Absatz 8 Satz 2 geänd. durch Art. 1 Nr. 3 Ges. v. 7. 9. 1998 (BGBl. I S. 2649); **Absatz 8 Satz 1 geändert, Satz 2 eingef. durch Art. 1 Nr. 01 des Gesetzes vom 4. Juli 2000 (BGBl. I S. 1002).**

13. soweit erforderlich besondere Vorsichtsmaßnahmen für die Beseitigung
von nicht verwendeten Arzneimitteln oder sonstige besondere Vorsichtsmaßnahmen, um Gefahren für die Umwelt zu vermeiden.

²Sofern die Angaben nach Satz 1 zusätzlich in einer anderen Sprache wiedergegeben werden, müssen in dieser Sprache die gleichen Angaben gemacht werden.
³Weitere Angaben sind zulässig, soweit sie mit der Verwendung des Arzneimittels in Zusammenhang stehen, für die gesundheitliche Aufklärung wichtig sind
und den Angaben nach § 11a nicht widersprechen.

(1a) Bei Arzneimitteln, die nur einen arzneilich wirksamen Bestandteil enthalten, muß der Angabe nach Absatz 1 Nr. 2 die Bezeichnung dieses Bestandteils
mit dem Hinweis „Wirkstoff:" folgen; dies gilt nicht, wenn in der Angabe nach
Absatz 1 Nr. 2 die Bezeichnung des arzneilich wirksamen Bestandteils nach
Absatz 1 Nr. 8 enthalten ist.

(2) Es sind ferner Warnhinweise, für die Verbraucher bestimmte Aufbewahrungshinweise und für die Fachkreise bestimmte Lagerhinweise anzugeben,
soweit dies nach dem jeweiligen Stand der wissenschaftlichen Erkenntnisse
erforderlich oder durch Auflagen der zuständigen Bundesoberbehörde nach
§ 28 Abs. 2 Nr. 1 angeordnet oder durch Rechtsverordnung vorgeschrieben ist.

(3) Bei Sera ist auch die Art des Lebewesens, aus dem sie gewonnen sind, bei
Virusimpfstoffen das Wirtssystem, das zur Virusvermehrung gedient hat, anzugeben.

(4) ¹Bei Arzneimitteln, die in das Register für homöopathische Arzneimittel
eingetragen sind, muß bei der Bezeichnung nach Absatz 1 Satz 1 Nr. 2 der Hinweis „Homöopathisches Arzneimittel" angegeben werden. ²An die Stelle der
Angaben nach Absatz 1 Satz 1 Nr. 3 tritt die Registernummer mit der Abkürzung „Reg-Nr.". ³Angaben über Anwendungsgebiete dürfen nicht gemacht
werden. ⁴Es ist die Angabe „Registriertes homöopathisches Arzneimittel,
daher ohne Angabe einer therapeutischen Indikation" und bei Arzneimitteln,
die zur Anwendung bei Menschen bestimmt sind, der Hinweis an den Anwender, bei während der Anwendung des Arzneimittels fortdauernden Krankheitssymptomen medizinischen Rat einzuholen, aufzunehmen. ⁵Die Angaben nach
Absatz 1 Satz 1 Nr. 12 und 13 können entfallen. ⁶Die Sätze 1 und 3 bis 5 gelten
entsprechend für Arzneimittel, die nach § 38 Abs. 1 Satz 3 von der Registrierung
freigestellt sind. ⁷Arzneimittel, die nach einer homöopathischen Verfahrenstechnik hergestellt und nach § 25 zugelassen sind, sind mit einem Hinweis auf
die homöopathische Beschaffenheit zu kennzeichnen.

(5) ¹Bei Arzneimitteln, die zur Anwendung bei Tieren bestimmt sind, ist ferner
anzugeben:

1. der Hinweis „Für Tiere" und die Tierart, bei der das Arzneimittel angewendet werden soll,

2. die Wartezeit, soweit es sich um Arzneimittel handelt, die zur Anwendung
bei Tieren bestimmt sind, die der Gewinnung von Lebensmitteln dienen; ist
die Einhaltung einer Wartezeit nicht erforderlich, so ist dies anzugeben,

3. der Hinweis „Nicht bei Tieren anwenden, die der Gewinnung von Lebensmitteln dienen", soweit die Arzneimittel ausschließlich zur Anwendung bei
Tieren bestimmt sind, die nicht der Gewinnung von Lebensmitteln dienen,

3 a. der Hinweis „Nur durch den Tierarzt selbst anzuwenden", soweit dies durch Rechtsverordnung nach § 56a Abs. 3 Nr. 2 vorgeschrieben ist,

4. bei Arzneimittel-Vormischungen der Hinweis „Arzneimittel-Vormischung".

[1] In der Angabe nach Absatz 1 Satz 1 Nr. 2 ist anstelle der Personengruppe die Tierart anzugeben. [2] Abweichend von Absatz 1 Satz 1 Nr. 8 sind die wirksamen Bestandteile nach Art und Menge anzugeben.

(6) Für die Bezeichnung der Bestandteile gilt folgendes:

1. Zur Bezeichnung der Art sind die internationalen Kurzbezeichnungen der Weltgesundheitsorganisation oder, soweit solche nicht vorhanden sind, gebräuchliche wissenschaftliche Bezeichnungen zu verwenden. Das Bundesministerium wird ermächtigt, durch Rechtsverordnung ohne Zustimmung des Bundesrates die einzelnen Bezeichnungen zu bestimmen.

2. Zur Bezeichnung der Menge sind Maßeinheiten zu verwenden; sind biologische Einheiten oder andere Angaben zur Wertigkeit wissenschaftlich gebräuchlich, so sind diese zu verwenden.

(7) Das Verfalldatum ist mit Monat und Jahr anzugeben.

(8) [1] Durchdrückpackungen sind mit dem Namen oder der Firma des pharmazeutischen Unternehmers, der Bezeichnung des Arzneimittels, der Chargenbezeichnung und dem Verfalldatum zu versehen. [2] **Auf die Angabe von Namen und Firma eines Parallelimporteurs kann verzichtet werden.** [3] Bei Behältnissen von nicht mehr als zehn Milliliter Rauminhalt und bei Ampullen, die nur eine einzige Gebrauchseinheit enthalten, brauchen die Angaben nach den Absätzen 1 bis 5 nur auf den äußeren Umhüllungen gemacht zu werden; jedoch müssen sich auf den Behältnissen und Ampullen mindestens die Angaben nach Absatz 1 Nr. 2, 4, 6, 7, 9 sowie nach Absatz 3 und Absatz 5 Nr. 1 befinden; es können geeignete Abkürzungen verwendet werden. [4] Bei Frischplasmazubereitungen und Zubereitungen aus Blutzellen müssen mindestens die Angaben nach Absatz 1 Nr. 1 bis 4, 6, 7 und 9 gemacht sowie die Blutgruppe und bei Zubereitungen aus roten Blutkörperchen zusätzlich die Rhesusformel angegeben werden.

(9) [1] Bei den Angaben nach den Absätzen 1 bis 5 dürfen im Verkehr mit Arzneimitteln übliche Abkürzungen verwendet werden. [2] Die Firma nach Absatz 1 Nr. 1 darf abgekürzt werden, sofern das Unternehmen aus der Abkürzung allgemein erkennbar ist.

(10) [1] Für Arzneimittel, die zur klinischen Prüfung oder zur Rückstandsprüfung bestimmt sind, finden Absatz 1 Nr. 1, 2 und 4 bis 7 sowie die Absätze 8 und 9, soweit sie sich hierauf beziehen, Anwendung. [2] Arzneimittel, die zur klinischen Prüfung bestimmt sind, sind mit dem Hinweis „Zur klinischen Prüfung bestimmt" und Arzneimittel, die zur Rückstandsprüfung bestimmt sind, mit dem Hinweis „Zur Rückstandsprüfung bestimmt" zu versehen. [3] Soweit zugelassene Arzneimittel nach Satz 2 den Hinweis „Zur klinischen Prüfung bestimmt" tragen müssen, sind sie unter Verzicht auf die zugelassene mit einer von der Zulassung abweichenden Bezeichnung zu versehen. [4] Durchdrückpackungen sind mit der Bezeichnung und der Chargenbezeichnung zu versehen; die Sätze 2 und 3 finden Anwendung.

§ 11[1] Packungsbeilage

(1) [1]Fertigarzneimittel, die Arzneimittel im Sinne des § 2 Abs. 1 oder Abs. 2 Nr. 1 sind und nicht zur klinischen Prüfung oder zur Rückstandsprüfung bestimmt sind, dürfen im Geltungsbereich dieses Gesetzes nur mit einer Packungsbeilage in den Verkehr gebracht werden, die die Überschrift „Gebrauchsinformation" trägt sowie folgende Angaben in der nachstehenden Reihenfolge allgemeinverständlich in deutscher Sprache und in gut lesbarer Schrift enthalten muß:

1. die Bezeichnung des Arzneimittels; § 10 Abs. 1 Nr. 2, Abs. 1a und Abs. 10 Satz 3 findet entsprechende Anwendung,
2. die arzneilich wirksamen Bestandteile nach Art und Menge und die sonstigen Bestandteile nach der Art; § 10 Abs. 6 findet Anwendung,
3. die Darreichungsform und den Inhalt nach Gewicht, Rauminhalt oder Stückzahl,
4. die Stoff- oder Indikationsgruppe oder die Wirkungsweise,
5. den Namen oder die Firma und die Anschrift des pharmazeutischen Unternehmers sowie des Herstellers, der das Fertigarzneimittel für das Inverkehrbringen freigegeben hat,
6. die Anwendungsgebiete,
7. die Gegenanzeigen,
8. Vorsichtsmaßnahmen für die Anwendung, soweit diese nach dem jeweiligen Stand der wissenschaftlichen Erkenntnisse erforderlich sind,
9. Wechselwirkungen mit anderen Mitteln, soweit sie die Wirkung des Arzneimittels beeinflussen können,
10. Warnhinweise, insbesondere soweit dies durch Auflage der zuständigen Bundesoberbehörde nach § 28 Abs. 2 Nr. 2 angeordnet oder durch Rechtsverordnung vorgeschrieben ist,
11. die Dosierungsanleitung mit Art der Anwendung, Einzel- oder Tagesgaben und bei Arzneimitteln, die nur begrenzte Zeit angewendet werden sollen, Dauer der Anwendung,
12. Hinweise für den Fall der Überdosierung, der unterlassenen Einnahme oder Hinweise auf die Gefahr von unerwünschten Folgen des Absetzens, soweit erforderlich,
13. die Nebenwirkungen; zu ergreifende Gegenmaßnahmen sind, soweit dies nach dem jeweiligen Stand der wissenschaftlichen Erkenntnisse erforderlich ist, anzugeben; den Hinweis, daß der Patient aufgefordert werden soll, dem Arzt oder Apotheker jede Nebenwirkung mitzuteilen, die in der Packungsbeilage nicht aufgeführt ist,
14. den Hinweis, daß das Arzneimittel nach Ablauf des auf Behältnis und äußerer Umhüllung angegebenen Verfalldatums nicht mehr anzuwenden ist, und, soweit erforderlich, die Angabe der Haltbarkeit nach Öffnung des Behältnisses oder nach Herstellung der gebrauchsfertigen Zubereitung

---

[1] § 11 neugefaßt durch Art. 1 Nr. 3 Ges. v. 9. 8. 1994 (BGBl. I S. 2071); Absatz 3 Satz 3 angef. durch Art. 1 Nr. 3 Ges. v. 11. 4. 1990 (BGBl. I S. 717); Absatz 1 Nr. 14a eingef. durch § 34 Nr. 2 des Transfusionsgesetzes v. 1. 7. 1998 (BGBl. I S. 1752); Absatz 4 Satz 1 Nr. 3 und Absatz 5 Satz 1 geänd. durch Art. 1 Nr. 4 Ges. v. 7. 9. 1998 (BGBl. I S. 2649).

durch den Anwender und die Warnung vor bestimmten sichtbaren Anzeichen dafür, daß das Arzneimittel nicht mehr zu verwenden ist,

14a. bei Arzneimitteln aus humanem Blutplasma zur Fraktionierung die Angabe des Herkunftslandes des Blutplasmas,

15. das Datum der Fassung der Packungsbeilage.

[2] Erläuternde Angaben zu den in Satz 1 genannten Begriffen sind zulässig. [3] Sofern die Angaben nach Satz 1 in der Packungsbeilage zusätzlich in einer anderen Sprache wiedergegeben werden, müssen in dieser Sprache die gleichen Angaben gemacht werden. [4] Satz 1 gilt nicht für Arzneimittel, die nach § 21 Abs. 2 Nr. 1 einer Zulassung nicht bedürfen. [5] Weitere Angaben sind zulässig, soweit sie mit der Verwendung des Arzneimittels in Zusammenhang stehen, für die gesundheitliche Aufklärung wichtig sind und den Angaben nach § 11a nicht widersprechen. [6] Bei den Angaben nach Satz 1 Nr. 7 bis 9 ist, soweit dies nach dem jeweiligen Stand der wissenschaftlichen Erkenntnisse erforderlich ist, auf die besondere Situation bestimmter Personengruppen, wie Kinder, Schwangere oder stillende Frauen, ältere Menschen oder Personen mit spezifischen Erkrankungen einzugehen; ferner sind, soweit erforderlich, mögliche Auswirkungen der Anwendung auf die Fahrtüchtigkeit oder die Fähigkeit zur Bedienung bestimmter Maschinen anzugeben. [7] Die Angaben nach Satz 1 Nr. 8 und 10 können zusammengefaßt werden.

(1 a) Ein Muster der Packungsbeilage und geänderter Fassungen ist der zuständigen Bundesoberbehörde unverzüglich zu übersenden, soweit nicht das Arzneimittel von der Zulassung oder Registrierung freigestellt ist.

(2) Es sind ferner in der Packungsbeilage Hinweise auf Bestandteile, deren Kenntnis für eine wirksame und unbedenkliche Anwendung des Arzneimittels erforderlich ist, und für die Verbraucher bestimmte Aufbewahrungshinweise anzugeben, soweit dies nach dem jeweiligen Stand der wissenschaftlichen Erkenntnisse erforderlich oder durch Auflage der zuständigen Bundesoberbehörde nach § 28 Abs. 2 Nr. 2 angeordnet oder durch Rechtsverordnung vorgeschrieben ist.

(2 a) Bei radioaktiven Arzneimitteln sind ferner die Vorsichtsmaßnahmen aufzuführen, die der Verwender und der Patient während der Zubereitung und Verabreichung des Arzneimittels zu ergreifen haben, sowie besondere Vorsichtsmaßnahmen für die Entsorgung des Transportbehälters und nicht verwendeter Arzneimittel.

(3) [1] Bei Arzneimitteln, die in das Register für homöopathische Arzneimittel eingetragen sind, muß bei der Bezeichnung nach Absatz 1 Satz 1 Nr. 1 der Hinweis „Homöopathisches Arzneimittel" angegeben werden. [2] Angaben über Anwendungsgebiete dürfen nicht gemacht werden; an deren Stelle ist die Angabe „Registriertes homöopathisches Arzneimittel, daher ohne Angabe einer therapeutischen Indikation" und bei Arzneimitteln, die zur Anwendung bei Menschen bestimmt sind, der Hinweis an den Anwender, bei während der Anwendung des Arzneimittels fortdauernden Krankheitssymptomen medizinischen Rat einzuholen, aufzunehmen. [3] Die Angaben nach Absatz 1 Satz 1 Nr. 4, 7, 9, 12, 13 und 15 können entfallen. [4] Die Sätze 1 bis 3 gelten entsprechend für Arzneimittel, die nach § 38 Abs. 1 Satz 3 von der Registrierung freigestellt sind.

(3 a) Bei Sera ist auch die Art des Lebewesens, aus dem sie gewonnen sind, bei Virusimpfstoffen das Wirtssystem, das zur Virusvermehrung gedient hat, anzugeben.

(4) [1] Bei Arzneimitteln, die zur Anwendung bei Tieren bestimmt sind, müssen ferner folgende Angaben gemacht werden:

1. die Angaben nach § 10 Abs. 5,
2. bei Arzneimittel-Vormischungen Hinweise für die sachgerechte Herstellung der Fütterungsarzneimittel, die hierfür geeigneten Mischfuttermitteltypen und Herstellungsverfahren, die Wechselwirkungen mit nach Futtermittelrecht zugelassenen Zusatzstoffen sowie Angaben über die Dauer der Haltbarkeit der Fütterungsarzneimittel,
3. soweit dies nach dem jeweiligen Stand der wissenschaftlichen Erkenntnisse erforderlich ist, besondere Vorsichtsmaßnahmen für die Beseitigung von nicht verwendeten Arzneimitteln oder sonstige besondere Vorsichtsmaßnahmen, um Gefahren für die Umwelt zu vermeiden.

[2] Abweichend von Absatz 1 Satz 1 Nr. 2 sind die wirksamen Bestandteile nach Art und Menge anzugeben. [3] Die Angabe nach Absatz 1 Satz 1 Nr. 4 und die Angabe des Herstellers nach Absatz 1 Satz 1 Nr. 5 können entfallen. [4] Der Hinweis nach Absatz 1 Satz 1 Nr. 13 ist mit der Maßgabe anzugeben, daß der Tierhalter zur Mitteilung der genannten Nebenwirkungen an den Tierarzt oder Apotheker aufgefordert werden soll.

(5) [1] Können die nach Absatz 1 Nr. 7, 9 und 13 vorgeschriebenen Angaben nicht gemacht werden, so ist der Hinweis „keine bekannt" zu verwenden. [2] Werden auf der Packungsbeilage weitere Angaben gemacht, so müssen sie von den Angaben nach den Absätzen 1 bis 4 deutlich abgesetzt und abgegrenzt sein.

(6) [1] Die Packungsbeilage kann entfallen, wenn die nach den Absätzen 1 bis 4 vorgeschriebenen Angaben auf dem Behältnis oder auf der äußeren Umhüllung stehen. [2] Absatz 5 findet entsprechende Anwendung.

§ 11 a[1] Fachinformation

(1) [1] Der pharmazeutische Unternehmer ist verpflichtet, Ärzten, Zahnärzten, Tierärzten, Apothekern und, soweit es sich nicht um verschreibungspflichtige Arzneimittel handelt, anderen Personen, die die Heilkunde oder Zahnheilkunde berufsmäßig ausüben, für Fertigarzneimittel, die der Zulassungspflicht unterliegen oder von der Zulassung freigestellt sind, Arzneimittel im Sinne des § 2 Abs. 1 oder Abs. 2 Nr. 1 und für den Verkehr außerhalb der Apotheken nicht freigegeben sind, auf Anforderung eine Gebrauchsinformation für Fachkreise

---

[1] § 11 a eingef. durch Art. 1 Nr. 6 Ges. v. 16. 8. 1986 (BGBl. I S. 1296); Absatz 1 Satz 2 Nr. 3 neugef. und Satz 3 sowie Absatz 3 geänd., Absatz 1 a eingef. und Absatz 4 angef. durch Art. 1 Nr. 4 Ges. v. 11. 4. 1990 (BGBl. I S. 717); Absatz 1 Satz 1 geändert, Absatz 1 Satz 2 Nr. 16 a eingef., Absatz 1 Satz 3 neugef., Absatz 1 b und 1 c eingefügt durch Art. 1 Nr. 4 Ges. v. 9. 8. 1994 (BGBl. I S. 2071); Absatz 1 Satz 2 Nr. 2 geänd. durch Art. 1 Nr. 1 Ges. v. 25. 2. 1998 (BGBl. I S. 374); Absatz 1 Satz 2 Nr. 17 a eingefügt durch § 34 Nr. 3 des Transfusionsgesetzes v. 1. 7. 1998 (BGBl. I S. 1752); Absatz 1 Satz 2 Nr. 16 a geänd. durch Art. 1 Nr. 5 Ges. v. 7. 9. 1998 (BGBl. I S. 2649).

(Fachinformation) zur Verfügung zu stellen. [2] Diese muß die Überschrift „Fachinformation" tragen und folgende Angaben in gut lesbarer Schrift enthalten:

1. die Bezeichnung des Arzneimittels; § 10 Abs. 1a findet entsprechende Anwendung,
2. bei Arzneimitteln, die nur auf ärztliche, zahnärztliche oder tierärztliche Verschreibung abgegeben werden dürfen, den Hinweis „Verschreibungspflichtig", bei Betäubungsmitteln den Hinweis „Betäubungsmittel", bei sonstigen Arzneimitteln, die nur in Apotheken an Verbraucher abgegeben werden dürfen, den Hinweis „Apothekenpflichtig", bei Arzneimitteln, die einen Stoff oder eine Zubereitung nach § 49 enthalten, den Hinweis, daß dieses Arzneimittel einen Stoff enthält, dessen Wirkung in der medizinischen Wissenschaft noch nicht allgemein bekannt ist und für das der pharmazeutische Unternehmer der zuständigen Bundesoberbehörde, sofern es nach § 49 Abs. 6 Satz 1 vorgeschrieben ist, einen Erfahrungsbericht nach § 49 Abs. 6 vorzulegen hat,
3. die Stoff- oder Indikationsgruppe, die Bestandteile nach der Art und die arzneilich wirksamen Bestandteile nach Art und Menge; § 10 Abs. 6 findet Anwendung,
4. die Anwendungsgebiete,
5. die Gegenanzeigen,
6. die Nebenwirkungen,
7. die Wechselwirkungen mit anderen Mitteln,
8. die Warnhinweise, soweit dies für Behältnisse, äußere Umhüllungen, die Packungsbeilage oder die Fachinformation durch Auflagen der zuständigen Bundesoberbehörde nach § 28 Abs. 2 Nr. 1 Buchstabe a angeordnet oder durch Rechtsverordnung nach § 12 Abs. 1 Nr. 3 oder nach § 36 Abs. 1 vorgeschrieben ist,
9. die wichtigsten Inkompatibilitäten,
10. die Dosierung mit Einzel- und Tagesgaben,
11. die Art der Anwendung und bei Arzneimitteln, die nur begrenzte Zeit angewendet werden sollen, die Dauer der Anwendung,
12. Notfallmaßnahmen, Symptome und Gegenmittel,
13. die pharmakologischen und toxikologischen Eigenschaften und Angaben über die Pharmakokinetik und Bioverfügbarkeit, soweit diese Angaben für die therapeutische Verwendung erforderlich sind,
14. soweit erforderlich sonstige Hinweise, insbesondere Hinweise für die Anwendung bei bestimmten Patientengruppen,
15. die Dauer der Haltbarkeit und, soweit erforderlich, die Haltbarkeit nach der Öffnung des Behältnisses oder nach Herstellung der gebrauchsfertigen Zubereitung durch den Anwender,
16. die besonderen Lager- und Aufbewahrungshinweise,
16a. soweit erforderlich, besondere Vorsichtsmaßnahmen für die Beseitigung von nicht verwendeten Arzneimitteln oder sonstige besondere Vorsichtsmaßnahmen, um Gefahren für die Umwelt zu vermeiden,
17. die Darreichungsformen und Packungsgrößen,
17a. bei Arzneimitteln aus humanem Blutplasma zur Fraktionierung die Angabe des Herkunftslandes des Blutplasmas,

18. den Zeitpunkt der Herausgabe der Information,
19. den Namen oder die Firma und die Anschrift des pharmazeutischen Unternehmers.

[3] Weitere Angaben sind zulässig, wenn sie mit der Verwendung des Arzneimittels im Zusammenhang stehen und den Angaben nach Satz 2 nicht widersprechen; sie müssen von den Angaben nach Satz 2 deutlich abgesetzt und abgegrenzt sein. [4] Satz 1 gilt nicht für Arzneimittel, die nach § 21 Abs. 2 einer Zulassung nicht bedürfen oder nach einer homöopathischen Verfahrenstechnik hergestellt sind.

(1 a) Bei Sera ist auch die Art des Lebewesens, aus dem sie gewonnen sind, bei Virusimpfstoffen das Wirtssystem, das zur Virusvermehrung gedient hat, anzugeben.

(1 b) Bei radioaktiven Arzneimitteln sind ferner die Einzelheiten der internen Strahlungsdosimetrie, zusätzliche detaillierte Anweisungen für die extemporane Zubereitung und die Qualitätskontrolle für diese Zubereitung sowie, soweit erforderlich, die Höchstlagerzeit anzugeben, während der eine Zwischenzubereitung wie ein Eluat oder das gebrauchsfertige Arzneimittel seinen Spezifikationen entspricht.

(1 c) Bei Arzneimitteln, die zur Anwendung bei Tieren bestimmt sind, müssen ferner die Angaben nach § 11 Abs. 4 gemacht werden.

(2) [1] Der pharmazeutische Unternehmer ist verpflichtet, die Änderungen der Fachinformation, die für die Therapie relevant sind, den Fachkreisen in geeigneter Form zugänglich zu machen. [2] Die zuständige Bundesoberbehörde kann, soweit erforderlich, durch Auflage bestimmen, in welcher Form die Änderungen allen oder bestimmten Fachkreisen zugänglich zu machen sind.

(3) Ein Muster der Fachinformation und geänderter Fassungen ist der zuständigen Bundesoberbehörde unverzüglich zu übersenden, soweit nicht das Arzneimittel von der Zulassung freigestellt ist.

(4) [1] Die Verpflichtung nach Absatz 1 Satz 1 kann bei Arzneimitteln, die ausschließlich von Angehörigen der Heilberufe verabreicht werden, auch durch Aufnahme der Angaben nach Absatz 1 Satz 2 in der Packungsbeilage erfüllt werden. [2] Die Packungsbeilage muß mit der Überschrift „Gebrauchsinformation und Fachinformation" versehen werden.

§ 12¹ Ermächtigung für die Kennzeichnung, die Packungsbeilage und die Packungsgrößen

(1) Das Bundesministerium wird ermächtigt, im Einvernehmen mit dem Bundesministerium für Wirtschaft durch Rechtsverordnung mit Zustimmung des Bundesrates

1. die Vorschriften der §§ 10 bis 11a auf andere Arzneimittel und den Umfang der Fachinformation auf weitere Angaben auszudehnen,
2. vorzuschreiben, daß die in den §§ 10 und 11 genannten Angaben dem Verbraucher auf andere Weise übermittelt werden,
3. für bestimmte Arzneimittel oder Arzneimittelgruppen vorzuschreiben, daß Warnhinweise, Warnzeichen oder Erkennungszeichen auf
   a) den Behältnissen, den äußeren Umhüllungen, der Packungsbeilage oder
   b) der Fachinformation
   anzubringen sind,
4. vorzuschreiben, daß bestimmte Bestandteile nach der Art auf den Behältnissen und den äußeren Umhüllungen anzugeben sind oder auf sie in der Packungsbeilage hinzuweisen ist,

soweit es geboten ist, um einen ordnungsgemäßen Umgang mit Arzneimitteln und deren sachgerechte Anwendung im Geltungsbereich dieses Gesetzes sicherzustellen und um eine unmittelbare oder mittelbare Gefährdung der Gesundheit von Mensch oder Tier zu verhüten, die infolge mangelnder Unterrichtung eintreten könnte.

(1 a) Das Bundesministerium wird ferner ermächtigt, durch Rechtsverordnung mit Zustimmung des Bundesrates für Stoffe oder Zubereitungen aus Stoffen bei der Angabe auf Behältnissen und äußeren Umhüllungen oder in der Packungsbeilage oder in der Fachinformation zusammenfassende Bezeichnungen zuzulassen, soweit es sich nicht um wirksame Bestandteile handelt und eine unmittelbare oder mittelbare Gefährdung der Gesundheit von Mensch oder Tier infolge mangelnder Unterrichtung nicht zu befürchten ist.

(2) ¹Die Rechtsverordnung ergeht im Einvernehmen mit dem Bundesministerium für Umwelt, Naturschutz und Reaktorsicherheit soweit es sich um radioaktive Arzneimittel und um Arzneimittel handelt, bei deren Herstellung ionisierende Strahlen verwendet werden, und im Einvernehmen mit dem Bundesministerium für Ernährung, Landwirtschaft und Forsten, soweit es sich um Arzneimittel handelt, die zur Anwendung bei Tieren bestimmt sind. ²Ferner ergeht die Rechtsverordnung in den Fällen des Absatzes 1 Nr. 3 im Einvernehmen mit dem Bundesministerium für Umwelt, Naturschutz und Reaktorsicherheit, so-

---

¹ Überschrift geänd. durch Art. 18 Nr. 1 Buchst. a Ges. v. 21. 12. 1992 (BGBl. I S. 2266); § 12 Abs. 1 geänd. durch Art. 1 Nr. 7 Buchst. a Ges. v. 16. 8. 1986 (BGBl. I S. 1296) und durch Art. 10 Nr. 2 VO v. 26. 2. 1993 (BGBl. I S. 278) und durch Art. 1 Nr. 5 Buchst. a Ges. v. 9. 8. 1994 (BGBl. I S. 2071); Absatz 1 Nr. 4 eingef. durch Art. 1 Nr. 5 Buchst. a Ges. v. 9. 8. 1994 (BGBl. I S. 2071); Absatz 3 angef. durch Art. 18 Nr. 1 Buchst. b Ges.v. 21. 12. 1992 (BGBl. IS. 2266); Absatz 1 a eingef. durch Art. 1 Nr. 5 Ges. v. 11. 4. 1990 (BGBl. I S. 717) und geänd. durch Art. 1 Nr. 5 Buchst. b Ges. v. 9. 8. 1994 (BGBl. I S. 2071); Absatz 2 geänd. gem. Art. 1 Nr. 2 VO v. 26. 11. 1986 (BGBl. I S. 2089) und durch Art. 1 Nr. 5 Buchst. c Ges. v. 9. 8. 1994 (BGBl. I S. 2071); Überschrift geändert und Absatz 3 angef. durch Art. 18 Nr. 1 Ges. v. 21. 12. 1992 (BGBl. I S. 2266); Absatz 1 a geänd., Absatz 2 Satz 2 angef. und Absatz 3 Satz 1 geänd. durch Artikel 1 Nr. 6 Ges. v. 7. 9. 1998 (BGBl. I S. 2649).

weit Warnhinweise, Warnzeichen oder Erkennungszeichen im Hinblick auf Angaben nach § 10 Abs. 1 Satz 1 Nr. 13, § 11 Abs. 4 Satz 1 Nr. 3 oder § 11a Abs. 1 Satz 2 Nr. 16a vorgeschrieben werden.

(3) [1]Das Bundesministerium wird ferner ermächtigt, durch Rechtsverordnung ohne Zustimmung des Bundesrates zu bestimmen, daß Arzneimittel nur in bestimmten Packungsgrößen in den Verkehr gebracht werden dürfen und von den pharmazeutischen Unternehmern auf den Behältnissen oder, soweit verwendet, auf den äußeren Umhüllungen entsprechend zu kennzeichnen sind. [2]Die Bestimmung dieser Packungsgrößen erfolgt für bestimmte arzneilich wirksame Bestandteile und berücksichtigt die Anwendungsgebiete, die Anwendungsdauer und die Darreichungsform. [3]Bei der Bestimmung der Packungsgrößen ist grundsätzlich von einer Dreiteilung auszugehen:

1. Packungen für kurze Anwendungsdauer oder Verträglichkeitstests,
2. Packungen für mittlere Anwendungsdauer,
3. Packungen für längere Anwendungsdauer.

Dritter Abschnitt   **Herstellung von Arzneimitteln**

§ 13[1]   Herstellungserlaubnis

(1) [1]Wer Arzneimittel im Sinne des § 2 Abs. 1 oder Abs. 2 Nr. 1, Testsera oder Testantigene oder Wirkstoffe, die menschlicher oder tierischer Herkunft sind oder auf gentechnischem Wege hergestellt werden, gewerbs- oder berufsmäßig zum Zwecke der Abgabe an andere herstellen will, bedarf einer Erlaubnis der zuständigen Behörde. [2]Das gleiche gilt für juristische Personen, nicht rechtsfähige Vereine und Gesellschaften des bürgerlichen Rechts, die Arzneimittel zum Zwecke der Abgabe an ihre Mitglieder herstellen. [3]Eine Abgabe an andere im Sinne des Satzes 1 liegt vor, wenn die Person, die das Arzneimittel herstellt, eine andere ist als die, die es anwendet.

(2) [1]Einer Erlaubnis nach Absatz 1 bedarf nicht

1. der Inhaber einer Apotheke für die Herstellung von Arzneimitteln im Rahmen des üblichen Apothekenbetriebs,
2. der Träger eines Krankenhauses, soweit er nach dem Gesetz über das Apothekenwesen Arzneimittel abgeben darf,
3. der Tierarzt für die Herstellung von Arzneimitteln, die er für die von ihm behandelten Tiere abgibt; läßt er im Einzelfall für die von ihm behandelten Tiere unter seiner Aufsicht aus Arzneimittel-Vormischungen und Mischfuttermitteln Fütterungsarzneimittel durch einen anderen herstellen, so bedarf auch dieser insoweit keiner Erlaubnis,

---

[1] § 13 Abs. 1 geänd. durch Art. 1 Nr. 6 Buchst. a Ges. v. 9. 8. 1994 (BGBl. I S. 2071) und mit Wirkung vom 1. 1. 1995 durch § 51 Nr. 3 des Medizinproduktegesetzes vom 2. 8. 1994 (BGBl. I S. 1963); Absatz 2 Nr. 3 i.d.F.d. Art. 1 Nr. 3 Ges. v. 24. 2. 1983 (BGBl. I S. 169); Absatz 2 Satz 3 angef. durch Art. 1 Nr. 6 Buchst. b Ges. v. 9. 8. 1994 (BGBl. I S. 2071); Absatz 3 gestrichen durch Artikel 1 Nr. 7 Ges. v. 7. 9. 1998 (BGBl. I S. 2649).

4. der Großhändler für das Umfüllen, Abpacken oder Kennzeichnen von Arzneimitteln in unveränderter Form, soweit es sich nicht um zur Abgabe an den Verbraucher bestimmte Packungen handelt,
5. der Einzelhändler, der die Sachkenntnis nach § 50 besitzt, für das Umfüllen, Abpacken oder Kennzeichnen von Arzneimitteln zur Abgabe in unveränderter Form unmittelbar an den Verbraucher.

[2]Die Ausnahmen nach Satz 1 gelten nicht für die Herstellung von Blutzubereitungen, Sera, Impfstoffen, Testallergenen, Testsera, Testantigenen und radioaktiven Arzneimitteln. [3]Die Ausnahmen nach Satz 1 Nr. 3 gelten für die Herstellung von Fütterungsarzneimitteln nur, wenn die Herstellung in Betrieben erfolgt, die eine Erlaubnis nach Absatz 1 oder eine nach futtermittelrechtlichen Vorschriften durch die zuständige Behörde erteilte Anerkennung zur Herstellung von Mischfuttermitteln unter Verwendung bestimmter Zusatzstoffe oder von Vormischungen mit solchen Zusatzstoffen besitzen.

(3) (weggefallen)

(4) [1]Die Entscheidung über die Erteilung der Erlaubnis trifft die zuständige Behörde des Landes, in dem die Betriebsstätte liegt oder liegen soll. [2]Bei Blutzubereitungen, Sera, Impfstoffen, Testallergenen, Testsera und Testantigenen ergeht die Entscheidung über die Erlaubnis im Benehmen mit der zuständigen Bundesoberbehörde.

§ 14[1]   Entscheidung über die Herstellungserlaubnis

(1) Die Erlaubnis darf nur versagt werden, wenn
1. die Person, unter deren Leitung die Arzneimittel hergestellt werden sollen (Herstellungsleiter), die erforderliche Sachkenntnis nicht besitzt,
2. die Person, unter deren Leitung die Arzneimittel geprüft werden sollen (Kontrolleiter), die erforderliche Sachkenntnis nicht besitzt,
3. die Person, unter deren Leitung die Arzneimittel vertrieben werden sollen (Vertriebsleiter), nicht benannt ist,
4. Herstellungsleiter, Kontrolleiter oder Vertriebsleiter die zur Ausübung ihrer Tätigkeit erforderliche Zuverlässigkeit nicht besitzen,
5. Herstellungsleiter, Kontrolleiter oder Vertriebsleiter die ihnen obliegenden Verpflichtungen nicht ständig erfüllen können,
5a. in Betrieben, die Fütterungsarzneimittel aus Arzneimittel-Vormischungen herstellen, die Person, der die Beaufsichtigung des technischen Ablaufs der Herstellung übertragen ist, nicht ausreichende Kenntnisse und Erfahrungen auf dem Gebiete der Mischtechnik besitzt,

[1] § 14 Abs. 1 Nr. 5a eingef. durch Art. 1 Nr. 7 Ges. v. 9. 8. 1994 (BGBl. I S. 2071); Absatz 3 geänd. durch Art. 1 Nr. 8 Ges. v. 16. 8. 1986 (BGBl. I S. 1296); Absatz 1 Nr. 6a angef. durch Art. 1 Nr. 2 Ges. v. 25. Februar 1998 (BGBl. I S. 374); Absatz 1 Nr. 5b und 5c eingefügt und Absatz 2 Sätze 3 und 4 angef. durch § 34 Nr. 4 und 5 des Transfusionsgesetzes v. 1. 7. 1998 (BGBl. I S. 1752); Absatz 2a eingef. durch Art. 1 Nr. 8 Ges. v. 7. 9. 1998 (BGBl. I S. 2649).

5b. der Arzt, in dessen Verantwortung eine Vorbehandlung der spendenden Person zur Separation von Blutstammzellen oder anderen Blutbestandteilen durchgeführt wird, nicht die erforderliche Sachkenntnis besitzt,

5c. entgegen § 4 Satz 1 Nr. 2 des Transfusions-gesetzes keine leitende ärztliche Person bestellt worden ist, diese Person keine approbierte Ärztin oder kein approbierter Arzt ist oder nicht die erforderliche Sachkunde nach dem Stand der medizinischen Wissenschaft besitzt oder

6. geeignete Räume und Einrichtungen für die beabsichtigte Herstellung, Prüfung und Lagerung der Arzneimittel nicht vorhanden sind oder

6a. der Hersteller nicht in der Lage ist zu gewährleisten, daß die Herstellung oder Prüfung der Arzneimittel nach dem Stand von Wissenschaft und Technik vorgenommen wird.

(2) [1]Der Vertriebsleiter kann zugleich Herstellungsleiter sein. [2]In Betrieben, die ausschließlich die Erlaubnis für das Umfüllen, Abpacken oder Kennzeichnen von Arzneimitteln oder für das Herstellen von Fütterungsarzneimitteln aus Arzneimittel-Vormischungen beantragen, kann der Herstellungsleiter gleichzeitig Kontroll- und Vertriebsleiter sein. [3]Die leitende ärztliche Person nach § 4 Satz 1 Nr. 2 des Transfusionsgesetzes kann zugleich Herstellungs- oder Kontrolleiter sein. [4]Werden ausschließlich autologe Blutzubereitungen hergestellt und geprüft und finden Herstellung, Prüfung und Anwendung im Verantwortungsbereich einer Abteilung eines Krankenhauses oder einer anderen ärztlichen Einrichtung statt, kann der Herstellungsleiter zugleich Kontrolleiter sein.

(2a) In Betrieben oder Einrichtungen, die ausschließlich radioaktive Arzneimittel, Transplantate, Arzneimittel zur somatischen Gentherapie und zur In-vivo-Diagnostik mittels Markergenen zur Verwendung innerhalb dieser Einrichtung oder Wirkstoffe herstellen, kann der Herstellungsleiter gleichzeitig Kontroll- und Vertriebsleiter sein.

(3) In Betrieben, die ausschließlich natürliche Heilwässer sowie Bademoore, andere Peloide und Gase für medizinische Zwecke sowie Pflanzen oder Pflanzenteile gewinnen, abfüllen oder kennzeichnen, kann der Herstellungsleiter gleichzeitig Kontroll- und Vertriebsleiter sein.

(4) Die Prüfung der Arzneimittel kann teilweise außerhalb der Betriebsstätte in beauftragten Betrieben durchgeführt werden, wenn bei diesen geeignete Räume und Einrichtungen hierfür vorhanden sind.

(5) [1]Bei Beanstandungen der vorgelegten Unterlagen ist dem Antragsteller Gelegenheit zu geben, Mängeln innerhalb einer angemessenen Frist abzuhelfen. [2]Wird den Mängeln nicht abgeholfen, so ist die Erteilung der Erlaubnis zu versagen.

§ 15[1] Sachkenntnis

(1) Der Nachweis der erforderlichen Sachkenntnis als Herstellungsleiter oder als Kontrolleiter wird erbracht durch

1. die Approbation als Apotheker oder

2. das Zeugnis über eine nach abgeschlossenem Hochschulstudium der Pharmazie, der Chemie, der Biologie, der Human- oder der Veterinärmedizin abgelegte Prüfung

und eine mindestens zweijährige praktische Tätigkeit in der Arzneimittelherstellung oder in der Arzneimittelprüfung.

(2) [1]In den Fällen des Absatzes 1 Nr. 2 muß der zuständigen Behörde nachgewiesen werden, daß das Hochschulstudium theoretischen und praktischen Unterricht in mindestens folgenden Grundfächern umfaßt hat und hierin ausreichende Kenntnisse vorhanden sind:

Experimentelle Physik
Allgemeine und anorganische Chemie
Organische Chemie
Analytische Chemie
Pharmazeutische Chemie
Biochemie
Physiologie
Mikrobiologie
Pharmakologie
Pharmazeutische Technologie
Toxikologie
Pharmazeutische Biologie.

[2]Der theoretische und praktische Unterricht und die ausreichenden Kenntnisse können an einer Hochschule auch nach abgeschlossenem Hochschulstudium im Sinne des Absatzes 1 Nr. 2 erworben und durch Prüfung nachgewiesen werden.

(3) [1]Für die Herstellung und Prüfung von Blutzubereitungen, Sera, Impfstoffen, Testallergenen, Testsera und Testantigenen findet Absatz 2 keine Anwendung. [2]An Stelle der praktischen Tätigkeit nach Absatz 1 muß eine mindestens dreijährige Tätigkeit auf dem Gebiet der medizinischen Serologie oder medizinischen Mikrobiologie nachgewiesen werden. [3]Abweichend von Satz 2 müssen anstelle der praktischen Tätigkeit nach Absatz 1

1. für Blutzubereitungen aus Blutplasma zur Fraktionierung eine mindestens dreijährige Tätigkeit in der Herstellung oder Prüfung in plasmaverarbeitenden Betrieben mit Herstellungserlaubnis und zusätzlich eine mindestens sechsmonatige Erfahrung in der Transfusionsmedizin oder der medizinischen Mikrobiologie, Virologie, Hygiene oder Analytik,

---

[1] § 15 Abs. 2 Satz 2 angefügt durch Art. 1 Nr. 9 Ges.v. 16. 8. 1986 (BGBl. I S. 1296); Absatz 3 Satz 2 geänd. mit Wirkung vom 17. 8. 1995 nach Art. 6 Abs. 2 Nr. 1 in Verbindung mit Art. 1 Nr. 8 Ges. v. 9. 8. 1994 (BGBl. I S. 2071); Absatz 4 neu gefaßt durch Art. 1 Nr. 6 Ges. v. 11. 4. 1990 (BGBl. I S. 717), geänd. durch Art. 4 Nr. 2 Ges. v. 27. 4. 1993 (BGBl. I S. 514); Absatz 3 Satz 2 durch Sätze 2 bis 4 ersetzt durch § 34 Nr. 6 des Transfusionsgesetzes v. 1. 7. 1998 (BGBl. I S. 1752); Absatz 3 a eingef. durch Art. 1 Nr. 9 Ges. v. 7. 9. 1998 (BGBl. I S. 2649).

2. für Blutzubereitungen aus Blutzellen, Zubereitungen aus Frischplasma und für Wirkstoffe zur Herstellung von Blutzubereitungen eine mindestens zweijährige transfusionsmedizinische Erfahrung, die sich auf alle Bereiche der Herstellung und Prüfung erstreckt, oder im Falle eines Kontrolleiters, der Arzt für Laboratoriumsmedizin oder Facharzt für Mikrobiologie und Infektionsepidemiologie ist, eine mindestens sechsmonatige tranfusionsmedizinische Erfahrung,

3. für autologe Blutzubereitungen eine mindestens sechsmonatige transfusionsmedizinische Erfahrung oder eine einjährige Tätigkeit in der Herstellung autologer Blutzubereitungen,

4. für Blutstammzellzubereitungen zusätzlich zu ausreichenden Kenntnissen mindestens ein Jahr Erfahrungen in dieser Tätigkeit, insbesondere in der zugrunde liegenden Technik,

nachgewiesen werden. [4]Zur Vorbehandlung von Personen zur Separation von Blutstammzellen oder anderen Blutbestandteilen muß die verantwortliche ärztliche Person ausreichende Kenntnisse und eine mindestens zweijährige Erfahrung in dieser Tätigkeit nachweisen. [5]Für das Abpacken und Kennzeichnen verbleibt es bei den Voraussetzungen des Absatzes 1.

(3a) [1]Für die Herstellung und Prüfung von Arzneimitteln zur Gentherapie und zur In-vivo-Diagnostik mittels Markergenen, Transplantaten, radioaktiven Arzneimitteln und Wirkstoffen findet Absatz 2 keine Anwendung. [2]Anstelle der praktischen Tätigkeit nach Absatz 1 kann für Arzneimittel zur Gentherapie und zur In-vivo-Diagnostik mittels Markergenen eine mindestens zweijährige Tätigkeit auf einem medizinisch relevanten Gebiet der Gentechnik, insbesondere der Mikrobiologie, der Zellbiologie, der Virologie oder der Molekularbiologie, für Transplantate eine mindestens dreijährige Tätigkeit auf dem Gebiet der Gewebetransplantation, für radioaktive Arzneimittel eine mindestens dreijährige Tätigkeit auf dem Gebiet der Nuklearmedizin oder der radiopharmazeutischen Chemie und für Wirkstoffe eine mindestens zweijährige Tätigkeit in der Herstellung oder Prüfung von Wirkstoffen nachgewiesen werden.

(4) Die praktische Tätigkeit nach Absatz 1 muß in einem Betrieb abgeleistet werden, für den eine Erlaubnis zur Herstellung von Arzneimitteln durch einen Mitgliedstaat der Europäischen Gemeinschaften, einen anderen Vertragsstaat des Abkommens über den Europäischen Wirtschaftsraum oder durch einen Staat erteilt worden ist, mit dem eine gegenseitige Anerkennung von Zertifikaten nach § 72a Satz 1 Nr. 1 vereinbart ist.

(5) Die praktische Tätigkeit ist nicht erforderlich für das Herstellen von Fütterungsarzneimitteln aus Arzneimittel-Vormischungen; Absatz 2 findet keine Anwendung.

§ 16   Begrenzung der Herstellungserlaubnis

Die Erlaubnis wird dem Hersteller für eine bestimmte Betriebsstätte und für bestimmte Arzneimittel und Arzneimittelformen erteilt, in den Fällen des § 14 Abs. 4 auch für eine bestimmte Betriebsstätte des beauftragten Betriebes.

§ 17 Fristen für die Erteilung

(1) Die zuständige Behörde hat eine Entscheidung über den Antrag auf Erteilung der Erlaubnis innerhalb einer Frist von drei Monaten zu treffen.

(2) [1]Beantragt ein Erlaubnisinhaber die Änderung der Erlaubnis in Bezug auf die herzustellenden Arzneimittel oder in Bezug auf die Räume und Einrichtungen im Sinne des § 14 Abs. 1 Nr. 6, so hat die Behörde die Entscheidung innerhalb einer Frist von einem Monat zu treffen. [2]In Ausnahmefällen verlängert sich die Frist um weitere zwei Monate. [3]Der Antragsteller ist hiervon vor Fristablauf unter Mitteilung der Gründe in Kenntnis zu setzen.

(3) [1]Gibt die Behörde dem Antragsteller nach § 14 Abs. 5 Gelegenheit, Mängeln abzuhelfen, so werden die Fristen bis zur Behebung der Mängel oder bis zum Ablauf der nach § 14 Abs. 5 gesetzten Frist gehemmt. [2]Die Hemmung beginnt mit dem Tage, an dem dem Antragsteller die Aufforderung zur Behebung der Mängel zugestellt wird.

§ 18 Rücknahme, Widerruf, Ruhen

(1) [1]Die Erlaubnis ist zurückzunehmen, wenn nachträglich bekannt wird, daß einer der Versagungsgründe nach § 14 Abs. 1 bei der Erteilung vorgelegen hat. [2]Ist einer der Versagungsgründe nachträglich eingetreten, so ist sie zu widerrufen; an Stelle des Widerrufs kann auch das Ruhen der Erlaubnis angeordnet werden. [3]§ 13 Abs. 4 findet entsprechende Anwendung.

(2) [1]Die zuständige Behörde kann vorläufig anordnen, daß die Herstellung eines Arzneimittels eingestellt wird, wenn der Hersteller die für die Herstellung und Prüfung zu führenden Nachweise nicht vorlegt. [2]Die vorläufige Anordnung kann auf eine Charge beschränkt werden.

§ 19[1] Verantwortungsbereiche

(1) Der Herstellungsleiter ist dafür verantwortlich, daß die Arzneimittel entsprechend den Vorschriften über den Verkehr mit Arzneimitteln hergestellt, gelagert und gekennzeichnet werden sowie mit der vorgeschriebenen Packungsbeilage versehen sind.

(2) Der Kontrolleiter ist dafür verantwortlich, daß die Arzneimittel entsprechend den Vorschriften über den Verkehr mit Arzneimitteln auf die erforderliche Qualität geprüft sind.

(3) Der Vertriebsleiter ist, soweit nicht nach den Absätzen 1 und 2 die Verantwortung beim Herstellungsleiter oder beim Kontrolleiter oder nach § 74a beim Informationsbeauftragten liegt, dafür verantwortlich, daß die Arzneimittel entsprechend den Vorschriften über den Verkehr mit Arzneimitteln in den Verkehr

---

[1] § 19 Abs. 3 geänd. durch Art. 1 Nr. 9 Ges v. 9 .8. 1994 (BGBl. I S. 2071) mit Wirkung vom 17. 8. 1996 nach Art. 6 Abs. 2 Nr. 2 dieses Gesetzes.

gebracht und die Vorschriften über die Werbung auf dem Gebiete des Heilwesens beachtet werden.

(4) In den Fällen des § 14 Abs. 4 bleibt die Verantwortung des Kontrolleiters
bestehen.

§ 20   Anzeigepflichten

[1] Der Inhaber der Erlaubnis hat jeden Wechsel in der Person des Herstellungs-,
Kontroll- oder Vertriebsleiters unter Vorlage der Nachweise über die Anforderungen nach § 14 Abs. 1 Nr. 1 bis 5 sowie jede wesentliche Änderung der Räume
oder Einrichtungen der in der Erlaubnis bestimmten Betriebsstätte der zuständigen Behörde vorher anzuzeigen. [2] Bei einem unvorhergesehenen Wechsel in
der Person des Herstellungs-, Kontroll- oder Vertriebsleiters hat die Anzeige
unverzüglich zu erfolgen.

§ 20 a[1]   Geltung für Wirkstoffe

§ 13 Abs. 2 und 4 und die §§ 14 bis 20 gelten entsprechend für Wirkstoffe, soweit
ihre Herstellung nach § 13 Abs. 1 einer Erlaubnis bedarf.

Vierter Abschnitt   Zulassung der Arzneimittel

§ 21[2]   Zulassungspflicht

(1) [1] Fertigarzneimittel, die Arzneimittel im Sinne des § 2 Abs. 1 oder Abs. 2
Nr. 1 sind, dürfen im Geltungsbereich dieses Gesetzes nur in den Verkehr
gebracht werden, wenn sie durch die zuständige Bundesoberbehörde zugelas-
sen sind oder wenn für sie die Kommission der Europäischen Gemeinschaften
oder der Rat der Europäischen Union eine Genehmigung für das Inverkehr-
bringen gemäß Artikel 3 Abs. 1 oder 2 der Verordnung (EWG) Nr. 2309/93 des
Rates vom 22. Juli 1993 zur Festlegung von Gemeinschaftsverfahren für die
Genehmigung und Überwachung von Human- und Tierarzneimitteln und zur
Schaffung einer Europäischen Agentur für die Beurteilung von Arzneimitteln
(ABl. EG Nr. L 214 S. 1) erteilt hat. [2] Das gilt auch für Arzneimittel, die keine
Fertigarzneimittel und zur Anwendung bei Tieren bestimmt sind, sofern sie

---

[1] § 20a eingef. durch Art. 1 Nr. 10 Ges. v. 7. 9. 1998 (BGBl. I S. 2649).
[2] § 21 Abs. 2 Nr. 1 geändert durch Art. 1 Nr. 7 Buchst. a Ges. v. 11. 4. 1990 (BGBl. I S. 717) und Nr. 4
durch Art. 1 Nr. 10 Buchst. a Ges. v. 9. 8. 1994 (BGBl. I S. 2071); Absatz 2a eingefügt durch Art. 1
Nr. 7 Buchst. b Ges. v. 11. 4. 1990 (BGBl. I S. 717), neugef. durch Art. 1 Nr. 10 Buchst. b Ges. v. 9. 8.
1994 (BGBl. I S. 2071); Absatz 1 Satz 1 geänd. durch Art. 1 Nr. 3 Ges. v. 25. Februar 1998 (BGBl. I
S. 374); Absatz 2 Nr. 1 geänd., Absatz 2a neugef. und Absatz 4 angef. durch Art. 1 Nr. 11 Ges. v. 7. 9.
1998 (BGBl. I S. 2649).

nicht an pharmazeutische Unternehmer abgegeben werden sollen, die eine Erlaubnis zur Herstellung von Arzneimitteln besitzen.

(2) Einer Zulassung bedarf es nicht für Arzneimittel, die

1. zur Anwendung bei Menschen bestimmt sind und auf Grund nachweislich häufiger ärztlicher oder zahnärztlicher Verschreibung in den wesentlichen Herstellungsschritten in einer Apotheke in einer Menge bis zu hundert abgabefertigen Packungen an einem Tag im Rahmen des üblichen Apothekenbetriebs hergestellt werden und zur Abgabe in dieser Apotheke bestimmt sind,
2. zur klinischen Prüfung bei Menschen bestimmt sind,
3. Fütterungsarzneimittel sind, die bestimmungsgemäß aus Arzneimittel-Vormischungen hergestellt sind, für die eine Zulassung nach § 25 erteilt ist,
4. für Einzeltiere oder Tiere eines bestimmten Bestandes in Apotheken oder in tierärztlichen Hausapotheken hergestellt werden oder
5. zur klinischen Prüfung bei Tieren oder zur Rückstandsprüfung bestimmt sind.

(2 a) [1] Arzneimittel, die für den Verkehr außerhalb von Apotheken nicht freigegebene Stoffe und Zubereitungen aus Stoffen enthalten, dürfen nach Absatz 2 Nr. 4 nur hergestellt werden, wenn für die Behandlung ein zugelassenes Arzneimittel für die betreffende Tierart oder das betreffende Anwendungsgebiet nicht zur Verfügung steht, die notwendige arzneiliche Versorgung der Tiere sonst ernstlich gefährdet wäre und eine unmittelbare oder mittelbare Gefährdung der Gesundheit von Mensch und Tier nicht zu befürchten ist. [2] Arzneimittel, die zur Anwendung bei Tieren bestimmt sind, die der Gewinnung von Lebensmitteln dienen, dürfen jedoch nur Stoffe oder Zubereitungen aus Stoffen enthalten, die in Arzneimitteln enthalten sind, die zur Anwendung bei Tieren, die der Gewinnung von Lebensmitteln dienen, zugelassen sind, und müssen zur Anwendung durch den Tierarzt oder zur Verabreichung unter seiner Aufsicht bestimmt sein; als Herstellen im Sinne des Satzes 1 gilt nicht das Umfüllen, Abpacken oder Kennzeichnen von Arzneimitteln in unveränderter Form. [3] Die Sätze 1 und 2 gelten nicht für registrierte oder von der Registrierung freigestellte homöopathische Arzneimittel, deren Verdünnungsgrad, soweit sie zur Anwendung bei Tieren bestimmt sind, die der Gewinnung von Lebensmitteln dienen, die sechste Dezimalpotenz nicht unterschreitet.

(3) [1] Die Zulassung ist vom pharmazeutischen Unternehmer zu beantragen. [2] Für ein Fertigarzneimittel, das in Apotheken oder sonstigen Einzelhandelsbetrieben auf Grund einheitlicher Vorschriften hergestellt und unter einer einheitlichen Bezeichnung an Verbraucher abgegeben wird, ist die Zulassung vom Herausgeber der Herstellungsvorschrift zu beantragen. [3] Wird ein Fertigarzneimittel für mehrere Apotheken oder sonstige Einzelhandelsbetriebe hergestellt und soll es unter deren Namen und unter einer einheitlichen Bezeichnung an Verbraucher abgegeben werden, so hat der Hersteller die Zulassung zu beantragen.

(4) Die zuständige Bundesoberbehörde entscheidet ferner unabhängig von einem Zulassungsantrag nach Absatz 3 auf Antrag einer zuständigen Landesbehörde über die Zulassungspflicht eines Arzneimittels.

§ 22[1]   Zulassungsunterlagen

(1) Dem Antrag auf Zulassung müssen vom Antragsteller folgende Angaben in deutscher Sprache beigefügt werden:

1. der Name oder die Firma und die Anschrift des Antragstellers und des Herstellers,
2. die Bezeichnung des Arzneimittels,
3. die Bestandteile des Arzneimittels nach Art und Menge; § 10 Abs. 6 findet Anwendung,
4. die Darreichungsform,
5. die Wirkungen,
6. die Anwendungsgebiete,
7. die Gegenanzeigen,
8. die Nebenwirkungen,
9. die Wechselwirkungen mit anderen Mitteln,
10. die Dosierung,
11. kurzgefaßte Angaben über die Herstellung des Arzneimittels,
12. die Art der Anwendung und bei Arzneimitteln, die nur begrenzte Zeit angewendet werden sollen, die Dauer der Anwendung,
13. die Packungsgrößen,
14. die Art der Haltbarmachung, die Dauer der Haltbarkeit, die Art der Aufbewahrung, die Ergebnisse von Haltbarkeitsversuchen,
15. die Methoden zur Kontrolle der Qualität (Kontrollmethoden).

(2) [1]Es sind ferner vorzulegen:

1. die Ergebnisse physikalischer, chemischer, biologischer oder mikrobiologischer Versuche und die zu ihrer Ermittlung angewandten Methoden (analytische Prüfung),
2. die Ergebnisse der pharmakologischen und toxikologischen Versuche (pharmakologisch-toxikologische Prüfung),
3. die Ergebnisse der klinischen oder sonstigen ärztlichen, zahnärztlichen oder tierärztlichen Erprobung (klinische Prüfung).

[2]Die Ergebnisse sind durch Unterlagen so zu belegen, daß aus diesen Art, Umfang und Zeitpunkt der Prüfungen hervorgehen. [3]Dem Antrag sind alle für die Bewertung des Arzneimittels zweckdienlichen Angaben und Unterlagen, ob günstig oder ungünstig, beizufügen. [4]Dies gilt auch für unvollständige oder abgebrochene toxikologische oder pharmakologische Versuche oder klinische Prüfungen zu dem Arzneimittel.

(3) [1]An Stelle der Ergebnisse nach Absatz 2 Nr. 2 und 3 kann anderes wissenschaftliches Erkenntnismaterial vorgelegt werden, und zwar

---

[1] § 22 Abs. 1 Nr. 9 geänd., Absatz 3a eingef. durch Art. 1 Nr. 10 Ges. v. 16. 8. 1986 (BGBl. I S. 1296); Absatz 3 Satz 2 angefügt durch Art. 1 Nr. 8 Ges. v. 11. 4. 1990 (BGBl. I S. 717); Absatz 3b eingef. und Absätze 5 und 6 neugef. durch Art. 1 Nr. 11 Ges. v. 9. 8. 1994 (BGBl. I S. 2071); Absatz 7 Satz 1 geänd. durch Art. 1 Nr. 10 Buchst. c Ges. v. 16. 8. 1986 (BGBl. I S. 1296); Absatz 2 Sätze 3 und 4 angefügt, Absatz 3c eingef., Absatz 5 geänd., Absatz 6 neugefaßt und Absatz 7 Satz 2 geänd. durch Art. 1 Nr. 4 Ges. v. 25. Februar 1998 (BGBl. I S. 374).

1. bei einem Arzneimittel, dessen Wirkungen und Nebenwirkungen bereits bekannt und aus dem wissenschaftlichen Erkenntnismaterial ersichtlich sind,
2. bei einem Arzneimittel, das in seiner Zusammensetzung bereits einem Arzneimittel nach Nummer 1 vergleichbar ist,
3. bei einem Arzneimittel, das eine neue Kombination bekannter Bestandteile ist, für diese Bestandteile; es kann jedoch auch für die Kombination als solche anderes wissenschaftliches Erkenntnismaterial vorgelegt werden, wenn die Wirksamkeit und Unbedenklichkeit des Arzneimittels nach Zusammensetzung, Dosierung, Darreichungsform und Anwendungsgebieten auf Grund dieser Unterlagen bestimmbar sind.

[2]Zu berücksichtigen sind ferner die medizinischen Erfahrungen der jeweiligen Therapierichtungen.

(3 a) Enthält das Arzneimittel mehr als einen arzneilich wirksamen Bestandteil, so ist zu begründen, daß jeder arzneilich wirksame Bestandteil einen Beitrag zur positiven Beurteilung des Arzneimittels leistet.

(3 b) Bei radioaktiven Arzneimitteln, die Generatoren sind, sind ferner eine allgemeine Beschreibung des Systems mit einer detaillierten Beschreibung der Bestandteile des Systems, die die Zusammensetzung oder Qualität der Tochterradionuklidzubereitung beeinflussen können, und qualitative und quantitative Besonderheiten des Eluats oder Sublimats anzugeben.

(3 c) [1]Erfordert die Aufbewahrung des Arzneimittels oder seine Anwendung oder die Beseitigung seiner Abfälle besondere Vorsichts- oder Sicherheitsmaßnahmen, um Gefahren für die Umwelt oder die Gesundheit von Menschen, Tieren oder Pflanzen zu vermeiden, so ist dies ebenfalls anzugeben. [2]Angaben zur Verminderung dieser Gefahren sind beizufügen und zu begründen.

(4) [1]Wird die Zulassung für ein im Geltungsbereich dieses Gesetzes hergestelltes Arzneimittel beantragt, so muß der Nachweis erbracht werden, daß der Hersteller berechtigt ist, das Arzneimittel herzustellen. [2]Dies gilt nicht für einen Antrag nach § 21 Abs. 3 Satz 2.

(5) Wird die Zulassung für ein außerhalb des Geltungsbereiches dieses Gesetzes hergestelltes Arzneimittel beantragt, so ist der Nachweis zu erbringen, daß der Hersteller nach den gesetzlichen Bestimmungen des Herstellungslandes berechtigt ist, Arzneimittel herzustellen, und im Falle des Verbringens aus einem Land, das nicht Mitgliedstaat der Europäischen Gemeinschaften oder anderer Vertragsstaat des Abkommens über den Europäischen Wirtschaftsraum ist, daß der Einführer eine Erlaubnis besitzt, die zum Verbringen des Arzneimittels in den Geltungsbereich dieses Gesetzes berechtigt.

(6) [1]Soweit eine Zulassung in einem anderen Staat oder in mehreren anderen Staaten erteilt worden ist, ist eine Kopie dieser Zulassung beizufügen. [2]Ist eine Zulassung ganz oder teilweise versagt worden, sind die Einzelheiten dieser Entscheidung unter Darlegung ihrer Gründe mitzuteilen. [3]Wird ein Antrag auf Zulassung in einem Mitgliedstaat oder in mehreren Mitgliedstaaten der Europäischen Union geprüft, ist dies anzugeben. [4]Kopien der von den zuständigen Behörden der Mitgliedstaaten genehmigten Zusammenfassungen der Produktmerkmale und der Packungsbeilagen oder, soweit diese Unterlagen noch nicht

vorhanden sind, der vom Antragsteller in einem Verfahren nach Satz 3 vorgeschlagenen Fassungen dieser Unterlagen sind ebenfalls beizufügen. [5]Ferner sind, sofern die Anerkennung der Zulassung eines anderen Mitgliedstaates beantragt wird, die in Artikel 9 der Richtlinie 75/319/EWG des Rates in der jeweils geltenden Fassung oder in Artikel 17 der Richtlinie 81/851/EWG des Rates in der jeweils geltenden Fassung vorgeschriebenen Erklärungen abzugeben sowie die sonstigen dort vorgeschriebenen Angaben zu machen. [6]Satz 5 findet keine Anwendung auf Arzneimittel, die nach einer homöopathischen Verfahrenstechnik hergestellt worden sind.

(7) [1]Dem Antrag ist der Wortlaut der für das Behältnis, die äußere Umhüllung und die Packungsbeilage vorgesehenen Angaben sowie der Entwurf einer Fachinformation nach § 11a Abs. 1 Satz 2 beizufügen. [2]Die zuständige Bundesoberbehörde kann verlangen, daß ihr ein oder mehrere Muster oder Verkaufsmodelle des Arzneimittels einschließlich der Packungsbeilagen sowie Ausgangsstoffe, Zwischenprodukte und Stoffe, die zur Herstellung oder Prüfung des Arzneimittels verwendet werden, in einer für die Untersuchung ausreichenden Menge und in einem für die Untersuchung geeigneten Zustand vorgelegt werden.

§ 23[1] Besondere Unterlagen bei Arzneimitteln für Tiere

(1) [1]Bei Arzneimitteln, die zur Anwendung bei Tieren bestimmt sind, die der Gewinnung von Lebensmitteln dienen, ist über § 22 hinaus

1. die Wartezeit anzugeben und mit Unterlagen über die Ergebnisse der Rückstandsprüfung, insbesondere über den Verbleib der wirksamen Bestandteile und deren Umwandlungsprodukte im Tierkörper und über die Beeinflussung der Lebensmittel tierischer Herkunft, soweit diese für die Beurteilung von Wartezeiten unter Berücksichtigung festgesetzter Höchstmengen erforderlich sind, zu begründen,
2. ein routinemäßig durchführbares Verfahren zu beschreiben, mit dem Rückstände nach Art und Menge gesundheitlich nicht unbedenklicher Stoffe, insbesondere in solchen Mengen, die festgesetzte Höchstmengen überschreiten, zuverlässig nachgewiesen werden können oder mit dem auf solche Rückstände zuverlässig rückgeschlossen werden kann (Rückstandsnachweisverfahren), und durch Unterlagen zu belegen und
3. bei einem Arzneimittel, dessen wirksamer Bestandteil in Anhang I, II oder III der Verordnung (EWG) Nr. 2377/90 des Rates vom 26. Juni 1990 zur Schaffung eines Gemeinschaftsverfahrens für die Festlegung von Höchstwerten für Tierarzneimittelrückstände in Nahrungsmitteln tierischen Ursprungs (ABl. EG Nr. L 224 S. 1) nicht aufgeführt ist, ein Doppel der bei der Kommission der Europäischen Gemeinschaften nach Anhang V dieser Verordnung eingereichten Unterlagen vorzulegen.

---

[1] § 23 geänd. durch Art. 1 Nr. 4 Ges.v. 24. 2. 1983 (BGBl. I S. 196); Absatz 1 Nr. 1 und Nr. 2 geändert, Nr. 3 und Absatz 3 a eingef. durch Ges. v. 9. 8. 1994 (BGBl. I S. 2071); Absatz 4 angefügt durch Art. 1 Nr. 9 Ges. v. 11. 4. 1990 (BGBl. I S. 717); Absatz 1 Satz 2 angefügt und Absätze 3 a und 4 aufgehoben durch Art. 1 Nr. 5 Ges. v. 25. Februar 1998 (BGBl. I S. 374).

[2]Der Vorlagepflicht für das Rückstandsnachweisverfahren nach Satz 1 Nr. 2 kann durch Bezugnahme auf das Verfahren nach Anhang V der Verordnung (EWG) Nr. 2377/90 entsprochen werden.

(2) Bei Arzneimittel-Vormischungen ist das als Trägerstoff bestimmte Mischfuttermittel unter Bezeichnung des Futtermitteltyps anzugeben. [2]Es ist außerdem zu begründen und durch Unterlagen zu belegen, daß sich die Arzneimittel-Vormischungen für die bestimmungsgemäße Herstellung der Fütterungsarzneimittel eignen, insbesondere daß sie unter Berücksichtigung der bei der Mischfuttermittelherstellung zur Anwendung kommenden Herstellungsverfahren eine homogene und stabile Verteilung der wirksamen Bestandteile in den Fütterungsarzneimitteln erlauben; ferner ist zu begründen und durch Unterlagen zu belegen, für welche Zeitdauer die Fütterungsarzneimittel haltbar sind. [3]Darüber hinaus ist eine routinemäßig durchführbare Kontrollmethode, die zum qualitativen und quantitativen Nachweis der wirksamen Bestandteile in den Fütterungsarzneimitteln geeignet ist, zu beschreiben und durch Unterlagen über Prüfungsergebnisse zu belegen.

(3) [1]Aus den Unterlagen über die Ergebnisse der Rückstandsprüfung und über das Rückstandsnachweisverfahren nach Absatz 1 sowie aus den Nachweisen über die Eignung der Arzneimittel-Vormischungen für die bestimmungsgemäße Herstellung der Fütterungsarzneimittel und den Prüfungsergebnissen über die Kontrollmethoden nach Absatz 2 müssen Art, Umfang und Zeitpunkt der Prüfungen hervorgehen. [2]An Stelle der Unterlagen, Nachweise und Prüfungsergebnisse nach Satz 1 kann anderes wissenschaftliches Erkenntnismaterial vorgelegt werden.

(3a) (weggefallen)

(4) (weggefallen)

§ 24[1] Sachverständigengutachten

(1) [1]Den nach § 22 Abs. 1 Nr. 15, Abs. 2 und 3 und § 23 erforderlichen Unterlagen sind Gutachten von Sachverständigen beizufügen, in denen die Kontrollmethoden, Prüfungsergebnisse und Rückstandsnachweisverfahren zusammengefaßt und bewertet werden. [2]Im einzelnen muß aus den Gutachten insbesondere hervorgehen:

1. aus dem analytischen Gutachten, ob das Arzneimittel die nach den anerkannten pharmazeutischen Regeln angemessene Qualität aufweist, ob die vorgeschlagenen Kontrollmethoden dem jeweiligen Stand der wissenschaftlichen Erkenntnisse entsprechen und zur Beurteilung der Qualität geeignet sind,
2. aus dem pharmakologisch-toxikologischen Gutachten, welche toxischen Wirkungen und welche pharmakologischen Eigenschaften das Arzneimittel hat,

---

[1] § 24 Abs. 1 und 2 geänd. durch Art. 1 Nr. 5 Ges. v. 24. 2. 1983 (BGBl. I S. 169); Absatz 1 Nr. 1 geändert durch Art. 1 Nr. 10 Ges. v. 11. 4. 1990 (BGBl. I S. 717); Absatz 1 Nr. 4 Satz 2 angef. durch Art. 1 Nr. 13 Buchst. a Ges. v. 9. 8. 1994 (BGBl. I S. 2071); Absatz 3 Satz 2 geänd. durch Art. 1 Nr. 13 Buchst. b Ges. v. 9. 8. 1994 (BGBl. I S. 2071).

3. aus dem klinischen Gutachten, ob das Arzneimittel bei den angegebenen Anwendungsgebieten angemessen wirksam ist, ob es verträglich ist, ob die vorgesehene Dosierung zweckmäßig ist und welche Gegenanzeigen und Nebenwirkungen bestehen,

4. aus dem Gutachten über die Rückstandsprüfung, ob und wie lange nach der Anwendung des Arzneimittels Rückstände in den von den behandelten Tieren gewonnenen Lebensmitteln auftreten, wie diese Rückstände zu beurteilen sind, ob die vorgesehene Wartezeit ausreicht und ob das Rückstandsnachweisverfahren Rückstände nach Art und Menge gesundheitlich nicht unbedenklicher Stoffe zuverlässig nachzuweisen vermag und routinemäßig durchführbar ist.

[3] Aus dem Gutachten muß ferner hervorgehen, daß die nach Ablauf der angegebenen Wartezeit vorhandenen Rückstände nach Art und Menge die nach der Verordnung (EWG) Nr. 2377/90 festgesetzten Höchstmengen unterschreiten.

(2) Soweit wissenschaftliches Erkenntnismaterial nach § 22 Abs. 3 und § 23 Abs. 3 Satz 2 vorgelegt wird, muß aus den Gutachten hervorgehen, daß das wissenschaftliche Erkenntnismaterial in sinngemäßer Anwendung der Arzneimittelprüfrichtlinien erarbeitet wurde.

(3) [1] Den Gutachten müssen Angaben über den Namen, die Ausbildung und die Berufstätigkeit der Sachverständigen sowie seine berufliche Beziehung zum Antragsteller beigefügt werden. [2] Die Sachverständigen haben das Gutachten eigenhändig zu unterschreiben und dabei den Ort und das Datum der Erstellung des Gutachtens anzugeben.

§ 24 a[1]   Verwendung von Unterlagen eines Vorantragstellers

(1) [1] Der Antragsteller kann bei einem Arzneimittel, das der Verschreibungspflicht nach § 49 unterliegt oder unterlegen hat, auf Unterlagen nach § 22 Abs. 2 Nr. 2 und 3, Abs. 3c und § 23 Abs. 1 einschließlich der Sachverständigengutachten nach § 24 Abs. 1 Satz 2 Nr. 2 bis 4 eines früheren Antragstellers (Vorantragsteller) Bezug nehmen, sofern er die schriftliche Zustimmung des Vorantragstellers einschließlich dessen Bestätigung vorlegt, daß die Unterlagen, auf die Bezug genommen wird, die Anforderungen der allgemeinen Verwaltungsvorschrift nach § 26 erfüllen. [2] Der Vorantragsteller hat sich auf eine Anfrage auf Zustimmung innerhalb einer Frist von drei Monaten zu äußern. [3] Der Zustimmung des Vorantragstellers und dessen Bestätigung bedarf es nicht, wenn der Antragsteller nachweist, daß die erstmalige Zulassung des Arzneimittels in einem Mitgliedstaat der Europäischen Gemeinschaften länger als zehn Jahre zurückliegt.

(2) (weggefallen)

---

[1] § 24a eingef. durch Art. 1 Nr. 11 Ges. v. 16. 8. 1986 (BGBl. I S. 1296); mit Wirkg. für Zulassungsanträge, die nach dem 26. Juni 1986 gestellt sind, gem. Art. 3 des Ges. v. 20. 7. 1988 (BGBl. I S. 1050). Absatz 1 Satz 3 geändert durch Art. 1 Nr. 11 Ges. vom 11. 4. 1990 (BGBl. I S. 717); Absatz 1 Satz 1 geändert und Sätze 2 und 3 neugef., Absatz 2 jeweils mit Wirkung vom 1. 1. 1995 aufgehoben durch Art. 1 Nr. 14 Ges. v. 2. 8. 1994 (BGBl. I S. 1963); Absatz 1 Satz 1 und 3 geänd. durch Art. 1 Nr. 12 Ges. v. 7. 9. 1998 (BGBl. I S. 2649).

§ 24b[1]   Nachforderungen

[1] Müssen von mehreren Zulassungsinhabern inhaltlich gleiche Unterlagen nachgefordert werden, so teilt die zuständige Bundesoberbehörde jedem Zulassungsinhaber mit, welche Unterlagen für die weitere Beurteilung erforderlich sind, sowie Namen und Anschrift der übrigen beteiligten Zulassungsinhaber. [2] Die zuständige Bundesoberbehörde gibt den beteiligten Zulassungsinhabern Gelegenheit, sich innerhalb einer von ihr zu bestimmenden Frist zu einigen, wer die Unterlagen vorlegt. Kommt eine Einigung nicht zustande, so entscheidet die zuständige Bundesoberbehörde und unterrichtet hiervon unverzüglich alle Beteiligten. [3] Diese sind, sofern sie nicht auf die Zulassung ihres Arzneimittels verzichten, verpflichtet, sich jeweils mit einem der Zahl der beteiligten Zulassungsinhaber entsprechenden Bruchteil an den Aufwendungen für die Erstellung der Unterlagen zu beteiligen; sie haften als Gesamtschuldner. [4] Die Sätze 1 bis 4 gelten entsprechend für die Nutzer von Standardzulassungen sowie, wenn inhaltlich gleiche Unterlagen von mehreren Antragstellern in laufenden Zulassungsverfahren gefordert werden.

§ 24c[2]   Allgemeine Verwertungsbefugnis

Die zuständige Bundesoberbehörde kann bei Erfüllung ihrer Aufgaben nach diesem Gesetz ihr vorliegende Unterlagen mit Ausnahme der Unterlagen nach § 22 Abs. 1 Nr. 11, 14 und 15 sowie Abs. 2 Nr. 1 und des Gutachtens nach § 24 Abs. 1 Satz 2 Nr. 1 verwerten, sofern die erstmalige Zulassung des Arzneimittels in einem Mitgliedstaat der Europäischen Gemeinschaften länger als zehn Jahre zurückliegt oder ein Verfahren nach § 24b noch nicht abgeschlossen ist.

§ 25[3]   Entscheidung über die Zulassung

(1) [1] Die zuständige Bundesoberbehörde erteilt die Zulassung schriftlich unter Zuteilung einer Zulassungsnummer. [2] Die Zulassung gilt nur für das im Zulassungsbescheid aufgeführte Arzneimittel und bei Arzneimitteln, die nach einer homöopathischen Verfahrenstechnik hergestellt sind, auch für die in einem

---

[1] § 24b eingefügt durch Art. 1 Nr. 11 Ges.v. 16. 8. 1986 (BGBl. I S. 1296); Satz 5 geändert durch Art. 1 Nr. 15 Ges. v. 9. 8. 1994 (BGBl. I S. 2071).
[2] § 24c eingefügt durch Art. 1 Nr. 12 Ges. v. 11. 4. 1990 (BGBl. I S. 717); geändert durch Art. 1 Nr. 16 Ges. v. 9. 8. 1994 (BGBl. I S. 2071).
[3] § 25 Abs. 2 Satz 1 Nr. 6a und 6b eingefügt durch Art. 1 Nr. 6 Ges. v. 24. 2. 1983 (BGBl. I S. 169); Absatz 1 Satz 2, Abs. 2 Satz 1 Nr. 7 geändert, Nr. 5a und 8 angefügt, Absatz 5 neugefaßt, Absätze 5a bis 5c eingefügt und Absatz 6 Satz 2 geändert durch Art. 1 Nr. 13 Ges. v. 11. 4. 1990 (BGBl. I S. 717); Absatz 2 Satz 1 Nr. 6c eingef., Absätze 5a und 5c geänd. durch Art. 4 Nr. 3 Buchst. a und b Ges. vom 27. 4. 1993 (BGBl. I S. 514), Absatz 7 neugef., Absatz 8 geänd. durch Art. 1 Nr. 17 Ges. v. 9. 8. 1994 (BGBl. I S. 2071); Absatz 2 Satz 1 Nr. 7 und Absätze 5a bis 5e geänd., Absätze 5d und 5e eingefügt sowie Absatz 8 Satz 3 geänd. durch Art. 1 Nr. 6 Ges. v. 25. Februar 1998 BGBl. I S. 374); Absatz 1 Satz 2 geänd., Absatz 5 Sätze 3 und 4 eingef. und Satz 4 (alt) sowie Absatz 7 Satz 4 geänd. durch Art. 1 Nr. 13 Ges. v. 7. 9. 1998 (BGBl. I S. 2649); **Absatz 4 und Absatz 6 Satz 6 neugefaßt, Absatz 7 Satz 1 und 4 geänd. durch Art. 1 Nr. 1 Ges. v. 4. 7. 2000 (BGBl. I S. 1002).**

nach § 25 Abs. 7 Satz 1 in der vor dem 17. August 1994 geltenden Fassung bekanntgemachten Ergebnis genannten und im Zulassungsbescheid aufgeführten Verdünnungsgrade.

(2) [1]Die zuständige Bundesoberbehörde darf die Zulassung nur versagen, wenn

1. die vorgelegten Unterlagen unvollständig sind,
2. das Arzneimittel nicht nach dem jeweils gesicherten Stand der wissenschaftlichen Erkenntnisse ausreichend geprüft worden ist,
3. das Arzneimittel nicht die nach den anerkannten pharmazeutischen Regeln angemessene Qualität aufweist,
4. dem Arzneimittel die vom Antragsteller angegebene therapeutische Wirksamkeit fehlt oder diese nach dem jeweils gesicherten Stand der wissenschaftlichen Erkenntnisse vom Antragsteller unzureichend begründet ist,
5. bei dem Arzneimittel der begründete Verdacht besteht, daß es bei bestimmungsgemäßem Gebrauch schädliche Wirkungen hat, die über ein nach den Erkenntnissen der medizinischen Wissenschaft vertretbares Maß hinausgehen,
5a. bei einem Arzneimittel, das mehr als einen arzneilich wirksamen Bestandteil enthält, eine ausreichende Begründung fehlt, daß jeder arzneilich wirksame Bestandteil einen Beitrag zur positiven Beurteilung des Arzneimittels leistet, wobei die Besonderheiten der jeweiligen Arzneimittel in einer risikogestuften Bewertung zu berücksichtigen sind,
6. die angegebene Wartezeit nicht ausreicht,
6a. das angegebene Rückstandsnachweisverfahren nach Art und Menge gesundheitlich nicht unbedenkliche Stoffe nicht zuverlässig nachzuweisen vermag oder nicht routinemäßig durchführbar ist,
6b. bei Arzneimittel-Vormischungen die zum qualitativen und quantitativen Nachweis der wirksamen Bestandteile in den Fütterungsarzneimitteln angewendeten Kontrollmethoden nicht routinemäßig durchführbar sind,
6c. das Arzneimittel zur Anwendung bei Tieren bestimmt ist, die der Gewinnung von Lebensmitteln dienen, und einen pharmakologisch wirksamen Bestandteil enthält, der nicht in Anhang I, II oder III der Verordnung (EWG) Nr. 2377/90 enthalten ist,
7. das Inverkehrbringen des Arzneimittels oder seine Anwendung bei Tieren gegen gesetzliche Vorschriften oder gegen eine Verordnung oder eine Richtlinie oder eine Entscheidung des Rates oder der Kommission der Europäischen Gemeinschaften verstoßen würde,
8. das Arzneimittel durch Rechtsverordnung nach § 36 Abs. 1 von der Pflicht zur Zulassung freigestellt oder mit einem solchen Arzneimittel in der Art der arzneilich wirksamen Bestandteile identisch sowie in deren Menge vergleichbar ist, soweit kein berechtigtes Interesse an einer Zulassung nach Absatz 1 zu Exportzwecken glaubhaft gemacht wird.

[2]Die Zulassung darf nach Satz 1 Nr. 4 nicht deshalb versagt werden, weil therapeutische Ergebnisse nur in einer beschränkten Zahl von Fällen erzielt worden sind. [3]Die therapeutische Wirksamkeit fehlt, wenn der Antragsteller nicht entsprechend dem jeweils gesicherten Stand der wissenschaftlichen Erkenntnisse nachweist, daß sich mit dem Arzneimittel therapeutische Ergebnisse erzielen lassen.

(3) [1]Die Zulassung ist für ein Arzneimittel zu versagen, das sich von einem zugelassenen oder bereits im Verkehr befindlichen Arzneimittel gleicher Bezeichnung in der Art oder der Menge der wirksamen Bestandteile unterscheidet. [2]Abweichend von Satz 1 ist ein Unterschied in der Menge der wirksamen Bestandteile unschädlich, wenn sich die Arzneimittel in der Darreichungsform unterscheiden.

(4) [1]Bei Beanstandungen der vorgelegten Unterlagen ist dem Antragsteller Gelegenheit zu geben, Mängeln innerhalb einer angemessenen Frist, jedoch höchstens innerhalb von sechs Monaten, abzuhelfen. [2]Wird den Mängeln nicht innerhalb dieser Frist abgeholfen, so ist die Zulassung zu versagen. [3]Nach einer Entscheidung über die Versagung der Zulassung ist das Einreichen von Unterlagen zur Mängelbeseitigung ausgeschlossen.

(5) [1]Die Zulassung ist auf Grund der Prüfung der eingereichten Unterlagen und auf der Grundlage der Sachverständigengutachten zu erteilen. [2]Zur Beurteilung der Unterlagen kann die zuständige Bundesoberbehörde eigene wissenschaftliche Ergebnisse verwerten, Sachverständige beiziehen oder Gutachten anfordern. [3]Die zuständige Bundesoberbehörde kann in Betrieben und Einrichtungen, die Arzneimittel entwickeln, herstellen oder prüfen, zulassungsbezogene Angaben und Unterlagen überprüfen. [4]Zu diesem Zweck können Beauftragte der zuständigen Bundesoberbehörde im Benehmen mit der zuständigen Behörde Betriebs- und Geschäftsräume zu den üblichen Geschäftszeiten betreten, Unterlagen einsehen sowie Auskünfte verlangen. [5]Die zuständige Bundesoberbehörde kann ferner die Beurteilung der Unterlagen durch unabhängige Gegensachverständige durchführen lassen und legt deren Beurteilung der Zulassungsentscheidung und, soweit es sich um Arzneimittel handelt, die der Verschreibungspflicht nach § 49 unterliegen, dem der Zulassungskommission nach Absatz 6 Satz 1 vorzulegenden Entwurf der Zulassungsentscheidung zugrunde. [6]Als Gegensachverständiger nach Satz 5 kann von der zuständigen Bundesoberbehörde beauftragt werden, wer die erforderliche Sachkenntnis und die zur Ausübung der Tätigkeit als Gegensachverständiger erforderliche Zuverlässigkeit besitzt. [7]Dem Antragsteller ist auf Antrag Einsicht in die Gutachten zu gewähren. [8]Verlangt der Antragsteller, von ihm gestellte Sachverständige beizuziehen, so sind auch diese zu hören. [9]Für die Berufung als Sachverständiger, Gegensachverständiger und Gutachter gilt Absatz 6 Satz 5 und 6 entsprechend.

(5a) Die zuständige Bundesoberbehörde erstellt ferner auf Antrag des Zulassungsinhabers oder des Antragstellers einen Beurteilungsbericht, es sei denn, daß ein solcher Bericht bereits von der zuständigen Behörde eines anderen Mitgliedstaates erstellt worden ist; der Beurteilungsbericht wird auf Antrag aktualisiert, wenn neue Informationen verfügbar werden, die für die Beurteilung der

Qualität, Unbedenklichkeit oder Wirksamkeit des betreffenden Arzneimittels von Bedeutung sind.

(5b) [1] Ist das Arzneimittel bereits in einem anderen Mitgliedstaat der Europäischen Union zugelassen worden, ist diese Zulassung auf der Grundlage des von diesem Staat übermittelten Beurteilungsberichtes anzuerkennen, es sei denn, daß Anlaß zu der Annahme besteht, daß die Zulassung des Arzneimittels eine Gefahr für die öffentliche Gesundheit, bei Arzneimitteln zur Anwendung bei Tieren eine Gefahr für die Gesundheit von Mensch oder Tier oder für die Umwelt, darstellen kann. [2] In diesem Ausnahmefall hat die zuständige Bundesoberbehörde nach Maßgabe des Artikels 10 Abs. 1 der Richtlinie 75/319/EWG oder des Artikels 18 der Richtlinie 81/851/EWG den Ausschuß für Arzneispezialitäten oder für Tierarzneimittel zu befassen. [3] Absatz 6 findet keine Anwendung.

(5c) [1] Für die Anerkennung der Zulassung eines anderen Mitgliedstaates finden die Vorschriften in Kapitel III der Richtlinie 75/319/EWG oder für Tierarzneimittel im Kapitel IV der Richtlinie 81/851/EWG Anwendung. [2] Ist im Rahmen einer beantragten Anerkennung einer Zulassung ein Verfahren nach Artikel 37b der Richtlinie 75/319/EWG oder des Artikels 42k der Richtlinie 81/851/EWG durchgeführt worden, so ist über die Zulassung nach Maßgabe der nach diesen Artikel getroffenen Entscheidung der Kommission der Europäischen Gemeinschaften oder des Rates der Europäischen Union zu entscheiden. [3] Ein Vorverfahren nach § 68 der Verwaltungsgerichtsordnung findet bei Rechtsmitteln gegen Entscheidungen der zuständigen Bundesoberbehörde nach Satz 2 nicht statt. [4] Ferner findet Absatz 6 keine Anwendung.

(5d) [1] Wird ein nach dem 1. Januar 1995 gestellter Zulassungsantrag bereits in einem anderen Mitgliedstaat der Europäischen Union geprüft oder liegt der Beurteilungsbericht dieses Staates nicht vor, kann die zuständige Bundesoberbehörde das Zulassungsverfahren solange aussetzen, bis der Beurteilungsbericht dieses Mitgliedstaates vorliegt. [2] Bei einem nach dem 1. Januar 1998 gestellten Zulassungsantrag hat die Aussetzung zu erfolgen, soweit die Zulassung in dem anderen Mitgliedstaat erteilt ist.

(5e) Die Absätze 5a bis 5d finden keine Anwendung auf Arzneimittel, die nach einer homöopathischen Verfahrenstechnik hergestellt worden sind.

(6) [1] Vor der Entscheidung über die Zulassung eines Arzneimittels, das der Verschreibungspflicht nach § 49 unterliegt, ist eine Zulassungskommission zu hören. [2] Die Anhörung erstreckt sich auf den Inhalt der eingereichten Unterlagen, der Sachverständigengutachten, der angeforderten Gutachten, die Stellungnahmen der beigezogenen Sachverständigen, das Prüfungsergebnis und die Gründe, die für die Entscheidung über die Zulassung wesentlich sind, oder die Beurteilung durch die Gegensachverständigen. [3] Weicht die Bundesoberbehörde bei der Entscheidung über den Antrag von dem Ergebnis der Anhörung ab, so hat sie die Gründe für die abweichende Entscheidung darzulegen. [4] Das Bundesministerium beruft die Mitglieder der Zulassungskommission auf Vorschlag der Kammern der Heilberufe, der Fachgesellschaften der Ärzte, Zahnärzte, Tierärzte, Apotheker, Heilpraktiker sowie der pharmazeutischen Unternehmer. [5] Bei der Berufung sind die jeweiligen Besonderheiten der Arzneimittel

zu berücksichtigen. **⁶In die Zulassungskommission werden Sachverständige berufen, die auf den jeweiligen Anwendungsgebieten und in der jeweiligen Therapierichtung (Phytotherapie, Homöopathie, Anthroposophie) über wissenschaftliche Kenntnisse verfügen und praktische Erfahrungen gesammelt haben.**

(7) ¹Für Arzneimittel, die nicht der Verschreibungspflicht nach § 49 unterliegen, werden bei der zuständigen Bundesoberbehörde Kommissionen für bestimmte Anwendungsgebiete oder Therapierichtungen gebildet. ²Absatz 6 Satz 4 bis 6 findet entsprechende Anwendung. ³Die zuständige Bundesoberbehörde kann zur Vorbereitung der Entscheidung über die Verlängerung von Zulassungen nach § 105 Abs. 3 Satz 1 die zuständige Kommission beteiligen. ⁴Betrifft die Entscheidung nach Satz 3 Arzneimittel einer bestimmten Therapierichtung (Phytotherapie, Homöopathie, Anthroposophie), ist die zuständige Kommission zu beteiligen, sofern eine vollständige Versagung der Verlängerung nach § 105 Abs. 3 Satz 1 beabsichtigt oder die Entscheidung von grundsätzlicher Bedeutung ist; sie hat innerhalb von zwei Monaten Gelegenheit zur Stellungnahme. ⁵Soweit die Bundesoberbehörde bei der Entscheidung nach Satz 4 die Stellungnahme der Kommission nicht berücksichtigt, legt sie die Gründe dar.

(8) ¹Bei Sera, Impfstoffen, Blutzubereitungen und Testallergenen erteilt die zuständige Bundesoberbehörde die Zulassung entweder auf Grund der Prüfung der eingereichten Unterlagen oder auf Grund eigener Untersuchungen oder auf Grund der Beobachtung der Prüfungen des Herstellers. ²Dabei können Beauftragte der zuständigen Bundesoberbehörde im Benehmen mit der zuständigen Behörde Betriebs- und Geschäftsräume zu den üblichen Geschäftszeiten betreten und in diesen sowie in den dem Betrieb dienenden Beförderungsmitteln Besichtigungen vornehmen. ³Auf Verlangen der zuständigen Bundesoberbehörde hat der Antragsteller das Herstellungsverfahren mitzuteilen. ⁴Bei diesen Arzneimitteln finden die Absätze 6 und 7 keine Anwendung.

(8a) Absatz 8 Satz 1 bis 3 findet entsprechende Anwendung auf die Prüfung von Rückstandsnachweisverfahren nach § 23 Abs. 1 Nr. 2 und auf Kontrollmethoden nach § 23 Abs. 2 Satz 3.

(9) Werden verschiedene Darreichungsformen eines Arzneimittels unter gleicher Bezeichnung oder werden verschiedene Konzentrationen eines Arzneimittels gleicher Darreichungsform zugelassen, so ist eine einheitliche Zulassungsnummer zu verwenden, der weitere Kennzeichen zur Unterscheidung der Darreichungsformen oder Konzentrationen hinzugefügt werden müssen.

(10) Die Zulassung läßt die zivil- und strafrechtliche Verantwortlichkeit des pharmazeutischen Unternehmers unberührt.

§ 25 a¹ Vorprüfung

(1) ¹Die zuständige Bundesoberbehörde soll den Zulassungsantrag durch unabhängige Sachverständige auf Vollständigkeit und daraufhin prüfen lassen, ob das Arzneimittel nach dem jeweils gesicherten Stand der wissenschaftlichen

---

¹ § 25 a eingefügt durch Art. 1 Nr. 14 Ges. v. 11. 4. 1990 (BGBl. I S. 717).

Erkenntnisse ausreichend geprüft worden ist. [2] § 25 Abs. 6 Satz 5 findet entsprechende Anwendung.

(2) Bei Beanstandungen im Sinne des Absatzes 1 hat der Sachverständige dem Antragsteller Gelegenheit zu geben, Mängeln innerhalb von drei Monaten abzuhelfen.

(3) [1] Ist der Zulassungsantrag nach Ablauf der Frist unter Zugrundelegung der abschließenden Stellungnahme des Sachverständigen weiterhin unvollständig oder mangelhaft im Sinne des § 25 Abs. 2 Nr. 2, so ist die Zulassung zu versagen. [2] § 25 Abs. 4 und 6 findet auf die Vorprüfung keine Anwendung.

§ 26[1] Arzneimittelprüfrichtlinien

(1) [1] Das Bundesministerium erläßt nach Anhörung von Sachverständigen aus der medizinischen und pharmazeutischen Wissenschaft und Praxis mit Zustimmung des Bundesrates allgemeine Verwaltungsvorschriften über die von der zuständigen Bundesoberbehörde an die analytische, pharmakologisch-toxikologische und klinische Prüfung sowie an die Rückstandsprüfung, die routinemäßig durchführbare Kontrollmethode und das Rückstandsnachweisverfahren zu stellenden Anforderungen und macht diese als Arzneimittelprüfrichtlinien im Bundesanzeiger bekannt. [2] Die Vorschriften müssen dem jeweils gesicherten Stand der wissenschaftlichen Erkenntnisse entsprechen und sind laufend an diesen anzupassen, insbesondere sind Tierversuche durch andere Prüfverfahren zu ersetzen, wenn dies nach dem Stand der wissenschaftlichen Erkenntnisse im Hinblick auf den Prüfungszweck vertretbar ist. [3] Sie sind, soweit es sich um radioaktive Arzneimittel und um Arzneimittel handelt, bei deren Herstellung ionisierende Strahlen verwendet werden und soweit es sich um Prüfungen zur Ökotoxizität handelt im Einvernehmen mit dem Bundesministerium für Umwelt, Naturschutz und Reaktorsicherheit und, soweit es sich um Arzneimittel handelt, die zur Anwendung bei Tieren bestimmt sind, im Einvernehmen mit dem Bundesministerium für Ernährung, Landwirtschaft und Forsten zu erlassen. [4] Auf die Berufung der Sachverständigen findet § 25 Abs. 6 Satz 4 und 5 entsprechende Anwendung.

(2) [1] Die zuständige Bundesoberbehörde und die Kommissionen nach § 25 Abs. 7 haben die Arzneimittelprüfrichtlinien sinngemäß auf das wissenschaftliche Erkenntnismaterial nach § 22 Abs. 3 und § 23 Abs. 3 Satz 2 anzuwenden, wobei die Besonderheiten der jeweiligen Arzneimittel zu berücksichtigen sind. [2] Als wissenschaftliches Erkenntnismaterial gilt auch das nach wissenschaftlichen Methoden aufbereitete medizinische Erfahrungsmaterial.

(3) [1] Die zuständige Bundesoberbehörde veröffentlicht im Bundesanzeiger eine Liste der Arzneimittel, für die Bioverfügbarkeitsuntersuchungen erfor-

---

[1] § 26 Abs. 1 Satz 1 geänd. durch Art. 1 Nr. 15 Ges. v. 11. 4. 1990 (BGBl. I S. 717) und durch Art. 1 Nr. 54 Ges. v. 9. 8. 1994 (BGBl. I S. 2071); Absatz 1 Satz 2 geänd. durch Art. 1 Nr. 13 Ges. v. 16. 8. 1986 (BGBl. I S. 1296); Absatz 1 Satz 3 geänd. durch Art. 1 Nr. 2 VO v. 26. 11. 1986 (BGBl. I S. 2089); Absatz 2 Satz 1 geänd. durch Art. 1 Nr. 7 Ges. v. 24. 2. 1983 (BGBl. I S. 169); Absatz 3 eingef. durch Art. 2 Nr. 1 Ges. v. 20. 7. 1988 (BGBl. I S. 1050); Absatz 1 Satz 3 geänd. durch Art. 1 Nr. 14 Ges. v. 7. 9. 1998 (BGBl. I S. 2649).

lich sind. [2]Sie aktualisiert die Liste nach dem Stand der wissenschaftlichen Erkenntnisse.

§ 27[1] Fristen für die Erteilung

(1) [1]Die zuständige Bundesoberbehörde hat eine Entscheidung über den Antrag auf Zulassung innerhalb einer Frist von sieben Monaten zu treffen. [2]Die Entscheidung über die Anerkennung einer Zulassung ist innerhalb einer Frist von drei Monaten nach Erhalt des Beurteilungsberichtes zu treffen. [3]Ein Beurteilungsbericht ist innerhalb einer Frist von drei Monaten zu erstellen.

(2) [1]Gibt die zuständige Bundesoberbehörde dem Antragsteller nach § 25 Abs. 4 Gelegenheit, Mängeln abzuhelfen, so werden die Fristen bis zur Behebung der Mängel oder bis zum Ablauf der nach § 25 Abs. 4 gesetzten Frist gehemmt. [2]Die Hemmung beginnt mit dem Tage, an dem dem Antragsteller die Aufforderung zur Behebung der Mängel zugestellt wird. [3]Das gleiche gilt für die Frist, die dem Antragsteller auf sein Verlangen hin eingeräumt wird, auch unter Beiziehung von Sachverständigen, Stellung zu nehmen sowie im Fall der Aussetzung nach § 25 Abs. 5d.

§ 28[2] Auflagenbefugnis

(1) [1]Die zuständige Bundesoberbehörde kann die Zulassung mit Auflagen verbinden. [2]Bei Auflagen nach den Absätzen 2 bis 3c zum Schutz der Umwelt, entscheidet die zuständige Bundesoberbehörde im Einvernehmen mit dem Umweltbundesamt, soweit Auswirkungen auf die Umwelt zu bewerten sind. [3]Hierzu übermittelt die zuständige Bundesoberbehörde dem Umweltbundesamt die zur Beurteilung der Auswirkungen auf die Umwelt erforderlichen Angaben und Unterlagen. [4]Auflagen können auch nachträglich angeordnet werden.

(2) Auflagen nach Absatz 1 können angeordnet werden, um sicherzustellen, daß

1. die Kennzeichnung der Behältnisse und äußeren Umhüllungen den Vorschriften des § 10 entspricht; dabei kann angeordnet werden, daß angegeben werden müssen
   a) Hinweise oder Warnhinweise, soweit sie erforderlich sind, um bei der Anwendung des Arzneimittels eine unmittelbare oder mittelbare Gefährdung der Gesundheit von Mensch oder Tier zu verhüten,

---

[1] § 27 Abs. 1 neugef. durch Art. 1 Nr. 18 Ges. v. 9. 8. 1994 (BGBl. I S. 2071); Absatz 1 Sätze 2 und 3 angef., Absatz 2 Satz 3 geänd. durch Art. 1 Nr. 7 Ges. v. 25. Februar 1998 (BGBl. I S. 374).

[2] § 28 Abs. 2 Nr. 2a eingef. und Absatz 4 geänd. durch Art. 1 Nr. 14 Ges. v. 16. 8. 1986 (BGBl. I S. 1296); Absatz 2 Nr. 3 geänd. durch Art. 2 Nr. 2 Ges. v. 20. 7. 1988 (BGBl. I S. 1050); Absatz 2a eingef., Absatz 3 Satz 1 und Absatz 4 geänd. durch Art. 11 Nr. 14 Ges.v. 16. 8. 1986 (BGBl. I S. 1296); Absatz 3 Satz 2 eingef. durch Art. 1 Nr. 8 Ges.v. 24. 2. 1984 (BGBl. I S. 169); Absatz 2 Nr. 1 Buchst. a, Nr. 2 Buchst. a und Nr. 2a Buchst a, Absatz 1 Nr. 1 Buchst b, Absatz 3c eingef. durch Art. 1 Nr. 19 Ges. v. 9. 8. 1994 (BGBl. I S. 2071); Absatz 3d angef. durch Art. 1 Nr. 8 Ges. v. 25. Februar 1998 (BGBl. I S. 374); Absatz 1 Sätze 2 und 3 eingef. durch Art. 1 Nr. 15 Ges. v. 7. 9. 1998 (BGBl. I S. 2649).

b) Aufbewahrungshinweise für den Verbraucher und Lagerhinweise für die Fachkreise, soweit sie geboten sind, um die erforderliche Qualität des Arzneimittels zu erhalten,

2. die Packungsbeilage den Vorschriften des § 11 entspricht; dabei kann angeordnet werden, daß angegeben werden müssen

a) die in der Nummer 1 Buchstabe a genannten Hinweise oder Warnhinweise,

b) die Aufbewahrungshinweise für den Verbraucher, soweit sie geboten sind, um die erforderliche Qualität des Arzneimittels zu erhalten,

2a. die Fachinformation den Vorschriften des § 11 a entspricht; dabei kann angeordnet werden, daß angegeben werden müssen

a) die in Nummer 1 Buchstabe a genannten Hinweise oder Warnhinweise,

b) besondere Lager- und Aufbewahrungshinweise, soweit sie geboten sind, um die erforderliche Qualität des Arzneimittels zu erhalten,

c) Hinweise auf Auflagen nach Absatz 3,

3. die Angaben nach den §§ 10, 11 und 11a den für die Zulassung eingereichten Unterlagen entsprechen und dabei einheitliche und allgemeinverständliche Begriffe und ein einheitlicher Wortlaut verwendet werden, wobei die Angabe weiterer Gegenanzeigen, Nebenwirkungen und Wechselwirkungen zulässig bleibt; von dieser Befugnis kann die zuständige Bundesoberbehörde allgemein aus Gründen der Arzneimittelsicherheit, der Transparenz oder der rationellen Arbeitsweise Gebrauch machen; dabei kann angeordnet werden, daß bei verschreibungspflichtigen Arzneimitteln bestimmte Anwendungsgebiete entfallen, wenn zu befürchten ist, daß durch deren Angabe der therapeutische Zweck gefährdet wird,

4. das Arzneimittel in Packungsgrößen in den Verkehr gebracht wird, die den Anwendungsgebieten und der vorgesehenen Dauer der Anwendung angemessen sind,

5. das Arzneimittel in einem Behältnis mit bestimmter Form, bestimmtem Verschluß oder sonstiger Sicherheitsvorkehrung in den Verkehr gebracht wird, soweit es geboten ist, um die Einhaltung der Dosierungsanleitung zu gewährleisten oder um die Gefahr des Mißbrauchs durch Kinder zu verhüten.

(2a) Warnhinweise nach Absatz 2 können auch angeordnet werden, um sicherzustellen, daß das Arzneimittel nur von Ärzten bestimmter Fachgebiete verschrieben und unter deren Kontrolle oder nur in Kliniken oder Spezialkliniken oder in Zusammenarbeit mit solchen Einrichtungen angewendet werden darf, wenn dies erforderlich ist, um bei der Anwendung eine unmittelbare oder mittelbare Gefährdung der Gesundheit von Menschen zu verhüten, insbesondere, wenn die Anwendung des Arzneimittels nur bei Vorhandensein besonderer Fachkunde oder besonderer therapeutischer Einrichtungen unbedenklich erscheint.

(3) [1]Die zuständige Bundesoberbehörde kann durch Auflagen ferner anordnen, daß weitere analytische, pharmakologisch-toxikologische oder klinische Prüfungen durchgeführt werden und über die Ergebnisse berichtet wird, wenn hinreichende Anhaltspunkte dafür vorliegen, daß das Arzneimittel einen großen therapeutischen Wert haben kann und deshalb ein öffentliches Interesse an seinem unverzüglichen Inverkehrbringen besteht, jedoch für die umfassende

Beurteilung des Arzneimittels weitere wichtige Angaben erforderlich sind. [2]Satz 1 gilt entsprechend für Unterlagen über das Rückstandsnachweisverfahren nach § 23 Abs. 1 Nr. 2.

(3a) Die zuständige Bundesoberbehörde kann, wenn dies im Interesse der Arzneimittelsicherheit erforderlich ist, durch Auflagen ferner anordnen, daß nach der Zulassung Erkenntnisse bei der Anwendung des Arzneimittels systematisch gesammelt, dokumentiert und ausgewertet werden und ihr über die Ergebnisse dieser Untersuchung innerhalb einer bestimmten Frist berichtet wird.

(3b) [1]Bei Auflagen nach den Absätzen 3 und 3a kann die zuständige Bundesoberbehörde Art und Umfang der Untersuchung oder Prüfungen bestimmen. [2]Die Ergebnisse sind durch Unterlagen so zu belegen, daß aus diesen Art, Umfang und Zeitpunkt der Untersuchung oder Prüfungen hervorgehen.

(3c) [1]Die zuständige Bundesoberbehörde kann durch Auflage ferner anordnen, daß bei der Herstellung und Kontrolle solcher Arzneimittel und ihrer Ausgangsstoffe, die biologischer Herkunft sind oder auf biotechnischem Wege hergestellt werden,

1. bestimmte Anforderungen eingehalten und bestimmte Maßnahmen und Verfahren angewendet werden,
2. Unterlagen vorgelegt werden, die die Eignung bestimmter Maßnahmen und Verfahren begründen, einschließlich von Unterlagen über die Validierung,
3. die Einführung oder Änderung bestimmter Anforderungen, Maßnahmen und Verfahren der vorherigen Zustimmung der zuständigen Bundesoberbehörde bedarf,

soweit es zur Gewährleistung angemessener Qualität oder zur Risikovorsorge geboten ist. [2]Die angeordneten Auflagen sind sofort vollziehbar. [3]Widerspruch und Anfechtungsklage haben keine aufschiebende Wirkung.

(3d) Die zuständige Bundesoberbehörde kann bei einem Arzneimittel, das zur Anwendung bei Tieren bestimmt ist, die der Gewinnung von Lebensmitteln dienen und das einen pharmakologisch wirksamen Bestandteil enthält, der im Anhang III der Verordnung (EWG) Nr. 2377/90 enthalten ist, durch Auflage ferner anordnen, daß Unterlagen nach § 23 Abs. 1 Nr. 2 innerhalb des Zeitraumes vorgelegt werden, für den die vorläufige Rückstandshöchstmenge festgesetzt worden ist, sofern keine Anhaltspunkte dafür vorliegen, daß die Rückstände des betreffenden Stoffes eine Gefahr für die Gesundheit des Menschen darstellen.

(4) [1]Soll die Zulassung mit einer Auflage verbunden werden, so wird die in § 27 Abs. 1 vorgesehene Frist bis zum Ablauf einer dem Antragsteller gewährten Frist zur Stellungnahme gehemmt. [2]§ 27 Abs. 2 findet entsprechende Anwendung.

§ 29[1]   Anzeigepflicht, Neuzulassung

(1) [1]Der Antragsteller hat der zuständigen Bundesoberbehörde unter Beifügung entsprechender Unterlagen unverzüglich Anzeige zu erstatten, wenn sich Änderungen in den Angaben und Unterlagen nach den §§ 22 bis 24 ergeben. [2]Er hat ferner der zuständigen Bundesoberbehörde unverzüglich, spätestens aber innerhalb von 15 Tagen nach Bekanntwerden, jeden ihm bekanntgewordenen Verdachtsfall einer schwerwiegenden Nebenwirkung oder einer schwerwiegenden Wechselwirkung mit anderen Mitteln anzuzeigen sowie häufigen oder im Einzelfall in erheblichem Umfang beobachteten Mißbrauch, wenn durch ihn die Gesundheit von Mensch und Tier unmittelbar gefährdet werden kann. [3]Er hat über Verdachtsfälle anderer als schwerwiegender Nebenwirkungen oder Wechselwirkungen mit anderen Mitteln, die ihm von einem Angehörigen eines Gesundheitsberufes zur Kenntnis gebracht werden, Aufzeichnungen zu führen. [4]Sofern nicht durch Auflage anderes bestimmt ist, hat er diese Aufzeichnungen der zuständigen Bundesoberbehörde unverzüglich nach Aufforderung oder mindestens alle sechs Monate während der ersten beiden Jahre nach der Zulassung und einmal jährlich in den folgenden drei Jahren vorzulegen. [5]Danach hat er die Unterlagen in Abständen von fünf Jahren zusammen mit dem Antrag auf Verlängerung der Zulassung oder unverzüglich nach Aufforderung vorzulegen. [6]Der zuständigen Bundesoberbehörde sind alle zur Beurteilung von Verdachtsfällen oder beobachteten Mißbrauchs vorliegenden Unterlagen sowie eine wissenschaftliche Bewertung vorzulegen. [7]Die Verpflichtung nach den Sätzen 2 bis 5 hat nach Erteilung der Zulassung der pharmazeutische Unternehmer zu erfüllen; sie besteht unabhängig davon, ob sich das Arzneimittel noch im Verkehr befindet. [8]Die Sätze 2 bis 6 gelten entsprechend für denjenigen, der eine klinische Prüfung von Arzneimitteln veranlaßt oder durchführt.

(2) [1]Bei einer Änderung der Bezeichnung des Arzneimittels ist der Zulassungsbescheid entsprechend zu ändern. [2]Das Arzneimittel darf unter der alten Bezeichnung vom pharmazeutischen Unternehmer noch ein Jahr, von den Groß- und Einzelhändlern noch zwei Jahre, beginnend mit dem auf die Bekanntmachung der Änderung im Bundesanzeiger folgenden 1. Januar oder 1. Juli, in den Verkehr gebracht werden.

(2a) [1]Eine Änderung

1. **der Angaben nach den §§ 10, 11 und 11a über die Dosierung, die Art oder die Dauer der Anwendung, die Anwendungsgebiete, soweit es sich nicht um die Zufügung einer oder Veränderung in eine Indikation handelt, die einem**

---

[1] § 29 Abs. 1 Satz 1 eingef. durch Art. 1 Nr. 15 Buchst. a Ges. v. 16. 8. 1986 (BGBl. I S. 1296), geänd. durch Art. 1 Nr. 17 Buchst. a D Buchst. aa Ges. v. 11. 4. 1990 (BGBl. I S. 717); Absatz 1 Satz 3 bis 5 eingef. durch Art. 1 Nr. 17 Buchst. a D Buchst. bb Ges. v. 11. 4. 1990 (BGBl. I S. 717), Satz 3 bis 5 neugef. und Satz 6 bis 8 eingef. durch Art. 1 Nr. 20 Buchst. a Ges. v. 9. 8. 1994 (BGBl. I S. 2071); Absatz 2a neugef. durch Art. 1 Nr. 17 Buchst. b Ges. v. 11. 4. 1990 (BGBl. I S. 717); Absatz 3 Nr. 1 geänd. durch Art. 1 Nr. 17 Buchst. c D Buchst. aa Ges. v. 11. 4. 1990 (BGBl. I S. 717); Absatz 3 Nr. 2 geänd. und Nr. 3 a eingef. durch Art. 1 Nr. 17 Buchst. c Ges. v. 11. 4. 1990 (BGBl. I S. 717); Absatz 3 Nr. 4 eingef. durch Art. 1 Nr. 20 Buchst. b Ges. v. 9. 8. 1994 (BGBl. I S. 2071); Absätze 4 und 5 angef. durch Art. 1 Nr. 9 Ges. v. 25. Februar 1998 (BGBl. I S. 374); Absatz 2a Satz 1 Nr. 1 geänd., Nr. 3a eingef., Nr. 4 neugef., Absatz 3 Nr. 3 und 3a geänd. so wie Nr. 4 gestrichen durch Art. 1 Nr. 16 Ges. v. 7. 9. 1998 (BGBl. I S. 2649); **Absatz 2a Nr. 1 neugefaßt durch Art. 1 Nr. 1a Ges. v. 4. 7. 2000 (BGBl. I S. 1002).**

anderen Therapiegebiet zuzuordnen ist, eine Einschränkung der Gegenanzeigen, Nebenwirkungen oder Wechselwirkungen mit anderen Mitteln, soweit sie Arzneimittel betrifft, die vom Verkehr außerhalb der Apotheken ausgeschlossen sind,

2. der wirksamen Bestandteile, ausgenommen der arzneilich wirksamen Bestandteile,
3. in eine mit der zugelassenen vergleichbaren Darreichungsform,
3a. in der Behandlung mit ionisierenden Strahlen,
4. des Herstellungs- oder Prüfverfahrens oder die Angabe einer längeren Haltbarkeitsdauer bei Sera, Impfstoffen, Blutzubereitungen, Testallergenen, Testsera und Testantigenen sowie eine Änderung gentechnologischer Herstellungsverfahren und
5. der Packungsgröße

darf erst vollzogen werden, wenn die zuständige Bundesoberbehörde zugestimmt hat. [2]Die Zustimmung gilt als erteilt, wenn der Änderung nicht innerhalb einer Frist von drei Monaten widersprochen worden ist.

(3) [1]Eine neue Zulassung ist in folgenden Fällen zu beantragen:

1. bei einer Änderung der Zusammensetzung der arzneilich wirksamen Bestandteile nach Art oder Menge,
2. bei einer Änderung der Darreichungsform, soweit es sich nicht um eine Änderung nach Absatz 2a Nr. 3 handelt,
3. bei einer Erweiterung der Anwendungsgebiete, soweit es sich nicht um eine Änderung nach Absatz 2a Nr. 1 handelt,
3a. bei der Einführung gentechnologischer Herstellungsverfahren und
4. (weggefallen)
5. bei einer Verkürzung der Wartezeit.

[2]Über die Zulassungspflicht nach Satz 1 entscheidet die zuständige Bundesoberbehörde.

(4) [1]Die Absätze 1, 2, 2a und 3 finden keine Anwendung auf Arzneimittel, für die von der Kommission der Europäischen Gemeinschaften oder dem Rat der Europäischen Union eine Genehmigung für das Inverkehrbringen erteilt worden ist. [2]Für diese Arzneimittel gelten die Verpflichtungen des pharmazeutischen Unternehmers nach der Verordnung (EWG) Nr. 2309/93 und seine Verpflichtungen nach der Verordnung (EG) Nr. 540/95 der Kommission der Europäischen Gemeinschaften oder des Rates der Europäischen Union zur Festlegung der Bestimmungen für die Mitteilung von vermuteten unerwarteten, nicht schwerwiegenden Nebenwirkungen, die innerhalb oder außerhalb der Gemeinschaft an gemäß der Verordnung (EWG) Nr. 2309/93 zugelassenen Human- oder Tierarzneimitteln festgestellt werden (ABl. EG Nr. L 55 S. 5) mit der Maßgabe, daß im Geltungsbereich des Gesetzes die Verpflichtung zur Mitteilung an die Mitgliedstaaten oder zur Unterrichtung der Mitgliedstaaten gegenüber der jeweils zuständigen Bundesoberbehörde besteht.

(5) Die Absätze 2a und 3 finden keine Anwendung, soweit für Arzneimittel die Verordnung (EG) Nr. 541/95 der Kommission vom 10. März 1995 über die Prüfung von Änderungen einer Zulassung, die von einer zuständigen Behörde eines Mitgliedstaates erteilt wurde (ABl. EG Nr. L 55 S. 7), Anwendung findet.

§ 30[1]   Rücknahme, Widerruf, Ruhen

(1) [1]Die Zulassung ist zurückzunehmen, wenn nachträglich bekannt wird, daß einer der Versagungsgründe des § 25 Abs. 2 Nr. 2, 3, 5, 5a, 6 oder 7 bei der Erteilung vorgelegen hat; sie ist zu widerrufen, wenn einer der Versagungsgründe des § 25 Abs. 2 Nr. 3, 5, 5a, 6 oder 7 nachträglich eingetreten ist. [2]Die Zulassung ist ferner zurückzunehmen oder zu widerrufen, wenn

1. sich herausstellt, daß dem Arzneimittel die therapeutische Wirksamkeit fehlt,
2. in den Fällen des § 28 Abs. 3 die therapeutische Wirksamkeit nach dem jeweiligen Stand der wissenschaftlichen Erkenntnisse unzureichend begründet ist.

[3]Die therapeutische Wirksamkeit fehlt, wenn feststeht, daß sich mit dem Arzneimittel keine therapeutischen Ergebnisse erzielen lassen. [4]In den Fällen des Satzes 1 kann auch das Ruhen der Zulassung befristet angeordnet werden.

(1a) [1]Die Zulassung ist ferner ganz oder teilweise zurückzunehmen oder zu widerrufen, soweit dies erforderlich ist, um einer Entscheidung der Kommission der Europäischen Gemeinschaften oder des Rates der Europäischen Union nach Artikel 37b der Richtlinie 75/319/EWG oder nach Artikel 42k der Richtlinie 81/851/EWG zu entsprechen. [2]Ein Vorverfahren nach § 68 der Verwaltungsgerichtsordnung findet bei Rechtsmitteln gegen Entscheidungen der zuständigen Bundesoberbehörde nach Satz 1 nicht statt. [3]In den Fällen des Satzes 1 kann auch das Ruhen der Zulassung befristet angeordnet werden.

(2) [1]Die zuständige Bundesoberbehörde kann die Zulassung

1. zurücknehmen, wenn in den Unterlagen nach den §§ 22, 23 oder 24 unrichtige oder unvollständige Angaben gemacht worden sind oder wenn einer der Versagungsgründe des § 25 Abs. 2 Nr. 6a, 6b oder 6c bei der Erteilung vorgelegen hat,
2. widerrufen, wenn einer der Versagungsgründe des § 25 Abs. 2 Nr. 2, 6a, 6b oder 6c nachträglich eingetreten ist oder wenn eine der nach § 28 angeordneten Auflagen nicht eingehalten und diesem Mangel nicht innerhalb einer von der zuständigen Bundesoberbehörde zu setzenden angemessenen Frist abgeholfen worden ist,
3. im Benehmen mit der zuständigen Behörde widerrufen, wenn die für das Arzneimittel vorgeschriebenen Prüfungen der Qualität nicht oder nicht ausreichend durchgeführt worden sind.

[2]In diesen Fällen kann auch das Ruhen der Zulassung befristet angeordnet werden.

(3) [1]Vor einer Entscheidung nach den Absätzen 1 und 2 muß der Inhaber der Zulassung gehört werden, es sei denn, daß Gefahr im Verzuge ist. [2]In den Fällen

---

[1] § 30 Abs. 1 geänd. durch Art. 1 Nr. 18 Ges. v. 11. 4. 1990 (BGBl. I S. 717); Absatz 2 Satz 1 Nr. 1 geänd. durch Art. 1 Nr. 9 Buchst. b Ges. v. 24. 2. 1983 (BGBl. I S. 169), durch Art. 1 Nr. 16 Buchst. b Ges. v. 16. 8. 1986 (BGBl. I S. 1296) und durch Art. 1 Nr. 21 Ges. v. 9. 8. 1994 (BGBl. I S. 2071); Absatz 2 Satz 1 Nr. 2 geänd. durch Art. 1 Nr. 9 Buchst. b Ges. v. 24. 2. 1983 (BGBl. I S. 169); Absatz 3 Satz 2 und 3 eingef. durch Art. 1 Nr. 16 Buchst. c Ges. v. 16. 8. 1986 (BGBl. I S. 1296); Absatz 1 a eingef. durch Art. 1 Nr. 10 Ges. v. 25. Februar 1998 (BGBl. I S. 374).

des § 25 Abs. 2 Nr. 5 ist die Entscheidung sofort vollziehbar. [3] Widerspruch und Anfechtungsklage haben keine aufschiebende Wirkung.

(4) [1] Ist die Zulassung für ein Arzneimittel zurückgenommen oder widerrufen oder ruht die Zulassung, so darf es

1. nicht in den Verkehr gebracht und
2. nicht in den Geltungsbereich dieses Gesetzes verbracht werden.

[2] Die Rückgabe des Arzneimittels an den pharmazeutischen Unternehmer ist unter entsprechender Kenntlichmachung zulässig. [3] Die Rückgabe kann von der zuständigen Behörde angeordnet werden.

§ 31[1] Erlöschen

(1) Die Zulassung erlischt

1. (weggefallen)
2. durch schriftlichen Verzicht,
3. nach Ablauf von fünf Jahren seit ihrer Erteilung, es sei denn, daß spätestens drei Monate vor Ablauf der Frist ein Antrag auf Verlängerung gestellt wird,
3a. bei einem Arzneimittel, das zur Anwendung bei Tieren bestimmt ist, die der Gewinnung von Lebensmitteln dienen, und das einen pharmakologisch wirksamen Bestandteil enthält, der in den Anhang IV der Verordnung (EWG) Nr. 2377/90 aufgenommen wurde, nach Ablauf einer Frist von 60 Tagen nach Veröffentlichung im Amtsblatt der Europäischen Gemeinschaften, sofern nicht innerhalb dieser Frist auf die Anwendungsgebiete bei Tieren, die der Gewinnung von Lebensmitteln dienen, nach § 29 Abs. 1 verzichtet worden ist; im Falle einer Änderungsanzeige nach § 29 Abs. 2a, die die Herausnahme des betreffenden wirksamen Bestandteils bezweckt, ist die 60-Tage-Frist bis zur Entscheidung der zuständigen Bundesoberbehörde oder bis zum Ablauf der Frist nach § 29 Abs. 2a Satz 2 gehemmt und es ruht die Zulassung nach Ablauf der 60-Tage-Frist während dieses Zeitraums; die Halbsätze 1 und 2 gelten entsprechend, soweit für die Änderung des Arzneimittels die Verordnung (EG) Nr. 541/95 Anwendung findet,
4. wenn die Verlängerung der Zulassung versagt wird.

---

[1] § 31 Abs. 1 Nr. 1 aufgeh. durch Art. 1 Nr. 22 Buchst. a D Buchst. aa Ges. v. 9. 8. 1994 (BGBl. I S. 2071); Absatz 1 Satz 1 Nr. 3 geänd. durch Art. 1 Nr. 17 Buchst. a Ges. v. 16. 8. 1986 (BGBl. I S. 1296) und durch Art. 1 Nr. 19 Buchst. a D Buchst. aa Ges. v. 11. 4. 1990 (BGBl. I S. 717); Absatz 1 Satz 1 Nr. 3a eingef. durch Art. 1 Nr. 22 Buchst. a D Buchst. bb Ges. v. 9. 8. 1994 (BGBl. I S. 2071); Absatz 1 Satz 1 Nr. 4 eingef. durch Art. 1 Nr. 17 Buchst. a D Buchst. bb. Ges. 11. 4. 1990 (BGBl. I S. 717); Absatz 2 Satz 1 (früher Satz 1) aufgeh. durch Art. 1 Nr. 17 Buchst. b D Buchst. aa geänd. durch Art. 1 Nr. 17 Buchst. b D Buchst. bb Ges. v. 16. 8. 1988 (BGBl. I S. 1296); Absatz 2 Satz 2 geänd. durch Art. 1 Nr. 17 Buchst. b D Buchst. cc Ges. v. 16. 8. 1986 (BGBl. I S. 1296); Absatz 2 Satz 3 (früher Satz 4) eingef. durch Art. 1 Nr. 10 Buchst. a Ges. v. 24. 2. 1983 (BGBl. I S. 169); Absatz 3 geänd. durch Art. 1 Nr. 10 Buchst. b Ges. v. 24. 2. 1983 (BGBl. I S. 169), durch Art. 1 Nr. 19 Buchst. b Ges. v. 11. 4. 1990 (BGBl. I S. 717) und durch Art. 1 Nr. 22 Buchst. b D Buchst aa Ges. v. 9. 8. 1994 (BGBl. I S. 2071); Absatz 3 Satz 2 eingef. durch Art. 1 Nr. 22 Buchst. b D Buchst. bb Ges. v. 9. 8. 1994 (BGBl. I S. 2071); Absatz 1 Nr. 3a neu gefaßt, Absatz 2 Satz 1 gestrichen und Absatz 3 Satz 2 eingef. durch Art. 1 Nr. 11 Ges. v. 25. Februar 1998 (BGBl. I S. 374); Absatz 1 Nr. 3 geänd. durch Art. 1 Nr. 17 Ges. v. 7. 9. 1998 (BGBl. I S. 2649).

(2) [1]Der Antrag auf Verlängerung ist durch einen Bericht zu ergänzen, der Angaben darüber enthält, ob und in welchem Umfang sich die Beurteilungsmerkmale für das Arzneimittel innerhalb der letzten fünf Jahre geändert haben. [2]Bei Arzneimitteln, die zur Anwendung bei Tieren bestimmt sind, die der Gewinnung von Lebensmitteln dienen, kann die zuständige Bundesoberbehörde ferner verlangen, daß der Bericht Angaben über Erfahrungen mit dem Rückstandsnachweisverfahren enthält.

(3) [1]Die Zulassung ist auf Antrag nach Absatz 2 Satz 1 innerhalb von drei Monaten vor ihrem Erlöschen um jeweils fünf Jahre zu verlängern, wenn kein Versagungsgrund nach § 25 Abs. 2 Nr. 3, 5, 5a, 6, 6a, 6b, 6c, 7 oder 8 vorliegt oder die Zulassung nicht nach § 30 Abs. 1 Satz 2 zurückzunehmen oder zu widerrufen ist oder wenn von der Möglichkeit der Rücknahme nach § 30 Abs. 2 Nr. 1 oder des Widerrufs nach § 30 Abs. 2 Nr. 2 kein Gebrauch gemacht werden soll. [2]§ 25 Abs. 5a gilt entsprechend. [3]Bei der Entscheidung über die Verlängerung ist auch zu überprüfen, ob Erkenntnisse vorliegen, die Auswirkungen auf die Unterstellung unter die Verschreibungspflicht haben.

(4) [1]Erlischt die Zulassung nach Absatz 1 Nr. 2 oder 3, so darf das Arzneimittel noch zwei Jahre, beginnend mit dem auf die Bekanntmachung des Erlöschens nach § 34 folgenden 1. Januar oder 1. Juli, in den Verkehr gebracht werden. [2]Das gilt nicht, wenn die zuständige Bundesoberbehörde feststellt, daß eine Voraussetzung für die Rücknahme oder den Widerruf nach § 30 vorgelegen hat; § 30 Abs. 4 findet Anwendung.

§ 32[1]   Staatliche Chargenprüfung

(1) [1]Die Charge eines Serums, eines Impfstoffes oder eines Testallergens darf unbeschadet der Zulassung nur in den Verkehr gebracht werden, wenn sie von der zuständigen Bundesoberbehörde freigegeben ist. [2]Die Charge ist freizugeben, wenn eine Prüfung (staatliche Chargenprüfung) ergeben hat, daß die Charge nach Herstellungs- und Kontrollmethoden, die dem jeweiligen Stand der wissenschaftlichen Erkenntnisse entsprechen, hergestellt und geprüft worden ist und daß sie die erforderliche Qualität, Wirksamkeit und Unbedenklichkeit aufweist. [3]Die Charge ist auch dann freizugeben, soweit die zuständige Behörde eines anderen Mitgliedstaates der Europäischen Gemeinschaften nach einer experimentellen Untersuchung festgestellt hat, daß die in Satz 2 genannten Voraussetzungen vorliegen.

(1a) Die zuständige Bundesoberbehörde hat eine Entscheidung nach Absatz 1 innerhalb einer Frist von zwei Monaten nach Eingang der zu prüfenden Chargenprobe zu treffen. § 27 Abs. 2 findet entsprechende Anwendung.

(2) [1]Das Bundesministerium erläßt nach Anhörung von Sachverständigen aus der medizinischen und pharmazeutischen Wissenschaft und Praxis allgemeine Verwaltungsvorschriften über die von der Bundesoberbehörde an die Herstel-

---

[1] § 32 Abs. 1 Satz 3 angef., Absatz 1 a eingefügt und Absatz 2 Satz 1 geändert durch Art. 1 Nr. 23, Ges. v. 9. 8. 1994 (BGBl. I S. 2071); Absatz 3 geänd. durch Art. 1 Nr. 12 Ges. v. 25. Februar 1998 (BGBl. I S. 374).

lungs- und Kontrollmethoden nach Absatz 1 zu stellenden Anforderungen und macht diese als Arzneimittelprüfrichtlinien im Bundesanzeiger bekannt. [2]Die Vorschriften müssen dem jeweiligen Stand der wissenschaftlichen Erkenntnisse entsprechen und sind laufend an diesen anzupassen.

(3) Auf die Durchführung der staatlichen Chargenprüfung finden § 25 Abs. 8 und § 22 Abs. 7 Satz 2 entsprechende Anwendung.

(4) Der Freigabe nach Absatz 1 Satz 1 bedarf es nicht, soweit die dort bezeichneten Arzneimittel durch Rechtsverordnung nach § 35 Abs. 1 Nr. 4 oder von der zuständigen Bundesoberbehörde freigestellt sind; die zuständige Bundesoberbehörde soll freistellen, wenn die Herstellungs- und Kontrollmethoden des Herstellers einen Entwicklungsstand erreicht haben, bei dem die erforderliche Qualität, Wirksamkeit und Unbedenklichkeit gewährleistet sind.

(5) Die Freigabe nach Absatz 1 oder die Freistellung durch die zuständige Bundesoberbehörde nach Absatz 4 ist zurückzunehmen, wenn eine ihrer Voraussetzungen nicht vorgelegen hat; sie ist zu widerrufen, wenn eine der Voraussetzungen nachträglich weggefallen ist.

§ 33[1] Kosten

(1) Die zuständige Bundesoberbehörde erhebt für die Entscheidungen über die Zulassung, über die Freigabe von Chargen sowie für andere Amtshandlungen einschließlich selbständiger Beratungen und selbständiger Auskünfte, soweit es sich nicht um mündliche und einfache schriftliche Auskünfte im Sinne des § 7 Abs. 1 des Verwaltungskostengesetzes handelt, nach diesem Gesetz und nach der Verordnung (EG) Nr. 541/95 der Kommission vom 10. März 1995 Kosten (Gebühren und Auslagen).

(2) [1]Das Bundesministerium wird ermächtigt, im Einvernehmen mit dem Bundesministerium für Wirtschaft durch Rechtsverordnung, die der Zustimmung des Bundesrates nicht bedarf, die gebührenpflichtigen Tatbestände näher zu bestimmen und dabei feste Sätze oder Rahmensätze vorzusehen. [2]Die Höhe der Gebühren für die Entscheidungen über die Zulassung, über die Freigabe von Chargen sowie für andere Amtshandlungen bestimmt sich jeweils nach dem Personal- und Sachaufwand, zu dem insbesondere der Aufwand für das Zulassungsverfahren, bei Sera, Impfstoffen und Testallergenen auch der Aufwand für die Prüfungen und für die Entwicklung geeigneter Prüfungsverfahren gehört. [3]Die Höhe der Gebühren für die Entscheidung über die Freigabe einer Charge bestimmt sich nach dem durchschnittlichen Personal- und Sachaufwand, wobei der Aufwand für vorangegangene Prüfungen unberücksichtigt bleibt; daneben ist die Bedeutung, der wirtschaftliche Wert oder der sonstige Nutzen der Freigabe für den Gebührenschuldner angemessen zu berücksichtigen.

(3) Das Verwaltungskostengesetz findet Anwendung.

---

[1] § 33 geänd. durch Art. 1 Nr. 18 Ges. v. 16. 8. 1986 (BGBl. I S. 1296); Absatz 4 angefügt durch Art. 1 Nr. 20 Ges. v. 11. 4. 1990 (BGBl. I S. 717); Absatz 1 geänd. durch Art. 1 Nr. 1 Ges. v. 20. 12. 1996 (BGBl. I S. 2084); Absatz 2 geänd. durch Art. 1 Nr. 18 Ges. v. 7. 9. 1998 (BGBl. I S. 2649).

(4) Für das Widerspruchsverfahren gegen einen von der zuständigen Bundes-oberbehörde auf Grund dieses Gesetzes erlassenen Verwaltungsakt werden Kosten nicht erhoben; Auslagen der Beteiligten werden nicht erstattet.

§ 34¹ Bekanntmachung

(1) ¹Die zuständige Bundesoberbehörde hat im Bundesanzeiger bekanntzuma-chen:
1. die Erteilung und Verlängerung einer Zulassung,
2. die Rücknahme einer Zulassung,
3. den Widerruf einer Zulassung,
4. das Ruhen einer Zulassung,
5. das Erlöschen einer Zulassung,
6. die Feststellung nach § 31 Abs. 4 Satz 2,
7. die Änderung der Bezeichnung nach § 29 Abs. 2,
8. die Rücknahme oder den Widerruf der Freigabe einer Charge nach § 32 Abs. 5.

²Satz 1 Nr. 1 bis 5 und Nr. 7 gilt entsprechend für Entscheidungen der Kommis-sion der Europäischen Gemeinschaften oder des Rates der Europäischen Union.

(2) ¹Die zuständige Bundesoberbehörde kann einen Verwaltungsakt, der auf Grund dieses Gesetzes ergeht, im Bundesanzeiger öffentlich bekanntmachen, wenn von dem Verwaltungsakt mehr als 50 Adressaten betroffen sind. ²Dieser Verwaltungsakt gilt zwei Wochen nach dem Erscheinen des Bundesanzeigers als bekanntgegeben. ³Sonstige Mitteilungen der zuständigen Bundesoberbehörde einschließlich der Schreiben, mit denen den Beteiligten Gelegenheit zur Äuße-rung nach § 28 Abs. 1 des Verwaltungsverfahrensgesetzes gegeben wird, können gleichfalls im Bundesanzeiger bekanntgemacht werden, wenn mehr als 50 Adressaten davon betroffen sind. ⁴Satz 2 gilt entsprechend.

§ 35² Ermächtigungen zur Zulassung und Freistellung

(1) Das Bundesministerium wird ermächtigt, durch Rechtsverordnung mit Zustimmung des Bundesrates
1. die weiteren Einzelheiten über das Verfahren bei der Zulassung, der staatli-chen Chargenprüfung und der Freigabe einer Charge sowie bei der Ände-rung der Zulassungsunterlagen zu regeln; es kann dabei die Zahl der Ausfer-tigungen der einzureichenden Unterlagen sowie die Weiterleitung von Aus-fertigungen an die zuständigen Behörden bestimmen sowie vorschreiben

---

[1] § 34 Absatz 2 angefügt durch Art. 1 Nr. 21 Ges. v. 11. 4. 1990 (BGBl. I S. 717); Absatz 1 Satz 2 angef. durch Art. 1 Nr. 13 Ges. v. 25. Februar 1998 (BGBl. I S. 374).
[2] § 35 Abs. 1 geänd. durch Art. 1 Nr. 54 Ges. v. 9. 8. 1994 (BGBl. I S. 2071); Absatz 2 geänd. gem. Art. 1 Nr. 2 VO v. 26. 11. 1986 (BGBl. I S. 2089) und durch Art. 1 Nr. 54 Ges. v. 9. 8. 1994 (BGBl. I S. 2071); Absatz 1 Nr. 1 geänd. durch Art.1 Nr. 19 Ges. v. 7. 9. 1998 (BGBl. I S. 2649).

oder erlauben, daß Unterlagen auf elektronischen oder optischen Speichermedien eingereicht werden,

2. die Vorschriften über die Zulassung auf andere Arzneimittel auszudehnen, soweit es geboten ist, um eine unmittelbare oder mittelbare Gefährdung der Gesundheit von Mensch oder Tier zu verhüten,

3. die Vorschriften über die Freigabe einer Charge und die staatliche Chargenprüfung auf andere Arzneimittel, die in ihrer Zusammensetzung oder in ihrem Wirkstoffgehalt Schwankungen unterworfen sind, auszudehnen, soweit es geboten ist, um eine unmittelbare oder mittelbare Gefährdung der Gesundheit von Mensch oder Tier zu verhüten,

4. bestimmte Arzneimittel von der staatlichen Chargenprüfung freizustellen, wenn das Herstellungsverfahren und das Prüfungsverfahren des Herstellers einen Entwicklungsstand erreicht haben, bei dem die Qualität, Wirksamkeit und Unbedenklichkeit gewährleistet sind.

(2) Die Rechtsverordnungen nach Absatz 1 Nr. 2 bis 4 ergehen im Einvernehmen mit dem Bundesministerium für Wirtschaft und, soweit es sich um radioaktive Arzneimittel und um Arzneimittel handelt, bei deren Herstellung ionisierende Strahlen verwendet werden, im Einvernehmen mit dem Bundesministerium für Umwelt, Naturschutz und Reaktorsicherheit und, soweit es sich um Arzneimittel handelt, die zur Anwendung bei Tieren bestimmt sind, im Einvernehmen mit dem Bundesministerium für Ernährung, Landwirtschaft und Forsten.

§ 36[1]   Ermächtigung für Standardzulassungen

(1) [1]Das Bundesministerium wird ermächtigt, nach Anhörung von Sachverständigen durch Rechtsverordnung mit Zustimmung des Bundesrates bestimmte Arzneimittel oder Arzneimittelgruppen oder Arzneimittel in bestimmten Abgabeformen von der Pflicht zur Zulassung freizustellen, soweit eine unmittelbare oder mittelbare Gefährdung der Gesundheit von Mensch oder Tier nicht zu befürchten ist, weil die Anforderungen an die erforderliche Qualität, Wirksamkeit und Unbedenklichkeit erwiesen ist. [2]Die Freistellung kann zum Schutz der Gesundheit von Mensch oder Tier von einer bestimmten Herstellung, Zusammensetzung, Kennzeichnung, Packungsbeilage, Fachinformation oder Darreichungsform abhängig gemacht sowie auf bestimmte Anwendungsarten, Anwendungsgebiete oder Anwendungsbereiche beschränkt werden. [3]Die Angabe weiterer Gegenanzeigen, Nebenwirkungen und Wechselwirkungen durch den pharmazeutischen Unternehmer ist zulässig.

(2) [1]Bei der Auswahl der Arzneimittel, die von der Pflicht zur Zulassung freigestellt werden, muß den berechtigten Interessen der Arzneimittelverbraucher, der Heilberufe und der pharmazeutischen Industrie Rechnung getragen wer-

---

[1] § 36 Abs. 1 Satz 2 ergänzt durch Art. 1 Nr. 19 Ges. v. 16. 8. 1986 (BGBl. I S. 1296), Absatz 3 geänd. gem. Art. 1 Nr. 2 VO v. 26. 11. 1986 (BGBl. I S. 2089); Absatz 1 Satz 3, Abs. 2 Satz 2 und Absatz 4 angefügt durch Art. 1 Nr. 22 Ges. v. 11. 4. 1990 (BGBl. I S. 717). Absatz 3 geänd. durch Art. 1 Nr. 2 VO v. 26. 11. 1986 (BGBl. I S. 2089) und durch Art. 1 Nr. 3 VO v. 26. 2. 1993 (BGBl. I S. 278); Absatz 1 und 3 geänd. durch Art. 1 Nr. 54 Ges. v. 9. 8. 1994 (BGBl. I S. 2071).

den. [2] In der Wahl der Bezeichnung des Arzneimittels ist der pharmazeutische Unternehmer frei.

(3) Die Rechtsverordnung nach Absatz 1 ergeht im Einvernehmen mit dem Bundesministerium für Wirtschaft und, soweit es sich um radioaktive Arzneimittel und um Arzneimittel handelt, bei deren Herstellung ionisierende Strahlen verwendet werden, im Einvernehmen mit dem Bundesministerium für Umwelt, Naturschutz und Reaktorsicherheit und, soweit es sich um Arzneimittel handelt, die zur Anwendung bei Tieren bestimmt sind, im Einvernehmen mit dem Bundesministerium für Ernährung, Landwirtschaft und Forsten.

(4) [1] Vor Erlaß der Rechtsverordnung nach Absatz 1 bedarf es nicht der Anhörung von Sachverständigen und der Zustimmung des Bundesrates, soweit dies erforderlich ist, um Angaben zu Gegenanzeigen, Nebenwirkungen und Wechselwirkungen unverzüglich zu ändern und die Geltungsdauer der Rechtsverordnung auf längstens ein Jahr befristet ist. [2] Die Frist kann bis zu einem weiteren Jahr einmal verlängert werden, wenn das Verfahren nach Absatz 1 innerhalb der Jahresfrist nicht abgeschlossen werden kann.

§ 37[1]   Genehmigung der Kommission der Europäischen Gemeinschaften oder des Rates der Europäischen Union für das Inverkehrbringen, Zulassungen von Arzneimitteln aus anderen Staaten

(1) [1] Die von der Kommission der Europäischen Gemeinschaften oder dem Rat der Europäischen Union gemäß der Verordnung (EWG) Nr. 2309/93 erteilte Genehmigung für das Inverkehrbringen steht, soweit in den §§ 11a, 21 Abs. 2a, §§ 42, 56, 56a, 58, 59, 67, 69, 73, 84 oder 94 auf eine Zulassung abgestellt wird, einer nach § 25 erteilten Zulassung gleich. [2] Als Zulassung im Sinne des § 21 gilt auch die von einem anderen Staat für ein Arzneimittel erteilte Zulassung, soweit dies durch Rechtsverordnung des Bundesministeriums bestimmt wird.

(2) Das Bundesministerium wird ermächtigt, eine Rechtsverordnung nach Absatz 1, die nicht der Zustimmung des Bundesrates bedarf, zu erlassen, um eine Richtlinie des Rates der Europäischen Gemeinschaften durchzuführen oder soweit in internationalen Verträgen die Zulassung von Arzneimitteln gegenseitig als gleichwertig anerkannt wird.

---

[1] § 37 Abs. 1 und 2 geänd. durch Art. 1 Nr. 54 Ges. v. 9. 8. 1994 (BGBl. I S. 2071); Überschrift geänd. und Absatz 1 Satz 1 eingef. durch Art. 1 Nr. 14 Ges. v. 25. Februar 1998 (BGBl. I S. 374).

Fünfter Abschnitt   Registrierung homöopathischer Arzneimittel

§ 38[1]   Registrierungspflicht und Registrierungsunterlagen

(1) [1]Fertigarzneimittel, die Arzneimittel im Sinne des § 2 Abs. 1 oder Abs. 2 Nr. 1 sind, dürfen als homöopathische Arzneimittel im Geltungsbereich dieses Gesetzes nur in den Verkehr gebracht werden, wenn sie in ein bei der zuständigen Bundesoberbehörde zu führendes Register für homöopathische Arzneimittel eingetragen sind (Registrierung). [2]Einer Zulassung bedarf es nicht; § 21 Abs. 1 Satz 2 und Abs. 3 findet entsprechende Anwendung. [3]Einer Registrierung bedarf es nicht für Arzneimittel, die von einem pharmazeutischen Unternehmer in Mengen bis zu 1000 Packungen in einem Jahr in den Verkehr gebracht werden, es sei denn, es handelt sich um Arzneimittel,

1. die Zubereitungen aus Stoffen gemäß § 3 Nr. 3 oder 4 enthalten,
2. die mehr als den hundertsten Teil der in nicht homöopathischen, der Verschreibungspflicht nach § 48 oder § 49 unterliegenden Arzneimitteln verwendeten kleinsten Dosis enthalten oder
3. bei denen die Tatbestände des § 39 Abs. 2 Nr. 3, 4, 5, 6, 7 oder 9 vorliegen.

(2) [1]Dem Antrag auf Registrierung sind die in den §§ 22 bis 24 bezeichneten Angaben, Unterlagen und Gutachten beizufügen. [2]Das gilt nicht für die Angaben über die Wirkungen und Anwendungsgebiete sowie für die Unterlagen und Gutachten über die pharmakologisch-toxikologische und klinische Prüfung.

§ 39[2]   Entscheidung über die Registrierung

(1) [1]Die zuständige Bundesoberbehörde hat das homöopathische Arzneimittel zu registrieren und dem Antragsteller die Registernummer schriftlich zuzuteilen. [2]§ 25 Abs. 5 Satz 5 findet entsprechende Anwendung. [3]Die Registrierung gilt nur für das im Bescheid aufgeführte homöopathische Arzneimittel und seine Verdünnungsgrade. [4]Die zuständige Bundesoberbehörde kann den Bescheid über die Registrierung mit Auflagen verbinden. [5]Auflagen können auch nachträglich angeordnet werden. [6]§ 28 Abs. 2 und 4 findet Anwendung.

(2) Die zuständige Bundesoberbehörde hat die Registrierung zu versagen, wenn

1. die vorgelegten Unterlagen unvollständig sind,
2. das Arzneimittel nicht nach dem jeweils gesicherten Stand der wissenschaftlichen Erkenntnisse ausreichend analytisch geprüft worden ist,

---

[1] § 38 Abs. 1 Satz 3 angefügt durch Art. 1 Nr. 23 Ges. v. 11. 4. 1990 (BGBl. I S. 717); Absatz 1 Satz 3 geänd. durch Art. 1 Nr. 20 Ges. v. 7. 9. 1998 (BGBl. I S. 2649).
[2] § 39 Abs. 2 Nr. 7 neugefaßt durch Art. 1 Nr. 20 Ges. v. 16. 8. 1986 (BGBl. I S. 1296), Absatz 1 Satz 2 und Abs. 2 Nr. 7a eingefügt durch Art. 1 Nr. 24 Ges. v. 11. 4. 1990 (BGBl. I S. 717); Absatz 2 Nr. 4a und 5a, Absätze 2a und 2b eingefügt und Absatz 3 geändert durch Art. 1 Nr. 24 Ges. v. 9. 8. 1994 (BGBl. I S. 2071); Absatz 2 Nr. 9 geänd. durch Art. 1 Nr. 15 Ges. v. 25. Februar 1998 (BGBl. I S. 374); Absatz 3 Satz 3 angef. durch Art. 1 Nr. 21 Ges. v. 7. 9. 1998 (BGBl. I. S. 2649); **Absatz 1 Satz 2 geänd. durch Art. 1 Nr. 2 Ges. v. 4. 7. 2000 (BGBl. I S. 1002).**

3. das Arzneimittel nicht die nach den anerkannten pharmazeutischen Regeln angemessene Qualität aufweist,

4. bei dem Arzneimittel der begründete Verdacht besteht, daß es bei bestimmungsgemäßem Gebrauch schädliche Wirkungen hat, die über ein nach den Erkenntnissen der medizinischen Wissenschaft vertretbares Maß hinausgehen,

4a. das Arzneimittel zur Anwendung bei Tieren bestimmt ist, die der Gewinnung von Lebensmitteln dienen,

5. die angegebene Wartezeit nicht ausreicht,

5a. das Arzneimittel, sofern es zur Anwendung bei Menschen bestimmt ist, nicht zur Einnahme und nicht zur äußerlichen Anwendung bestimmt ist,

6. das Arzneimittel der Verschreibungspflicht unterliegt,

7. das Arzneimittel nicht nach einer im Homöopathischen Teil des Arzneibuches beschriebenen Verfahrenstechnik hergestellt ist,

7a. wenn die Anwendung als homöopathisches oder anthroposophisches Arzneimittel nicht allgemein bekannt ist,

8. für das Arzneimittel eine Zulassung erteilt ist,

9. das Inverkehrbringen des Arzneimittels oder seine Anwendung bei Tieren gegen gesetzliche Vorschriften oder gegen die Verordnung (EWG) Nr. 2377/90 verstoßen würde.

(2a) Ist das Arzneimittel bereits in einem anderen Mitgliedstaat der Europäischen Gemeinschaften oder in einem anderen Vertragsstaat des Abkommens über den Europäischen Wirtschaftsraum registriert worden, ist die Registrierung auf der Grundlage dieser Entscheidung zu erteilen, es sei denn, daß ein Versagungsgrund nach Absatz 2 vorliegt.

(2b) [1]Die Registrierung erlischt nach Ablauf von fünf Jahren seit ihrer Erteilung, es sei denn, daß drei bis sechs Monate vor Ablauf der Frist ein Antrag auf Verlängerung gestellt wird. [2]Für die Verlängerung der Registrierung gilt § 31 Abs. 2 bis 4 entsprechend mit der Maßgabe, daß die Versagungsgründe nach Absatz 2 Nr. 3 bis 9 Anwendung finden.

(3) [1]Das Bundesministerium wird ermächtigt, durch Rechtsverordnung mit Zustimmung des Bundesrates Vorschriften über die Anzeigepflicht, die Neuregistrierung, die Löschung, die Kosten, die Bekanntmachung und die Freistellung von der Registrierung homöopathischer Arzneimittel entsprechend den Vorschriften über die Zulassung zu erlassen. [2]Die Rechtsverordnung ergeht im Einvernehmen mit dem Bundesministerium für Ernährung, Landwirtschaft und Forsten, soweit es sich um Arzneimittel handelt, die zur Anwendung bei Tieren bestimmt sind. [3]§ 36 Abs. 4 gilt für die Änderung einer Rechtsverordnung über die Freistellung von der Registrierung entsprechend.

Sechster Abschnitt[1] **Schutz des Menschen bei der Klinischen Prüfung**

§ 40[2] Allgemeine Voraussetzungen

(1) [1]Die klinische Prüfung eines Arzneimittels darf bei Menschen nur durchgeführt werden, wenn und solange

1. die Risiken, die mit ihr für die Person verbunden sind, bei der sie durchgeführt werden soll, gemessen an der voraussichtlichen Bedeutung des Arzneimittels für die Heilkunde, ärztlich vertretbar sind,
2. die Person, bei der sie durchgeführt werden soll, ihre Einwilligung hierzu erteilt hat, nachdem sie durch einen Arzt über Wesen, Bedeutung und Tragweite der klinischen Prüfung aufgeklärt worden ist, und mit dieser Einwilligung zugleich erklärt, daß sie mit der im Rahmen der klinischen Prüfung erfolgenden Aufzeichnung von Krankheitsdaten, ihrer Weitergabe zur Überprüfung an den Auftraggeber, an die zuständige Überwachungsbehörde oder die zuständige Bundesoberbehörde und, soweit es sich um personenbezogene Daten handelt, mit deren Einsichtnahme durch Beauftragte des Auftraggebers oder der Behörden einverstanden ist,
3. die Person, bei der sie durchgeführt werden soll, nicht auf gerichtliche oder behördliche Anordnung in einer Anstalt untergebracht ist,
4. sie von einem Arzt geleitet wird, der mindestens eine zweijährige Erfahrung in der klinischen Prüfung von Arzneimitteln nachweisen kann,
5. eine dem jeweiligen Stand der wissenschaftlichen Erkenntnisse entsprechende pharmakologisch-toxikologische Prüfung durchgeführt worden ist,
6. die Unterlagen über die pharmakologisch-toxikologische Prüfung, der dem jeweiligen Stand der wissenschaftlichen Erkenntnisse entsprechende Prüfplan mit Angabe von Prüfern und Prüforten und das Votum der für den Leiter der klinischen Prüfung zuständigen Ethik-Kommission bei der zuständigen Bundesoberbehörde vorgelegt worden sind,
7. der Leiter der klinischen Prüfung durch einen für die pharmakologisch-toxikologische Prüfung verantwortlichen Wissenschaftler über die Ergebnisse der pharmakologisch-toxikologischen Prüfung und die voraussichtlich mit der klinischen Prüfung verbundenen Risiken informiert worden ist und
8. für den Fall, daß bei der Durchführung der klinischen Prüfung ein Mensch getötet oder der Körper oder die Gesundheit eines Menschen verletzt wird, eine Versicherung nach Maßgabe des Absatzes 3 besteht, die auch Leistungen gewährt, wenn kein anderer für den Schaden haftet.

[2]Die klinische Prüfung eines Arzneimittels darf bei Menschen vorbehaltlich des Satzes 3 nur begonnen werden, wenn diese zuvor von einer nach Landesrecht

---

[1] Sechster Abschnitt (Transparenzkommission) §§ 39a bis 39e eingef. durch Art. 21 Ges. v. 16. 8. 1986 (BGBl. I S. 1296) und aufgeh. durch Art. 18 Nr. 2 Ges. v. 21. 12. 1992 (BGBl. I S. 2266); die Zählung dieses und der folgenden Abschnitte geänd. durch Art. 1 Nr. 56 Ges. v. 9. 8. 1994 (BGBl. I S. 2071).
[2] § 40 Abs. 1 Nr. 7a eingef. durch Art. 1 Nr. 23 Ges. v. 16. 8. 1986 (BGBl. I. S. 1296); Absatz 1 Nr. 2, 3 und 6 geänd., Nr. 7a aufgeh. und Sätze 2, 3 und 4 angef., Absatz 3 Satz 2 geänd., Absatz 5 angef. durch Art. 1 Nr. 25 Ges. vom 9. 8. 1994 (BGBl. I S. 2071). Die Änderungen in Absatz 1 gelten nach Art. 6 Abs. 2 Nr. 1 des Gesetzes v. 9. 8. 1994 ab 17. 8. 1995; Absatz 1 Satz 1 Nr. 2 und 6, Satz 2 sowie Absatz 4 Nr. 4 geänd., Absatz 5 Sätze 3 und 4 angef. durch Art. 1 Nr. 22 Ges. v. 7. 9. 1998 (BGBl. I S. 2649).

gebildeten unabhängigen Ethik-Kommission zustimmend bewertet worden ist; Voraussetzung einer zustimmenden Bewertung ist die Beachtung der Vorschriften in Satz 1 Nr. 1 bis 5, Nr. 6, soweit sie die Unterlagen über die pharmakologisch-toxikologische Prüfung und den Prüfplan betrifft, sowie Nr. 7 und 8. [3]Soweit keine zustimmende Bewertung der Ethik-Kommission vorliegt, darf mit der klinischen Prüfung erst begonnen werden, wenn die zuständige Bundesoberbehörde innerhalb von 60 Tagen nach Eingang der Unterlagen nach Satz 1 Nr. 6 nicht widersprochen hat. [4]Über alle schwerwiegenden oder unerwarteten unerwünschten Ereignisse, die während der Studie auftreten und die Sicherheit der Studienteilnehmer oder die Durchführung der Studie beeinträchtigen könnten, muß die Ethik-Kommission unterrichtet werden.

(2) [1]Eine Einwilligung nach Absatz 1 Nr. 2 ist nur wirksam, wenn die Person, die sie abgibt

1. geschäftsfähig und in der Lage ist, Wesen, Bedeutung und Tragweite der klinischen Prüfung einzusehen und ihren Willen hiernach zu bestimmen und
2. die Einwilligung selbst und schriftlich erteilt hat.

[2]Eine Einwilligung kann jederzeit widerrufen werden.

(3) [1]Die Versicherung nach Absatz 1 Nr. 8 muß zugunsten der von der klinischen Prüfung betroffenen Person bei einem im Geltungsbereich dieses Gesetzes zum Geschäftsbetrieb zugelassenen Versicherer genommen werden. [2]Ihr Umfang muß in einem angemessenen Verhältnis zu den mit der klinischen Prüfung verbundenen Risiken stehen und für den Fall des Todes oder der dauernden Erwerbsunfähigkeit mindestens eine Million Deutsche Mark betragen. [3]Soweit aus der Versicherung geleistet wird, erlischt ein Anspruch auf Schadensersatz.

(4) Auf eine klinische Prüfung bei Minderjährigen finden die Absätze 1 bis 3 mit folgender Maßgabe Anwendung:

1. Das Arzneimittel muß zum Erkennen oder zum Verhüten von Krankheiten bei Minderjährigen bestimmt sein.
2. Die Anwendung des Arzneimittels muß nach den Erkenntnissen der medizinischen Wissenschaft angezeigt sein, um bei dem Minderjährigen Krankheiten zu erkennen oder ihn vor Krankheiten zu schützen.
3. Die klinische Prüfung an Erwachsenen darf nach den Erkenntnissen der medizinischen Wissenschaft keine ausreichenden Prüfergebnisse erwarten lassen.
4. Die Einwilligung wird durch den gesetzlichen Vertreter abgegeben. [1]Sie ist nur wirksam, wenn dieser durch einen Arzt über Wesen, Bedeutung und Tragweite der klinischen Prüfung aufgeklärt worden ist. [2]Ist der Minderjährige in der Lage, Wesen, Bedeutung und Tragweite der klinischen Prüfung einzusehen und seinen Willen hiernach zu bestimmen, so ist auch seine schriftliche Einwilligung erforderlich.

(5) [1]Das Bundesministerium wird ermächtigt, durch Rechtsverordnung mit Zustimmung des Bundesrates Regelungen zur Gewährleistung der ordnungsgemäßen Durchführung der klinischen Prüfung und der Erzielung dem wissenschaftlichen Erkenntnisstand entsprechender Unterlagen zu treffen. [2]In der

Rechtsverordnung können insbesondere die Aufgaben und Verantwortungsbereiche der Personen, die die klinische Prüfung veranlassen, durchführen oder kontrollieren, näher bestimmt und Anforderungen an das Führen und Aufbewahren von Nachweisen gestellt werden. [3]Ferner können in der Rechtsverordnung Befugnisse zur Erhebung, Verarbeitung und Nutzung personenbezogener Daten eingeräumt werden, soweit diese für die Durchführung und Überwachung der klinischen Prüfung erforderlich sind. [4]Dies gilt auch für die Verarbeitung von Daten, die nicht in Dateien verarbeitet oder genutzt werden.

§ 41[1]   Besondere Voraussetzungen

Auf eine klinische Prüfung bei einer Person, die an einer Krankheit leidet, zu deren Behebung das zu prüfende Arzneimittel angewendet werden soll, findet § 40 Abs. 1 bis 3 mit folgender Maßgabe Anwendung:

1. Die klinische Prüfung darf nur durchgeführt werden, wenn die Anwendung des zu prüfenden Arzneimittels nach den Erkenntnissen der medizinischen Wissenschaft angezeigt ist, um das Leben des Kranken zu retten, seine Gesundheit wiederherzustellen oder sein Leiden zu erleichtern.
2. Die klinische Prüfung darf auch bei einer Person, die geschäftsunfähig oder in der Geschäftsfähigkeit beschränkt ist, durchgeführt werden.
3. Ist eine geschäftsunfähige oder in der Geschäftsfähigkeit beschränkte Person in der Lage, Wesen, Bedeutung und Tragweite der klinischen Prüfung einzusehen und ihren Willen hiernach zu bestimmen, so bedarf die klinische Prüfung neben einer erforderlichen Einwilligung dieser Person der Einwilligung ihres gesetzlichen Vertreters.
4. Ist der Kranke nicht fähig, Wesen, Bedeutung und Tragweite der klinischen Prüfung einzusehen und seinen Willen hiernach zu bestimmen, so genügt die Einwilligung seines gesetzlichen Vertreters.
5. [1]Die Einwilligung des gesetzlichen Vertreters ist nur wirksam, wenn dieser durch einen Arzt über Wesen, Bedeutung und Tragweite der klinischen Prüfung aufgeklärt worden ist. [2]Auf den Widerruf findet § 40 Abs. 2 Satz 2 Anwendung. [3]Der Einwilligung des gesetzlichen Vertreters bedarf es solange nicht, als eine Behandlung ohne Aufschub erforderlich ist, um das Leben des Kranken zu retten, seine Gesundheit wiederherzustellen oder sein Leiden zu erleichtern, und eine Erklärung über die Einwilligung nicht herbeigeführt werden kann.
6. Sofern der Kranke nicht in der Lage ist, die Einwilligung schriftlich zu erteilen, ist diese auch wirksam, wenn sie mündlich gegenüber dem behandelnden Arzt in Gegenwart eines Zeugen abgegeben wird.
7. Die Aufklärung und die Einwilligung des Kranken können in besonders schweren Fällen entfallen, wenn durch die Aufklärung der Behandlungserfolg nach der Nummer 1 gefährdet würde und ein entgegenstehender Wille des Kranken nicht erkennbar ist.

---

[1] § 41 Nr. 3, 4 und 5 geänd. durch Art. 1 Nr. 26 Ges. v. 9. 8. 1994 (BGBl. I S. 2071); Nr. 6 neugef. durch Art. 1 Nr. 23 Ges. v. 7. 9. 1998 (BGBl. I S. 2649).

§ 42[1] Ausnahmen

[1]Die §§ 40 und 41 finden keine Anwendung bei Arzneimitteln im Sinne des § 2 Abs. 2 Nr. 4. [2]§ 40 Abs. 1 Nr. 5 und 6 findet keine Anwendung auf klinische Prüfungen mit zugelassenen oder von der Zulassungspflicht freigestellten Arzneimitteln.

Siebenter Abschnitt   Abgabe von Arzneimitteln

§ 43[2] Apothekenpflicht, Inverkehrbringen durch Tierärzte

(1) [1]Arzneimittel im Sinne des § 2 Abs. 1 oder Abs. 2 Nr. 1, die nicht durch die Vorschriften des § 44 oder der nach § 45 Abs. 1 erlassenen Rechtsverordnung für den Verkehr außerhalb der Apotheken freigegeben sind, dürfen außer in den Fällen des § 47 berufs- oder gewerbsmäßig für den Endverbrauch nur in Apotheken und nicht im Wege des Versandes in den Verkehr gebracht werden. [2]Außerhalb der Apotheken darf außer in den Fällen des Absatzes 4 und des § 47 Abs. 1 mit nach Satz 1 den Apotheken vorbehaltenen Arzneimitteln kein Handel getrieben werden.

(2) Die nach Absatz 1 Satz 1 den Apotheken vorbehaltenen Arzneimittel dürfen von juristischen Personen, nicht rechtsfähigen Vereinen und Gesellschaften des bürgerlichen Rechts und des Handelsrechts an ihre Mitglieder nicht abgegeben werden, es sei denn, daß es sich bei den Mitgliedern um Apotheken oder um die in § 47 Abs. 1 genannten Personen und Einrichtungen handelt und die Abgabe unter den dort bezeichneten Voraussetzungen erfolgt.

(3) [1]Auf Verschreibung dürfen Arzneimittel im Sinne des § 2 Abs. 1 oder Abs. 2 Nr. 1 nur in Apotheken abgegeben werden. [2]§ 56 Abs. 1 bleibt unberührt.

(4) [1]Arzneimittel im Sinne des § 2 Abs. 1 oder Abs. 2 Nr. 1 dürfen ferner durch Tierärzte an Halter der von ihnen behandelten Tiere abgegeben und zu diesem Zweck vorrätig gehalten werden. [2]Dies gilt auch für die Abgabe von Arzneimitteln zur Durchführung tierärztlich gebotener und tierärztlich kontrollierter krankheitsvorbeugender Maßnahmen bei Tieren, wobei der Umfang der Abgabe den auf Grund tierärztlicher Indikation festgestellten Bedarf nicht überschreiten darf.

(5) [1]Zur Anwendung bei Tieren bestimmte Arzneimittel, die nicht für den Verkehr außerhalb der Apotheken freigegeben sind, dürfen an den Tierhalter oder an andere in § 47 Abs. 1 nicht genannte Personen nur in der Apotheke oder tierärztlichen Hausapotheke oder durch den Tierarzt ausgehändigt werden. [2]Dies gilt nicht für Fütterungsarzneimittel.

---

[1] § 42 geänd. durch Art. 1 Nr. 24 Ges. v. 16. 8. 1986 (BGBl. I S. 1296); neu gefaßt durch Art. 1 Nr. 25 Ges. v. 11. 4. 1990 (BGBl. I S. 717); Satz 1 geänd. durch Art. 1 Nr. 24 Ges. v. 7. 9. 1998 (BGBl. I S. 2649).

[2] § 43 Abs. 4 geänd. und Absatz 5 angef. durch Art. 1 Nr. 11 Ges. v. 24. 2. 1983 (BGBl. I S. 169); Absatz 5 Satz 3 aufgeh. durch Art. 1 Nr. 27 Ges. v. 9. 8. 1994 (BGBl. I S. 2071); Absatz 1 neugef., Absatz 2 geänd. und Absatz 5 Satz 2 neugef. durch Art. 1 Nr. 25 Ges. v. 7. 9. 1998 (BGBl. I S. 2649).

§ 44¹ Ausnahme von der Apothekenpflicht

(1) Arzneimittel, die von dem pharmazeutischen Unternehmer ausschließlich zu anderen Zwecken als zur Beseitigung oder Linderung von Krankheiten, Leiden, Körperschäden oder krankhaften Beschwerden zu dienen bestimmt sind, sind für den Verkehr außerhalb der Apotheken freigegeben.

(2) Ferner sind für den Verkehr außerhalb der Apotheken freigegeben:

1. a) natürliche Heilwässer sowie deren Salze, auch als Tabletten oder Pastillen,
   b) künstliche Heilwässer sowie deren Salze, auch als Tabletten oder Pastillen, jedoch nur, wenn sie in ihrer Zusammensetzung natürlichen Heilwässern entsprechen,
2. Heilerde, Bademoore und andere Peloide, Zubereitungen zur Herstellung von Bädern, Seifen zum äußeren Gebrauch,
3. mit ihren verkehrsüblichen deutschen Namen bezeichnete
   a) Pflanzen und Pflanzenteile, auch zerkleinert,
   b) Mischungen aus ganzen oder geschnittenen Pflanzen oder Pflanzenteilen als Fertigarzneimittel,
   c) Destillate aus Pflanzen und Pflanzenteilen,
   d) Preßsäfte aus frischen Pflanzen und Pflanzenteilen, sofern sie ohne Lösungsmittel mit Ausnahme von Wasser hergestellt sind,
4. (weggefallen)
5. ausschließlich oder überwiegend zum äußeren Gebrauch bestimmte Desinfektionsmittel sowie Mund- und Rachendesinfektionsmittel.

(3) Die Absätze 1 und 2 gelten nicht für Arzneimittel, die

1. nur auf ärztliche, zahnärztliche oder tierärztliche Verschreibung abgegeben werden dürfen oder
2. durch Rechtsverordnung nach § 46 vom Verkehr außerhalb der Apotheken ausgeschlossen sind.

§ 45² Ermächtigung zu weiteren Ausnahmen von der Apothekenpflicht

(1) Das Bundesministerium wird ermächtigt, im Einvernehmen mit dem Bundesministerium für Wirtschaft nach Anhörung von Sachverständigen durch Rechtsverordnung mit Zustimmung des Bundesrates Stoffe, Zubereitungen aus Stoffen oder Gegenstände, die dazu bestimmt sind, teilweise oder ausschließlich zur Beseitigung oder Linderung von Krankheiten, Leiden, Körperschäden oder krankhaften Beschwerden zu dienen, für den Verkehr außerhalb der Apotheken freizugeben,

---

[1] § 44 Abs. 2 Nr. 1 Buchst. a und b geänd. durch Art. 1 Nr. 25 Ges. v. 16. 8. 1986 (BGBl. I S. 1296); Nr. 4 aufgeh. mit Wirkung vom 1. 1. 1995 durch § 51 Nr. 4 des Medizinproduktgesetzes v. 9. 8. 1994 (BGBl. I S. 2071).

[2] § 45 Abs. 1 geänd. durch Art. 1 Nr. 26 Ges. v. 16. 8. 1986 (BGBl. I S. 1296); Absatz 3 geänd. gem. Art. 1 Nr. 2 VO v. 26. 11. 1986 (BGBl. I S. 2089); Absatz 1 und 3 geänd. durch Art. 1 Nr. 55 Ges. v. 9. 8. 1994 (BGBl. I S. 2071).

1. soweit sie nicht nur auf ärztliche, zahnärztliche oder tierärztliche Verschreibung abgegeben werden dürfen,
2. soweit sie nicht wegen ihrer Zusammensetzung oder Wirkung die Prüfung, Aufbewahrung und Abgabe durch eine Apotheke erfordern,
3. soweit nicht durch ihre Freigabe eine unmittelbare oder mittelbare Gefährdung der Gesundheit von Mensch oder Tier, insbesondere durch unsachgemäße Behandlung, zu befürchten ist oder
4. soweit nicht durch ihre Freigabe die ordnungsgemäße Arzneimittelversorgung gefährdet wird.

(2) Die Freigabe kann auf Fertigarzneimittel, auf bestimmte Dosierungen, Anwendungsgebiete oder Darreichungsformen beschränkt werden.

(3) Die Rechtsverordnung ergeht im Einvernehmen mit dem Bundesministerium für Umwelt, Naturschutz und Reaktorsicherheit, soweit es sich um radioaktive Arzneimittel und um Arzneimittel handelt, bei deren Herstellung ionisierende Strahlen verwendet werden, und im Einvernehmen mit dem Bundesministerium für Ernährung, Landwirtschaft und Forsten, soweit es sich um Arzneimittel handelt, die zur Anwendung bei Tieren bestimmt sind.

§ 46[1]   Ermächtigung zur Ausweitung der Apothekenpflicht

(1) Das Bundesministerium wird ermächtigt, im Einvernehmen mit dem Bundesministerium für Wirtschaft nach Anhörung von Sachverständigen durch Rechtsverordnung mit Zustimmung des Bundesrates Arzneimittel im Sinne des § 44 vom Verkehr außerhalb der Apotheken auszuschließen, soweit auch bei bestimmungsgemäßem oder bei gewohnheitsmäßigem Gebrauch eine unmittelbare oder mittelbare Gefährdung der Gesundheit von Mensch oder Tier zu befürchten ist.

(2) Die Rechtsverordnung nach Absatz 1 kann auf bestimmte Dosierungen, Anwendungsgebiete oder Darreichungsformen beschränkt werden.

(3) Die Rechtsverordnung ergeht im Einvernehmen mit dem Bundesministerium für Umwelt, Naturschutz und Reaktorsicherheit, soweit es sich um radioaktive Arzneimittel und um Arzneimittel handelt, bei deren Herstellung ionisierende Strahlen verwendet werden, und im Einvernehmen mit dem Bundesministerium für Ernährung, Landwirtschaft und Forsten, soweit es sich um Arzneimittel handelt, die zur Anwendung bei Tieren bestimmt sind.

---

[1] § 46 Abs. 3 geänd. durch Art. 1 Nr. 2 VO v. 26. 11. 1986 (BGBl. I S. 2089); Absatz 1 und 3 geänd. durch Art. 1 Nr. 55 Ges. v. 9. 8. 1994 (BGBl. I S. 2071).

§ 47¹ Vertriebsweg

(1) Pharmazeutische Unternehmer und Großhändler dürfen Arzneimittel, deren Abgabe den Apotheken vorbehalten ist, außer an Apotheken nur abgeben an

1. andere pharmazeutische Unternehmer und Großhändler,
2. Krankenhäuser und Ärzte, soweit es sich handelt um
   a) aus menschlichem Blut gewonnene Blutzubereitungen oder gentechnologisch hergestellte Blutbestandteile, die, soweit es sich um Gerinnungsfaktorenzubereitungen handelt, von dem hämostaseologisch qualifizierten Arzt im Rahmen der ärztlich kontrollierten Selbstbehandlung von Blutern an seine Patienten abgegeben werden dürfen,
   b) menschliches oder tierisches Gewebe,
   c) Infusionslösungen in Behältnissen mit mindestens 500ml, die zum Ersatz oder zur Korrektur von Körperflüssigkeit bestimmt sind, sowie Lösungen zur Hämodialyse und Peritonealdialyse,
   d) Zubereitungen zur Injektion oder Infusion, die ausschließlich dazu bestimmt sind, die Beschaffenheit, den Zustand oder die Funktion des Körpers oder seelische Zustände erkennen zu lassen,
   e) medizinische Gase, bei denen auch die Abgabe an Heilpraktiker zulässig ist,
   f) radioaktive Arzneimittel oder
   g) Arzneimittel, die mit dem Hinweis „Zur klinischen Prüfung bestimmt" versehen sind, sofern sie kostenlos zur Verfügung gestellt werden,
3. **Krankenhäuser, Gesundheitsämter und Ärzte, soweit es sich um Impfstoffe handelt, die dazu bestimmt sind, bei einer unentgeltlichen auf Grund des § 20 Abs. 5, 6 oder 7 des Infektionsschutzgesetzes vom 20. Juli 2000 (BGBl. I S. 1045) durchgeführten Schutzimpfung angewendet zu werden oder soweit eine Abgabe von Impfstoffen zur Abwendung einer Seuchen- oder Lebensgefahr erforderlich ist,**
3a. anerkannte Impfzentren, soweit es sich um Gelbfieberimpfstoff handelt,
4. Veterinärbehörden, soweit es sich um Arzneimittel handelt, die zur Durchführung öffentlich-rechtlicher Maßnahmen bestimmt sind,
5. auf gesetzlicher Grundlage eingerichtete oder im Benehmen mit dem Bundesministerium von der zuständigen Behörde anerkannte zentrale Beschaffungsstellen für Arzneimittel,
6. Tierärzte zur Anwendung an den von ihnen behandelten Tieren und zur Abgabe an deren Halter,
7. zur Ausübung der Zahnheilkunde berechtigte Personen, soweit es sich um Fertigarzneimittel handelt, die ausschließlich in der Zahnheilkunde verwendet und bei der Behandlung am Patienten angewendet werden,

---

[1] § 47 Abs. 1 a u. 1 b eingef. durch Art. 1 Nr. 12 Ges. v. 24. 2. 1983 (BGBl. I S. 169), Absatz 1 Nr. 2 u. 3, Absatz 1 b und 3 geänd., Absatz 4 angef., geänd. durch Ges. v. 16. 8. 1986 (BGBl. I S. 1296); Absatz 1 Nr. 3 a eingefügt durch Art. 1 Nr. 26 Ges. v. 11. 4. 1990 (BGBl. I S. 717); Absatz 1 Nr. 2 Buchst. a und f, Nr. 1 Nr. 5 geänd., Absatz 3 Satz 2 angefügt und Absatz 4 Satz 2 eingefügt durch Art. 1 Nr. 28 Ges. v. 9. 8. 1994 (BGBl. I S. 2071); Absatz 1 Nr. 2 Buchst. a 2. Halbsatz angef. durch § 34 Nr. 7 des Transfusionsgesetzes v. 1. 7. 1998 (BGBl. I S. 1752); Absatz 1 Nr. 2 Buchstabe e eingef., Nr. 4 geänd., Nr. 8 und 9 angef. und Abs. 2 geänd. durch Art. 1 Nr. 26 Ges. v. 7. 9. 1998 (BGBl. I S. 2649); **Absatz 1 Nr. 3 geänd. durch Teil 4 § 10 Ges. v. 20. 7. 2000 (BGBl. I S. 1045).**

8. Einrichtungen von Forschung und Wissenschaft, denen eine Erlaubnis nach § 3 des Betäubungsmittelgesetzes erteilt worden ist, die zum Erwerb des betreffenden Arzneimittels berechtigt,

9. Hochschulen, soweit es sich um Arzneimittel handelt, die für die Ausbildung der Studierenden der Pharmazie und der Veterinärmedizin benötigt werden.

(1a) Pharmazeutische Unternehmer und Großhändler dürfen Arzneimittel, die zur Anwendung bei Tieren bestimmt sind, an die in Absatz 1 Nr. 1 oder 6 bezeichneten Empfänger erst abgeben, wenn diese ihnen eine Bescheinigung der zuständigen Behörde vorgelegt haben, daß sie ihrer Anzeigepflicht nach § 67 nachgekommen sind.

(1b) Pharmazeutische Unternehmer und Großhändler haben über den Bezug und die Abgabe zur Anwendung bei Tieren bestimmter verschreibungspflichtiger Arzneimittel, die nicht ausschließlich zur Anwendung bei anderen Tieren als solchen, die der Gewinnung von Lebensmitteln dienen, bestimmt sind, Nachweise zu führen, aus denen gesondert für jedes dieser Arzneimittel zeitlich geordnet die Menge des Bezugs unter Angabe des oder der Lieferanten und die Menge der Abgabe unter Angabe des oder der Bezieher nachgewiesen werden kann, und diese Nachweise der zuständigen Behörde auf Verlangen vorzulegen.

(2) ¹Die in Absatz 1 Nr. 5 bis 9 bezeichneten Empfänger dürfen die Arzneimittel nur für den eigenen Bedarf im Rahmen der Erfüllung ihrer Aufgaben beziehen. ²Die in Absatz 1 Nr. 5 bezeichneten zentralen Beschaffungsstellen dürfen nur anerkannt werden, wenn nachgewiesen wird, daß sie unter fachlicher Leitung eines Apothekers oder, soweit es sich um zur Anwendung bei Tieren bestimmte Arzneimittel handelt, eines Tierarztes stehen und geeignete Räume und Einrichtungen zur Prüfung, Kontrolle und Lagerung der Arzneimittel vorhanden sind.

(3) ¹Pharmazeutische Unternehmer dürfen Muster eines Fertigarzneimittels abgeben oder abgeben lassen an
1. Ärzte, Zahnärzte oder Tierärzte,
2. andere Personen, die die Heilkunde oder Zahnheilkunde berufsmäßig ausüben, soweit es sich nicht um verschreibungspflichtige Arzneimittel handelt,
3. Ausbildungsstätten für die Heilberufe.

²Pharmazeutische Unternehmer dürfen Muster eines Fertigarzneimittels an Ausbildungsstätten für die Heilberufe nur in einem dem Zweck der Ausbildung angemessenen Umfang abgeben oder abgeben lassen. ³Muster dürfen keine Stoffe oder Zubereitungen im Sinne des § 2 des Betäubungsmittelgesetzes enthalten, die als solche in Anlage II oder III des Betäubungsmittelgesetzes aufgeführt sind.

(4) ¹Pharmazeutische Unternehmer dürfen Muster eines Fertigarzneimittels an Personen nach Absatz 3 Satz 1 nur auf jeweilige schriftliche Anforderung, in der kleinsten Packungsgröße und in einem Jahr von einem Fertigarzneimittel nicht mehr als zwei Muster abgeben oder abgeben lassen. ²Mit den Mustern ist die Fachinformation, soweit diese nach § 11a vorgeschrieben ist, zu übersenden. ³Das Muster dient insbesondere der Information des Arztes über den Gegen-

stand des Arzneimittels. [4]Über die Empfänger von Mustern sowie über Art, Umfang und Zeitpunkt der Abgabe von Mustern sind gesondert für jeden Empfänger Nachweise zu führen und auf Verlangen der zuständigen Behörde vorzulegen.

§ 47 a[1]   Sondervertriebsweg, Nachweispflichten

(1) [1]**Pharmazeutische Unternehmer dürfen ein Arzneimittel, das zur Vornahme eines Schwangerschaftsabbruchs zugelassen ist, nur an Einrichtungen im Sinne des § 13 des Schwangerschaftskonfliktgesetzes vom 27. Juli 1992 (BGBl. I S. 1398), geändert durch Artikel 1 des Gesetzes vom 21. August 1995 (BGBl. I S. 1050), und nur auf Verschreibung eines dort behandelnden Arztes abgeben.** [2]**Andere Personen dürfen die in Satz 1 genannten Arzneimittel nicht in den Verkehr bringen.**

(2) [1]**Pharmazeutische Unternehmer haben die zur Abgabe bestimmten Packungen der in Absatz 1 Satz 1 genannten Arzneimittel fortlaufend zu numerieren; ohne diese Kennzeichnung darf das Arzneimittel nicht abgegeben werden.** [2]**Über die Abgabe haben pharmazeutische Unternehmer, über den Erhalt und die Anwendung haben die Einrichtung und der behandelnde Arzt Nachweise zu führen und diese Nachweise auf Verlangen der zuständigen Behörde zur Einsichtnahme vorzulegen.**

(2a) Pharmazeutische Unternehmer sowie die Einrichtung haben die in Absatz 1 Satz 1 genannten Arzneimittel, die sich in ihrem Besitz befinden, gesondert aufzubewahren und gegen unbefugte Entnahme zu sichern.

(3) Die §§ 43 und 47 finden auf die in Absatz 1 Satz 1 genannten Arzneimittel keine Anwendung.

§ 48[2]   Verschreibungspflicht

(1) [1]Arzneimittel, die durch Rechtsverordnung nach Absatz 2 Nr. 1 bestimmte Stoffe, Zubereitungen aus Stoffen oder Gegenstände sind oder denen solche Stoffe oder Zubereitungen aus Stoffen zugesetzt sind, dürfen nur nach Vorlage einer ärztlichen, zahnärztlichen oder tierärztlichen Verschreibung an Verbraucher abgegeben werden. [2]Das gilt nicht für die Abgabe zur Ausstattung von Kauffahrteischiffen durch Apotheken nach Maßgabe der hierfür geltenden gesetzlichen Vorschriften.

(2) Das Bundesministerium wird ermächtigt, im Einvernehmen mit dem Bundesministerium für Wirtschaft nach Anhörung von Sachverständigen durch Rechtsverordnung mit Zustimmung des Bundesrates

---

[1] § 47 a eingefügt durch Art. 1 Nr. 1 Ges. v. 26. 7. 1999 (BGBl. I S. 1666).
[2] § 48 Abs. 2 geändert durch Art. 1 Nr. 55 Absatz 2 Nr. 3 a eingef. durch Art. 1 Nr. 29 Ges. v. 9. 8. 1994 (BGBl. I S. 2071); Absatz 3 Satz 2 angefügt durch Art. 1 Nr. 27 Ges. v. 11. 4. 1990 (BGBl. I S. 717); Abs. 4 geänd. gem. Art. 1 Nr. 2 VO v. 26. 11. 1986 (BGBl. I S. 2089) und durch Art. 1 Nr. 55 Ges. v. 9. 8. 1994 (BGBl. I S. 2071); Absatz 2 Nr. 1 Buchstabe a geänd. durch Art. 1 Nr. 27 Ges. v. 7. 9. 1998 (BGBl. I S. 2649).

1. Stoffe, Zubereitungen aus Stoffen oder Gegenstände zu bestimmen,
   a) die die Gesundheit des Menschen oder, sofern sie zur Anwendung bei Tieren bestimmt sind, die Gesundheit des Tieres oder die Umwelt auch bei bestimmungsgemäßem Gebrauch unmittelbar oder mittelbar gefährden können, wenn sie ohne ärztliche, zahnärztliche oder tierärztliche Überwachung angewendet werden, oder
   b) die häufig in erheblichem Umfange nicht bestimmungsgemäß gebraucht werden, wenn dadurch die Gesundheit von Mensch oder Tier unmittelbar oder mittelbar gefährdet werden kann,
2. für Stoffe oder Zubereitungen aus Stoffen vorzuschreiben, daß sie nur abgegeben werden dürfen, wenn in der Verschreibung bestimmte Höchstmengen für den Einzel- und Tagesgebrauch nicht überschritten werden oder wenn die Überschreitung vom Verschreibenden ausdrücklich kenntlich gemacht worden ist,
3. zu bestimmen, daß ein Arzneimittel auf eine Verschreibung nicht wiederholt abgegeben werden darf oder unter welchen Voraussetzungen eine wiederholte Abgabe zulässig ist,
3a. vorzuschreiben, daß ein Arzneimittel nur auf eine Verschreibung von Ärzten eines bestimmten Fachgebietes zur Anwendung in für die Behandlung mit dem Arzneimittel zugelassenen Einrichtungen abgegeben werden darf und über die Verschreibung, Abgabe und Anwendung Nachweise geführt werden müssen,
4. Vorschriften über die Form und den Inhalt der Verschreibung zu erlassen.

(3) [1]Die Rechtsverordnung nach Absatz 2 Nr. 1 kann auf bestimmte Dosierungen, Potenzierungen, Darreichungsformen oder Anwendungsbereiche beschränkt werden. [2]Ebenso kann eine Ausnahme von der Verschreibungspflicht für die Abgabe an Hebammen und Entbindungspfleger vorgesehen werden, soweit dies für eine ordnungsgemäße Berufsausübung erforderlich ist.

(4) Die Rechtsverordnung ergeht im Einvernehmen mit dem Bundesministerium für Umwelt, Naturschutz und Reaktorsicherheit, soweit es sich um radioaktive Arzneimittel und um Arzneimittel handelt, bei deren Herstellung ionisierende Strahlen verwendet werden, und im Einvernehmen mit dem Bundesministerium für Ernährung, Landwirtschaft und Forsten, soweit es sich um Arzneimittel handelt, die zur Anwendung bei Tieren bestimmt sind.

§ 49[1]   Automatische Verschreibungspflicht

(1) [1]Arzneimittel im Sinne des § 2 Abs. 1 oder Abs. 2 Nr. 1, die Stoffe in der medizinischen Wissenschaft nicht allgemein bekannter Wirkungen oder deren Zubereitungen enthalten, dürfen nur nach Vorlage einer ärztlichen, zahnärztlichen oder tierärztlichen Verschreibung an Verbraucher abgegeben werden. [2]Das gilt auch für Arzneimittel, die Zubereitungen aus in ihren Wirkungen all-

---

[1] § 49 Abs. 4 Nr. 2 geänd. durch Art. 1 Nr. 28 Ges. v. 16. 8. 1986 (BGBl. I S. 1296), Absatz 6 Satz 3 und 4 angef. durch Art. 1 Nr. 13 Ges. v. 24. 2. 1983 (BGBl. I S. 169); Absatz 6 Satz 1 geändert durch Art. 1 Nr. 28 Ges. v. 11. 4. 1990 (BGBl. I S. 717); Absatz 4 Satz 1 geänd., Satz 3 angef. durch Art. 1 Nr. 30 Ges. v. 9. 8. 1994 (BGBl. I S. 2071); Absatz 6 Satz 1 geänd. durch Art. 1 Nr. 16 Ges. v. 25. Februar 1998 (BGBl. I S. 374).

gemein bekannten Stoffen sind, wenn die Wirkungen dieser Zubereitungen in der medizinischen Wissenschaft nicht allgemein bekannt sind, es sei denn, daß die Wirkungen nach Zusammensetzung, Dosierung, Darreichungsform oder Anwendungsgebiet der Zubereitung bestimmbar sind.

(2) Absatz 1 gilt nicht für Arzneimittel, die Zubereitungen aus Stoffen bekannter Wirkungen sind, soweit diese außerhalb der Apotheken abgegeben werden dürfen.

(3) Die Verschreibungspflicht nach Absatz 1 endet an dem auf den Ablauf einer fünfjährigen Frist nach dem Inkrafttreten der Rechtsverordnung nach Absatz 4 folgenden 1. Januar oder 1. Juli.

(4) [1]Das Bundesministerium wird ermächtigt, durch Rechtsverordnung, die nicht der Zustimmung des Bundesrates bedarf,

1. die Stoffe oder Zubereitungen nach Absatz 1 zu bestimmen,
2. von den Ermächtigungen in § 48 Abs. 2 Nr. 2 bis 4 und Abs. 3 für die durch die Rechtsverordnung nach Nummer 1 bestimmten Stoffe oder Zubereitungen Gebrauch zu machen,
3. die Verschreibungspflicht aufzuheben, wenn nach Ablauf von drei Jahren nach dem Inkrafttreten einer Rechtsverordnung nach Nummer 1 auf Grund der bei der Anwendung des Arzneimittels gemachten Erfahrungen feststeht, daß die Voraussetzungen des § 48 Abs. 2 Nr. 1 nicht vorliegen.

[2]Die Rechtsverordnung nach Satz 1 ergeht im Einvernehmen mit dem Bundesministerium für Ernährung, Landwirtschaft und Forsten, soweit es sich um Arzneimittel handelt, die zur Anwendung bei Tieren bestimmt sind.

(5) Eine erneute Bestimmung von Stoffen oder Zubereitungen nach Absatz 4 Nr. 1 ist nach Ablauf der in Absatz 3 genannten Frist zulässig, wenn ihre Wirkungen in der medizinischen Wissenschaft weiterhin nicht allgemein bekannt sind oder wenn die vorliegenden Erkenntnisse eine Beurteilung der Voraussetzungen für eine Bestimmung der Stoffe oder Zubereitungen nach § 48 Abs. 2 Nr. 1 nicht ermöglichen.

(6) [1]Der pharmazeutische Unternehmer ist verpflichtet, für ein Arzneimittel, das einen Stoff oder eine Zubereitung nach Absatz 4 Nr. 1 enthält und für das durch die zuständige Bundesoberbehörde eine Zulassung erteilt worden ist, nach Ablauf von zwei Jahren nach Zulassung des Arzneimittels und im Falle des Absatzes 5 zwei Jahre nach Bestimmung des Stoffes oder der Zubereitung in der Rechtsverordnung nach Absatz 4 Nr. 1 der zuständigen Bundesoberbehörde einen Erfahrungsbericht vorzulegen. [2]Der Erfahrungsbericht muß Angaben über die in der Berichtszeit abgegebenen Mengen enthalten; ferner sind neue Erkenntnisse über Wirkungen, Art und Häufigkeit von Nebenwirkungen, Gegenanzeigen, Wechselwirkungen mit anderen Mitteln, eine Gewöhnung, eine Abhängigkeit oder einen nicht bestimmungsgemäßen Gebrauch mitzuteilen. [3]Für Arzneimittel, die zur Anwendung bei Tieren bestimmt sind, die der Gewinnung von Lebensmitteln dienen, muß außerdem über die vorliegenden Erfahrungen berichtet werden, ob und wie häufig nach der Anwendung des Arzneimittels Rückstände in den von den behandelten Tieren gewonnenen Lebensmitteln festgestellt worden sind, gegebenenfalls worauf dies zurückgeführt wird, und wie sich die für das Arzneimittel beschriebenen Rückstands-

nachweisverfahren bewährt haben. [4]Für Arzneimittel-Vormischungen muß ferner über die vorliegenden Erfahrungen berichtet werden, wie sich die beschriebene Kontrollmethode zum qualitativen und quantitativen Nachweis der wirksamen Bestandteile in den Fütterungsarzneimitteln bewährt hat.

§ 50[1]   Einzelhandel mit freiverkäuflichen Arzneimitteln

(1) [1]Einzelhandel außerhalb von Apotheken mit Arzneimitteln im Sinne des § 2 Abs. 1 oder Abs. 2 Nr. 1, die zum Verkehr außerhalb der Apotheken freigegeben sind, darf nur betrieben werden, wenn der Unternehmer, eine zur Vertretung des Unternehmens gesetzlich berufene oder eine von dem Unternehmer mit der Leitung des Unternehmens oder mit dem Verkauf beauftragte Person die erforderliche Sachkenntnis besitzt. [2]Bei Unternehmen mit mehreren Betriebsstellen muß für jede Betriebsstelle eine Person vorhanden sein, die die erforderliche Sachkenntnis besitzt.

(2) [1]Die erforderliche Sachkenntnis besitzt, wer Kenntnisse und Fertigkeiten über das ordnungsgemäße Abfüllen, Abpacken, Kennzeichnen, Lagern und Inverkehrbringen von Arzneimitteln, die zum Verkehr außerhalb der Apotheken freigegeben sind, sowie Kenntnisse über die für diese Arzneimittel geltenden Vorschriften nachweist. [2]Das Bundesministerium wird ermächtigt, im Einvernehmen mit dem Bundesministerium für Wirtschaft und dem Bundesministerium für Bildung, Wissenschaft, Forschung und Technologie und, soweit es sich um Arzneimittel handelt, die zur Anwendung bei Tieren bestimmt sind, im Einvernehmen mit dem Bundesministerium für Ernährung, Landwirtschaft und Forsten durch Rechtsverordnung mit Zustimmung des Bundesrates Vorschriften darüber zu erlassen, wie der Nachweis der erforderlichen Sachkenntnis zu erbringen ist, um einen ordnungsgemäßen Verkehr mit Arzneimitteln zu gewährleisten. [3]Es kann dabei Prüfungszeugnisse über eine abgeleistete berufliche Aus- oder Fortbildung als Nachweis anerkennen. [4]Es kann ferner bestimmen, daß die Sachkenntnis durch eine Prüfung vor der zuständigen Behörde oder einer von ihr bestimmten Stelle nachgewiesen wird und das Nähere über die Prüfungsanforderungen und das Prüfungsverfahren regeln.

(3) Einer Sachkenntnis nach Absatz 1 bedarf nicht, wer Fertigarzneimittel im Einzelhandel in den Verkehr bringt, die
1. im Reisegewerbe abgegeben werden dürfen,
2. zur Verhütung der Schwangerschaft oder von Geschlechtskrankheiten beim Menschen bestimmt sind,
3. (weggefallen)
4. ausschließlich zum äußeren Gebrauch bestimmte Desinfektionsmittel sind oder
5. Sauerstoff.
6. (weggefallen)

---

[1] Absatz 3 Nr. 3 und 6 aufgeh. und Nr. 4 und 5 geänd. jeweils mit Wirkung vom 1. Jan. 1995 durch § 51 Nr. 5 in Verbindung mit § 60 Abs. 2 des Medizinproduktegesetzes vom 2. 8. 1994 (BGBl. I S. 1963); Absatz 2 Satz 2 geänd. durch Art. 3 der Verordnung vom 21. 9. 1997 (BGBl. I S. 2390).

§ 51¹   Abgabe im Reisegewerbe

(1) Das Feilbieten von Arzneimitteln und das Aufsuchen von Bestellungen auf Arzneimittel im Reisegewerbe sind verboten; ausgenommen von dem Verbot sind für den Verkehr außerhalb der Apotheken freigegebene Fertigarzneimittel, die

1. mit ihren verkehrsüblichen deutschen Namen bezeichnete, in ihren Wirkungen allgemein bekannte Pflanzen oder Pflanzenteile oder Preßsäfte aus frischen Pflanzen oder Pflanzenteilen sind, sofern diese mit keinem anderen Lösungsmittel als Wasser hergestellt wurden, oder
2. Heilwässer und deren Salze in ihrem natürlichen Mischungsverhältnis oder ihre Nachbildungen sind.

(2) ¹Das Verbot des Absatzes 1 erster Halbsatz findet keine Anwendung, soweit der Gewerbetreibende andere Personen im Rahmen ihres Geschäftsbetriebes aufsucht, es sei denn, daß es sich um Arzneimittel handelt, die für die Anwendung bei Tieren in land- und forstwirtschaftlichen Betrieben, in gewerblichen Tierhaltungen sowie in Betrieben des Gemüse-, Obst-, Garten- und Weinbaus, der Imkerei und der Fischerei feilgeboten oder daß bei diesen Betrieben Bestellungen auf Arzneimittel, deren Abgabe den Apotheken vorbehalten ist, aufgesucht werden. ²Dies gilt auch für Handlungsreisende und andere Personen, die im Auftrag und im Namen eines Gewerbetreibenden tätig werden.

§ 52²   Verbot der Selbstbedienung

(1) Arzneimittel im Sinne des § 2 Abs. 1 oder Abs. 2 Nr. 1 dürfen
1. nicht durch Automaten und
2. nicht durch andere Formen der Selbstbedienung in den Verkehr gebracht werden.

(2) Absatz 1 gilt nicht für Fertigarzneimittel, die
1. im Reisegewerbe abgegeben werden dürfen,
2. zur Verhütung der Schwangerschaft oder von Geschlechtskrankheiten beim Menschen bestimmt und zum Verkehr außerhalb der Apotheken freigegeben sind,
3. (weggefallen)
4. ausschließlich zum äußeren Gebrauch bestimmte Desinfektionsmittel oder
5. Sauerstoff.
6. (weggefallen)

(3) Absatz 1 Nr. 2 gilt ferner nicht für Arzneimittel, die für den Verkehr außerhalb der Apotheken freigegeben sind, wenn eine Person, die die Sachkenntnis nach § 50 besitzt, zur Verfügung steht.

---

¹ § 51 Abs. 1 Nr. 2 geänd. durch Art. 1 Nr. 2a Ges. v. 16. 8. 1986 (BGBl. I S. 1296).
² § 52 geändert gem. Beschluß d. BVerfG v. 14. 4. 1987 – 1 BvL 25/84 – durch Art. 1 Nr. 30 Ges. v. 11. 4. 1990 (BGBl. I S. 717); Abs. 2 Nr. 3 und 6 aufgeh., Nr. 4 geänd. jeweils mit Wirkung vom 1. 1. 1995 durch § 51 Nr. 6 in Verbindung mit § 60 Abs. 2 des Medizinproduktegesetzes v. 2. 8. 1994 (BGBl. I S. 1963).

§ 53[1]   Anhörung von Sachverständigen

(1) [1]Soweit nach § 36 Abs. 1, § 45 Abs. 1 und § 46 Abs. 1 vor Erlaß von Rechtsverordnungen Sachverständige anzuhören sind, errichtet hierzu das Bundesministerium durch Rechtsverordnung ohne Zustimmung des Bundesrates einen Sachverständigen-Ausschuß. [2]Dem Ausschuß sollen Sachverständige aus der medizinischen und pharmazeutischen Wissenschaft, den Krankenhäusern, den Heilberufen, den beteiligten Wirtschaftskreisen und den Sozialversicherungsträgern angehören. [3]In der Rechtsverordnung kann das Nähere über die Zusammensetzung, die Berufung der Mitglieder und das Verfahren des Ausschusses bestimmt werden.

(2) Soweit nach § 48 Abs. 2 vor Erlaß der Rechtsverordnung Sachverständige anzuhören sind, gilt Absatz 1 entsprechend mit der Maßgabe, daß dem Ausschuß Sachverständige aus der medizinischen und pharmazeutischen Wissenschaft und Praxis und der pharmazeutischen Industrie angehören sollen.

Achter Abschnitt   Sicherung und Kontrolle der Qualität

§ 54[2]   Betriebsverordnungen

(1) [1]Das Bundesministerium wird ermächtigt, im Einvernehmen mit dem Bundesministerium für Wirtschaft durch Rechtsverordnung mit Zustimmung des Bundesrates Betriebsverordnungen für Betriebe oder Einrichtungen zu erlassen, die Arzneimittel oder Wirkstoffe in den Geltungsbereich dieses Gesetzes verbringen oder in denen Arzneimittel oder Wirkstoffe entwickelt, hergestellt, geprüft, gelagert, verpackt oder in den Verkehr gebracht werden, soweit es geboten ist, um einen ordnungsgemäßen Betrieb und die erforderliche Qualität der Arzneimittel oder Wirkstoffe sicherzustellen. [2]Die Rechtsverordnung ergeht im Einvernehmen mit dem Bundesministerium für Umwelt, Naturschutz und Reaktorsicherheit, soweit es sich um radioaktive Arzneimittel oder um Arzneimittel handelt, bei deren Herstellung ionisierende Strahlen verwendet werden, und im Einvernehmen mit dem Bundesministerium für Ernährung, Landwirtschaft und Forsten, soweit es sich um Arzneimittel handelt, die zur Anwendung bei Tieren bestimmt sind.

(2) In der Rechtsverordnung nach Absatz 1 können insbesondere Regelungen getroffen werden über die

1. Entwicklung, Herstellung, Prüfung, Lagerung, Verpackung, den Erwerb und das Inverkehrbringen,
2. Führung und Aufbewahrung von Nachweisen über die in der Nummer 1 genannten Betriebsvorgänge,

---

[1] § 54 Abs. 1 Satz 1 geänd. durch Art. 1 Nr. 53 Ges. v. 9. 8. 1994 (BGBl. I S. 2071).
[2] § 54 geänd. durch Art. 1 Nr. 14 Ges. v. 24. 2. 1983 (BGBl. I S. 169), geänd. durch Art. 1 Nr. 30 Ges. v. 16. 8. 1986 (BGBl. I S. 1296) sowie geänd. gem. Art. 1 Nr. 2 VO v. 26. 11. 1986 (BGBl. I S. 1296); Absatz 1 Satz 1 geändert durch Art. 1 Nr. 31 Ges. v. 11. 4. 1990 (BGBl. I S. 717); Absatz 1 Satz 1 und 2 geändert durch Art. 1 Nr. 55 Ges. v. 9. 8. 1994 (BGBl. I S. 2071).

3. Haltung und Kontrolle der bei der Herstellung und Prüfung der Arzneimittel verwendeten Tiere und die Nachweise darüber,
4. Anforderungen an das Personal,
5. Beschaffenheit, Größe und Einrichtung der Räume,
6. Anforderungen an die Hygiene,
7. Beschaffenheit der Behältnisse,
8. Kennzeichnung der Behältnisse, in denen Arzneimittel und deren Ausgangsstoffe vorrätig gehalten werden,
9. Dienstbereitschaft für Arzneimittelgroßhandelsbetriebe,
10. Zurückstellung von Chargenproben sowie deren Umfang und Lagerungsdauer,
11. Kennzeichnung, Absonderung oder Vernichtung nicht verkehrsfähiger Arzneimittel,
12. Ausübung des tierärztlichen Dispensierrechts (tierärztliche Hausapotheke), insbesondere an die dabei an die Behandlung von Tieren zu stellenden Anforderungen.

(2a) ¹In der Rechtsverordnung nach Absatz 1 kann ferner vorgeschrieben werden, daß Arzneimittelgroßhandelsbetriebe den Geschäftsbetrieb erst aufnehmen dürfen, wenn sie amtlich anerkannt sind; dabei kann vorgesehen werden, daß die amtliche Anerkennung nur für den Großhandel mit bestimmten Arzneimitteln oder Gruppen von Arzneimitteln erforderlich ist. ²In der Rechtsverordnung können ferner die Voraussetzungen für die amtliche Anerkennung geregelt werden; die Versagung der Anerkennung kann nur für den Fall vorgesehen werden, daß Tatsachen die Annahme rechtfertigen, daß der Betriebsinhaber die erforderliche Zuverlässigkeit oder Sachkenntnis nicht hat.

(3) Die in den Absätzen 1, 2 und 2a getroffenen Regelungen gelten auch für Personen, die die in Absatz 1 genannten Tätigkeiten berufsmäßig ausüben.

(4) Die Absätze 1 und 2 gelten für Apotheken im Sinne des Gesetzes über das Apothekenwesen, soweit diese einer Erlaubnis nach § 13 bedürfen.

§ 55¹ Arzneibuch

(1) ¹Das Arzneibuch ist eine vom Bundesministerium bekanntgemachte Sammlung anerkannter pharmazeutischer Regeln über die Qualität, Prüfung, Lagerung, Abgabe und Bezeichnung von Arzneimitteln und den bei ihrer Herstellung verwendeten Stoffen. ²Das Arzneibuch enthält auch Regeln für die Beschaffenheit von Behältnissen und Umhüllungen.

(2) ¹Die Regeln des Arzneibuchs werden von der Deutschen Arzneibuch-Kommission oder der Europäischen Arzneibuch-Kommission beschlossen. ²Die Bekanntmachung der Regeln kann aus rechtlichen oder fachlichen Gründen abgelehnt oder rückgängig gemacht werden.

(3) Die Deutsche Arzneibuch-Kommission hat die Aufgabe, über die Regeln des Arzneibuches zu beschließen und das Bundesministerium bei den Arbeiten

---

[1] § 55 neu gef. durch Art. 1 Nr. 31 Ges. v. 9. 8. 1994 (BGBl. I S. 2071).

im Rahmen des Übereinkommens über die Ausarbeitung eines Europäischen Arzneibuches zu unterstützen.

(4) [1] Die Deutsche Arzneibuch-Kommission wird beim Bundesinstitut für Arzneimittel und Medizinprodukte gebildet. [2] Das Bundesministerium beruft die Mitglieder der Deutschen Arzneibuch-Kommission aus Sachverständigen der medizinischen und pharmazeutischen Wissenschaft, der Heilberufe, der beteiligten Wirtschaftskreise und der Arzneimittelüberwachung im zahlenmäßig gleichen Verhältnis. [3] Das Bundesministerium bestellt den Vorsitzenden der Kommission und seine Stellvertreter und erläßt nach Anhörung der Kommission eine Geschäftsordnung.

(5) [1] Die Deutsche Arzneibuch-Kommission soll über die Regeln des Arzneibuches grundsätzlich einstimmig beschließen. [2] Beschlüsse, denen nicht mehr als drei Viertel der Mitglieder der Kommission zugestimmt haben, sind unwirksam. [3] Das Nähere regelt die Geschäftsordnung.

(6) Die Absätze 2 bis 5 finden auf die Tätigkeit der Deutschen Homöopathischen Arzneibuch-Kommission entsprechende Anwendung.

(7) [1] Die Bekanntmachung erfolgt im Bundesanzeiger. [2] Sie kann sich darauf beschränken, auf die Bezugsquelle der Fassung des Arzneibuches und den Beginn der Geltung der Neufassung hinzuweisen.

(8) [1] Arzneimittel dürfen nur hergestellt und zur Abgabe an den Verbraucher im Geltungsbereich dieses Gesetzes in den Verkehr gebracht werden, wenn die in ihnen enthaltenen Stoffe und ihre Darreichungsformen den anerkannten pharmazeutischen Regeln entsprechen. [2] Arzneimittel dürfen ferner zur Abgabe an den Verbraucher im Geltungsbereich dieses Gesetzes nur in den Verkehr gebracht werden, wenn ihre Behältnisse und Umhüllungen, soweit sie mit den Arzneimitteln in Berührung kommen, den anerkannten pharmazeutischen Regeln entsprechen. [3] Die Sätze 1 und 2 gelten nicht für Arzneimittel im Sinne des § 2 Abs. 2 Nr. 4 Buchstabe a.

§ 55a[1] Amtliche Sammlung von Untersuchungsverfahren

[1] Die zuständige Bundesoberbehörde veröffentlicht eine amtliche Sammlung von Verfahren zur Probenahme und Untersuchung von Arzneimitteln und ihren Ausgangsstoffen. [2] Die Verfahren werden unter Mitwirkung von Sachkennern aus den Bereichen der Überwachung, der Wissenschaft und der pharmazeutischen Unternehmer festgelegt. [3] Die Sammlung ist laufend auf dem neuesten Stand zu halten.

---

[1] § 55a eingef. durch Art. 1 Nr. 32 Ges. v. 9. 8. 1994 (BGBl. I S. 2071).

Neunter Abschnitt **Sondervorschriften für Arzneimittel, die bei Tieren angewendet werden[1]**

§ 56[2] Fütterungsarzneimittel

(1) [1]Fütterungsarzneimittel dürfen abweichend von § 47 Abs. 1, jedoch nur auf Verschreibung eines Tierarztes, vom Hersteller unmittelbar an Tierhalter abgegeben werden; dies gilt auch, wenn die Fütterungsarzneimittel in einem anderen Mitgliedstaat der Europäischen Gemeinschaften oder in einem anderen Vertragsstaat des Abkommens über den Europäischen Wirtschaftsraum unter Verwendung im Geltungsbereich dieses Gesetzes zugelassener Arzneimittel-Vormischungen oder solcher Arzneimittel-Vormischungen, die die gleiche qualitative und eine vergleichbare quantitative Zusammensetzung haben wie im Geltungsbereich dieses Gesetzes zugelassene Arzneimittel-Vormischungen, hergestellt werden, die sonstigen im Geltungsbereich dieses Gesetzes geltenden arzneimittelrechtlichen Vorschriften beachtet werden und den Fütterungsarzneimitteln eine Begleitbescheinigung nach dem vom Bundesministerium bekanntgemachten Muster beigegeben ist. [2]Die wiederholte Abgabe auf eine Verschreibung ist nicht zulässig; § 48 Abs. 2 Nr. 4 findet entsprechende Anwendung.

(2) [1]Zur Herstellung von Fütterungsarzneimitteln darf nur eine nach § 25 oder § 36 Abs. 1 zugelassene Arzneimittel-Vormischung verwendet werden; die Herstellung aus mehreren Vormischungen ist zulässig, sofern für das betreffende Anwendungsgebiet eine zugelassene Vormischung nicht zur Verfügung steht. [2]Läßt der Tierarzt nach § 13 Abs. 2 Nr. 3 Fütterungsarzneimittel durch einen anderen herstellen, der eine durch Rechtsverordnung nach § 9 Abs. 1 Nr. 3 des Futtermittelgesetzes vorgeschriebene amtliche Anerkennung für die Herstellung von Mischfuttermitteln besitzt, so kann er die Beaufsichtigung des technischen Ablaufs der Herstellung diesem übertragen.

(3) Werden Fütterungsarzneimittel hergestellt, so muß das verwendete Mischfuttermittel vor und nach der Vermischung den futtermittelrechtlichen Vorschriften entsprechen und es darf kein Antibiotikum oder Kokzidiostatikum als Futtermittelzusatzstoff enthalten, das in der Arzneimittel-Vormischung enthalten ist.

(4) [1]Für Fütterungsarzneimittel dürfen nur Mischfuttermittel verwendet werden, die einer Rechtsverordnung nach § 4 Abs. 1 des Futtermittelgesetzes entsprechen. [2]Die Arzneimitteltagesdosis muß in einer Menge Mischfuttermittel enthalten sein, die die tägliche Futterration der behandelten Tiere, bei Rindern und Schafen den täglichen Bedarf an Ergänzungsfuttermitteln, ausgenommen Mineralfutter, mindestens zur Hälfte deckt. [3]Die verfütterungsfertigen Mischungen müssen durch das deutlich sichtbare Wort „Fütterungsarzneimittel" gekennzeichnet sowie mit der Angabe darüber versehen sein, zu welchem Prozentsatz sie den Futterbedarf nach Satz 2 zu decken bestimmt sind.

---

[1] Die Überschrift des Zehnten Abschnittes geänd. durch Art. 1 Nr. 33 Ges. v. 9. 8. 1994 (BGBl. I S. 2071).
[2] § 56 Abs. 2 und 5 i. d. F. d. Art. 1 Nr. 15 Ges. v. 24. 2. 1983 (BGBl. I S. 169); Absatz 1 Satz 1, Absatz 2 Satz 1 und Absatz 3 geänd. durch Art. 1 Nr. 34 Ges. v. 9. 8. 1994 (BGBl. I S. 2071).

(5) [1] Der Tierarzt darf Fütterungsarzneimittel nur herstellen oder herstellen lassen,

1. wenn sie zur Anwendung an den von ihm behandelten Tieren bestimmt sind,
2. für die in den Packungsbeilagen der Arzneimittel-Vormischungen bezeichneten Anwendungsgebiete und
3. in einer Menge, die veterinärmedizinisch gerechtfertigt ist, um das Behandlungsziel zu erreichen.

[2] § 56a Abs. 2 gilt entsprechend.

§ 56a[1]   Verschreibung, Abgabe und Anwendung von Arzneimitteln durch Tierärzte

(1) [1] Der Tierarzt darf für den Verkehr außerhalb der Apotheken nicht freigegebene Arzneimittel dem Tierhalter nur verschreiben oder an diesen nur abgeben, wenn

1. sie für die von ihm behandelten Tiere bestimmt sind,
2. sie zugelassen sind oder ohne Zulassung in den Verkehr gebracht werden dürfen,
3. sie nach der Zulassung für die Anwendung bei der behandelten Tierart bestimmt sind und
4. ihre Anwendung nach Anwendungsgebiet und Menge veterinärmedizinisch gerechtfertigt ist, um das Behandlungsziel zu erreichen.

[2] Satz 1 Nr. 2 bis 4 gilt für die Anwendung durch den Tierarzt entsprechend.

(2) [1] Der Tierarzt darf bei Einzeltieren oder Tieren eines bestimmten Bestandes abweichend von Absatz 1 Satz 1 Nr. 3 Arzneimittel, die nach der Zulassung nicht für die zu behandelnde Tierart oder das Anwendungsgebiet oder nicht für die Anwendung bei Tieren bestimmt sind, anwenden oder verabreichen lassen, wenn für die Behandlung ein zugelassenes Arzneimittel für die betreffende Tierart oder das betreffende Anwendungsgebiet nicht zur Verfügung steht, die notwendige arzneiliche Versorgung der Tiere ansonsten ernstlich gefährdet wäre und eine unmittelbare oder mittelbare Gefährdung der Gesundheit von Mensch und Tier nicht zu befürchten ist. [2] Bei Tieren, die der Gewinnung von Lebensmitteln dienen, darf das Arzneimittel jedoch nur durch den Tierarzt angewendet oder unter seiner Aufsicht verabreicht werden und nur Stoffe oder Zubereitungen aus Stoffen enthalten, die in Arzneimitteln enthalten sind, die zur Anwendung bei Tieren, die der Gewinnung von Lebensmitteln dienen, zugelassen sind. [3] Der Tierarzt hat die Wartezeit anzugeben; das Nähere regelt die Verordnung über tierärztliche Hausapotheken. [4] Die Sätze 1 bis 3 gelten entsprechend für Arzneimittel, die nach § 21 Abs. 2 Nr. 4 in Verbindung mit Abs. 2a hergestellt werden. [5] Registrierte oder von der Registrierung freigestellte

---

[1] § 56a eingef. durch Art. 1 Nr. 16 Ges. v. 24. 2. 1983 (BGBl. I S. 169); Absatz 1 Satz 1 geändert, Abs. 2 Satz 2 und Abs. 4 angefügt und Abs. 3 neu gefaßt durch Art. 1 Nr. 33 Ges. v. 11. 4. 1990 (BGBl. I S. 717); Absatz 2 neu gef. und Absatz 3 geänd. durch Art. 1 Nr. 35 Ges. v. 9. 8. 1994 (BGBl. I S. 2071); Absatz 1 Satz 1 Nr. 3 neugef., Absatz 2 Sätze 1 und 2 neugef. und Satz 5 geänd. durch Art. 1 Nr. 28 Ges. v. 7. 9. 1998 (BGBl. I S. 2649).

homöopathische Arzneimittel dürfen abweichend von Absatz 1 Satz 1 Nr. 3 verschrieben, abgegeben und angewendet werden; dies gilt für Arzneimittel, die zur Anwendung bei Tieren bestimmt sind, die der Gewinnung von Lebensmitteln dienen, nur dann wenn ihr Verdünnungsgrad die sechste Dezimalpotenz nicht unterschreitet.

(3) [1] Das Bundesministerium wird ermächtigt, im Einvernehmen mit dem Bundesministerium für Ernährung, Landwirtschaft und Forsten durch Rechtsverordnung mit Zustimmung des Bundesrates vorzuschreiben, daß

1. Tierärzte über die Verschreibung und Anwendung von für den Verkehr außerhalb der Apotheken nicht freigegebenen Arzneimitteln Nachweise führen müssen,

2. bestimmte Arzneimittel nur durch den Tierarzt selbst angewendet werden dürfen, wenn diese Arzneimittel

   a) die Gesundheit von Mensch oder Tier auch bei bestimmungsgemäßem Gebrauch unmittelbar oder mittelbar gefährden können, sofern sie nicht fachgerecht angewendet werden, oder

   b) häufig in erheblichem Umfang nicht bestimmungsgemäß gebraucht werden und dadurch die Gesundheit von Mensch oder Tier unmittelbar oder mittelbar gefährdet werden kann.

[2] In der Rechtsverordnung können Art, Form und Inhalt der Nachweise sowie die Dauer der Aufbewahrung geregelt werden. [3] Die Nachweispflicht kann auf bestimmte Arzneimittel, Anwendungsbereiche oder Darreichungsformen beschränkt werden.

(4) Der Tierarzt darf durch Rechtsverordnung nach Absatz 3 Satz 1 Nr. 2 bestimmte Arzneimittel dem Tierhalter weder verschreiben noch an diesen abgeben.

§ 57[1] Erwerb und Besitz durch Tierhalter, Nachweise

(1) [1] Der Tierhalter darf Arzneimittel, die zum Verkehr außerhalb der Apotheken nicht freigegeben sind, zur Anwendung bei Tieren nur in Apotheken, bei dem den Tierbestand behandelnden Tierarzt oder in den Fällen des § 56 Abs. 1 bei Herstellern erwerben. [2] Andere Personen, die in § 47 Abs. 1 nicht genannt sind, dürfen solche Arzneimittel nur in Apotheken erwerben.

(1a) [1] Tierhalter dürfen Arzneimittel, bei denen durch Rechtsverordnung vorgeschrieben ist, daß sie nur durch den Tierarzt selbst angewendet werden dürfen, nicht im Besitz haben. [2] Dies gilt nicht, wenn die Arzneimittel für einen anderen Zweck als zur Anwendung bei Tieren bestimmt sind oder der Besitz nach der Richtlinie 96/22/EG des Rates vom 29. April 1996 über das Verbot der Verwendung bestimmter Stoffe mit hormonaler beziehungsweise thyreostatischer Wirkung und von ß-Agonisten in der tierischen Erzeugung und zur Aufhebung der Richtlinien 81/602/EWG, 88/146/EWG und 88/299/EWG (ABl. EG Nr. L 125 S. 3) erlaubt ist.

---

[1] § 57 Überschrift geänd. und Absatz 1 a eingef. durch Gesetz vom 25. Februar 1998 (BGBl. I S. 374); Überschrift geändert und Absatz 2 neugef. durch Art. 1 Nr. 28 a Ges. v. 7. 9. 1998 (BGBl. I S. 2649).

(2) [1] Das Bundesministerium wird ermächtigt, im Einvernehmen mit dem Bundesministerium für Ernährung, Landwirtschaft und Forsten durch Rechtsverordnung mit Zustimmung des Bundesrates vorzuschreiben, daß

1. Betriebe, die Tiere halten, die der Gewinnung von Lebensmitteln dienen, und diese oder von diesen stammende Erzeugnisse in Verkehr bringen, und
2. andere Personen, die nach Absatz 1 Arzneimittel nur in Apotheken erwerben dürfen,

Nachweise über den Erwerb, die Aufbewahrung und den Verbleib der Arzneimittel und Register oder Nachweise über die Anwendung der Arzneimittel zu führen haben, soweit es geboten ist, um eine ordnungsgemäße Anwendung von Arzneimitteln zu gewährleisten und sofern es sich um Betriebe nach Nummer 1 handelt, dies zur Durchführung von Rechtsakten der Europäischen Gemeinschaften auf diesem Gebiet erforderlich ist. [2] In der Rechtsverordnung können Art, Form und Inhalt der Register und Nachweise sowie die Dauer ihrer Aufbewahrung geregelt werden.

§ 58[1]   Anwendung bei Tieren, die der Gewinnung von Lebensmitteln dienen

(1) [1] Tierhalter und andere Personen, die nicht Tierärzte sind, dürfen verschreibungspflichtige Arzneimittel oder andere vom Tierarzt verschriebene oder erworbene Arzneimittel bei Tieren, die der Gewinnung von Lebensmitteln dienen, nur nach einer tierärztlichen Behandlungsanweisung für den betreffenden Fall anwenden. [2] Nicht verschreibungspflichtige Arzneimittel, die nicht für den Verkehr außerhalb der Apotheken freigegeben sind und deren Anwendung nicht auf Grund einer tierärztlichen Behandlungsanweisung erfolgt, dürfen nur angewendet werden,

1. wenn sie zugelassen sind oder ohne Zulassung in den Verkehr gebracht werden dürfen,
2. für die in der Kennzeichnung oder Packungsbeilage der Arzneimittel bezeichneten Tierarten und Anwendungsgebiete und
3. in einer Menge, die nach Dosierung und Anwendungsdauer der Kennzeichnung des Arzneimittels entspricht.

(2) Das Bundesministerium wird ermächtigt, im Einvernehmen mit dem Bundesministerium für Ernährung, Landwirtschaft und Forsten durch Rechtsverordnung mit Zustimmung des Bundesrates zu verbieten, daß Arzneimittel, die zur Anwendung bei Tieren bestimmt sind, die der Gewinnung von Lebensmitteln dienen, für bestimmte Anwendungsgebiete oder -bereiche in den Verkehr gebracht oder zu diesen Zwecken angewendet werden, soweit es geboten ist, um eine mittelbare Gefährdung der Gesundheit des Menschen zu verhüten.

---

[1] § 58 Abs. 1 i. d. F. d. Art. 1 Nr. 17 Ges. v. 24. 2. 1983 (BGBl. I S. 169); Absatz 2 geänd. durch Art. 1 Nr. 55 Ges. v. 9. 8. 1994 (BGBl. I S. 2071).

§ 59¹   Klinische Prüfung und Rückstandsprüfung bei Tieren, die der Lebensmittelgewinnung dienen

(1) Ein Arzneimittel im Sinne des § 2 Abs. 1 oder Abs. 2 Nr. 1 darf abweichend von § 56a Abs. 1 vom Hersteller oder in dessen Auftrag zum Zweck der klinischen Prüfung und der Rückstandsprüfung angewendet werden, wenn sich die Anwendung auf eine Prüfung beschränkt, die nach Art und Umfang nach dem jeweiligen Stand der wissenschaftlichen Erkenntnisse erforderlich ist.

(2) ¹Von den Tieren, bei denen diese Prüfungen durchgeführt werden, dürfen Lebensmittel nicht gewonnen werden, daß bei diesen Lebensmitteln mit Rückständen der angewendeten Arzneimittel oder ihrer Umwandlungsprodukte auf Grund der Prüfungsergebnisse nicht zu rechnen ist. ²Der Hersteller hat der zuständigen Behörde Prüfungsergebnisse über Rückstände der angewendeten Arzneimittel und ihrer Umwandlungsprodukte in Lebensmitteln unter Angabe der angewandten Nachweisverfahren vorzulegen.

(3) Wird eine klinische Prüfung oder Rückstandsprüfung bei Tieren durchgeführt, die der Gewinnung von Lebensmitteln dienen, muß die Anzeige nach § 67 Abs. 1 Satz 1 zusätzlich folgende Angaben enthalten:

1. Name und Anschrift des Herstellers und der Personen, die in seinem Auftrag Prüfungen durchführen,
2. Art und Zweck der Prüfung,
3. Art und Zahl der für die Prüfung vorgesehenen Tiere,
4. Ort, Beginn und voraussichtliche Dauer der Prüfung,
5. Angaben zur vorgesehenen Verwendung der tierischen Erzeugnisse, die während oder nach Abschluß der Prüfung gewonnen werden.

(4) Über die durchgeführten Prüfungen sind Aufzeichnungen zu führen, die der zuständigen Behörde auf Verlangen vorzulegen sind.

§ 59 a²   Verkehr mit Stoffen und Zubereitungen aus Stoffen

(1) ¹Personen, Betriebe und Einrichtungen, die in § 47 Abs. 1 aufgeführt sind, dürfen Stoffe oder Zubereitungen aus Stoffen, die auf Grund einer Rechtsverordnung nach § 6 bei der Herstellung von Arzneimitteln für Tiere nicht verwendet werden dürfen, zur Herstellung solcher Arzneimittel oder zur Anwendung bei Tieren nicht erwerben und für eine solche Herstellung oder Anwendung nicht anbieten, lagern, verpacken, mit sich führen oder in den Verkehr bringen. ²Tierhalter sowie andere Personen, Betriebe und Einrichtungen, die in § 47 Abs. 1 nicht aufgeführt sind, dürfen solche Stoffe oder Zubereitungen nicht erwerben, lagern, verpacken oder mit sich führen, es sei denn, daß sie für eine durch Rechtsverordnung nach § 6 nicht verbotene Herstellung oder Anwendung bestimmt sind.

---

¹ § 59 Abs. 1 geänd. durch Art. 1 Nr. 18 Ges. v. 24. 2. 1983 (BGBl. I S. 169); Absatz 2 Satz 2 angefügt und Abs. 3 eingefügt durch Art. 1 Nr. 34 Ges. v. 11. 4. 1990 (BGBl. I S. 717).
² § 59a Absatz 2 Satz 1 neu gefaßt durch Art. 1 Nr. 35 Ges. v. 11. 4. 1990 (BGBl. I S. 717).

(2) [1]Tierärzte dürfen durch Rechtsverordnung nach § 48 oder § 49 bestimmte Stoffe oder Zubereitungen aus Stoffen nur beziehen und solche Stoffe oder Zubereitungen dürfen an Tierärzte nur abgegeben werden, wenn sie als Arzneimittel zugelassen sind oder sie auf Grund des § 21 Abs. 2 Nr. 3 oder 5 oder auf Grund einer Rechtsverordnung nach § 36 ohne Zulassung in den Verkehr gebracht werden dürfen. [2]Tierhalter dürfen sie für eine Anwendung bei Tieren nur erwerben oder lagern, wenn sie von einem Tierarzt als Arzneimittel verschrieben oder durch einen Tierarzt abgegeben worden sind. [3]Andere Personen, Betriebe und Einrichtungen, die in § 47 Abs. 1 nicht aufgeführt sind, dürfen durch Rechtsverordnung nach § 48 oder § 49 bestimmte Stoffe oder Zubereitungen aus Stoffen nicht erwerben, lagern, verpacken, mit sich führen oder in den Verkehr bringen, es sei denn, daß die Stoffe oder Zubereitungen für einen anderen Zweck als zur Anwendung bei Tieren bestimmt sind.

(3) Die futtermittelrechtlichen Vorschriften bleiben unberührt.

§ 59 b[1]   Rückstandsnachweisverfahren

[1]Der pharmazeutische Unternehmer hat für Arzneimittel, die zur Anwendung bei Tieren bestimmt sind, die der Gewinnung von Lebensmitteln dienen, die im Rückstandsnachweisverfahren nach § 23 Abs. 1 Nr. 2 nachzuweisenden Stoffe und die für die Durchführung des Rückstandsnachweisverfahrens erforderlichen Stoffe, soweit sie nicht handelsüblich sind, vorrätig zu halten und der nach § 64 zuständigen Behörde in erforderlichem Umfang gegen eine angemessene Entschädigung auf Anforderung zu überlassen. [2]Für Arzneimittel, die von dem pharmazeutischen Unternehmer nicht mehr in den Verkehr gebracht werden, gelten die Verpflichtungen nach Satz 1 bis zum Ablauf von drei Jahren nach dem Zeitpunkt des letztmaligen Inverkehrbringens durch den pharmazeutischen Unternehmer, höchstens jedoch bis zu dem nach § 10 Abs. 7 angegebenen Verfalldatum der zuletzt in Verkehr gebrachten Charge.

§ 59 c[2]   Nachweispflichten für Stoffe, die als Tierarzneimittel verwendet werden können

[1]Betriebe und Einrichtungen, die Stoffe oder Zubereitungen aus Stoffen, die als Tierarzneimittel oder zur Herstellung von Tierarzneimitteln verwendet werden können und anabole, infektionshemmende, parasitenabwehrende, entzündungshemmende, hormonale oder psychotrope Eigenschaften aufweisen, herstellen, lagern, einführen oder in den Verkehr bringen, haben Nachweise über den Bezug oder die Abgabe dieser Stoffe oder Zubereitungen aus Stoffen zu führen, aus denen sich Vorlieferant oder Empfänger sowie die jeweils erhaltene oder abgegebene Menge ergeben, diese Nachweise mindestens drei Jahre aufzubewahren und auf Verlangen der zuständigen Behörde vorzulegen. [2]Satz 1 gilt auch für Personen, die diese Tätigkeiten berufsmäßig ausüben. [3]Soweit es sich

---

[1] § 59 b eingefügt durch Art. 1 Nr. 36 Ges. v. 11. 4. 1990 (BGBl. I S. 717).
[2] § 59 c eingefügt durch Art. 1 Nr. 18 Ges. v. 25. Februar 1998 (BGBl. I S. 374).

um Stoffe oder Zubereitungen aus Stoffen mit thyreostatischer, östrogener, androgener oder gestagener Wirkung oder ß-Agonisten mit anaboler Wirkung handelt, sind diese Nachweise in Form eines Registers zu führen, in dem die hergestellten oder erworbenen Mengen sowie die zur Herstellung von Arzneimitteln veräußerten oder verwendeten Mengen chronologisch unter Angabe des Vorlieferanten und Empfängers erfaßt werden.

§ 60[1] Heimtiere

(1) Auf Arzneimittel, die ausschließlich zur Anwendung bei Zierfischen, Zier- oder Singvögeln, Brieftauben, Terrarientieren oder Kleinnagern bestimmt und für den Verkehr außerhalb der Apotheken zugelassen sind, finden die Vorschriften der §§ 21 bis 39 und 50 keine Anwendung.

(2) Die Vorschriften über die Herstellung von Arzneimitteln finden mit der Maßgabe Anwendung, daß der Herstellungsleiter gleichzeitig Kontroll- und Vertriebsleiter sein kann und der Nachweis einer zweijährigen praktischen Tätigkeit nach § 15 Abs. 1 entfällt.

(3) Das Bundesministerium wird ermächtigt, im Einvernehmen mit dem Bundesministerium für Wirtschaft und dem Bundesministerium für Ernährung, Landwirtschaft und Forsten durch Rechtsverordnung mit Zustimmung des Bundesrates die Vorschriften über die Zulassung auf Arzneimittel für die in Absatz 1 genannten Tiere auszudehnen, soweit es geboten ist, um eine unmittelbare oder mittelbare Gefährdung der Gesundheit von Mensch oder Tier zu verhüten.

(4) Die zuständige Behörde kann Ausnahmen von § 43 Abs. 5 Satz 1 zulassen, soweit es sich um die Arzneimittelversorgung der in Absatz 1 genannten Tiere handelt.

§ 61 Befugnisse tierärztlicher Bildungsstätten

Einrichtungen der tierärztlichen Bildungsstätten im Hochschulbereich, die der Arzneimittelversorgung der dort behandelten Tiere dienen und von einem Tierarzt oder Apotheker geleitet werden, haben die Rechte und Pflichten, die ein Tierarzt nach den Vorschriften dieses Gesetzes hat.

---

[1] § 60 Abs. 3 geänd. durch Art. 1 Nr. 55 Ges. v. 9. 8. 1994 (BGBl. I S. 2071); Absatz 4 angef. durch Art. 1 Nr. 28 b Ges. v. 7. 9. 1998 (BGBl. I S. 2649).

Zehnter Abschnitt   Beobachtung, Sammlung und Auswertung von Arzneimittelrisiken

§ 62[1]   Organisation

[1] Die zuständige Bundesoberbehörde hat zur Verhütung einer unmittelbaren oder mittelbaren Gefährdung der Gesundheit von Mensch oder Tier die bei der Anwendung von Arzneimitteln auftretenden Risiken, insbesondere Nebenwirkungen, Wechselwirkungen mit anderen Mitteln, Gegenanzeigen und Verfälschungen, zentral zu erfassen, auszuwerten und die nach diesem Gesetz zu ergreifenden Maßnahmen zu koordinieren. [2] Sie wirkt dabei mit den Dienststellen der Weltgesundheitsorganisation, den Arzneimittelbehörden anderer Länder, den Gesundheits- und Veterinärbehörden der Bundesländer, den Arzneimittelkommissionen der Kammern der Heilberufe sowie mit anderen Stellen zusammen, die bei der Durchführung ihrer Aufgaben Arzneimittelrisiken erfassen. [3] Die zuständige Bundesoberbehörde kann die Öffentlichkeit über Arzneimittelrisiken und beabsichtigte Maßnahmen informieren.

§ 63[2]   Stufenplan

[1] Das Bundesministerium erstellt durch allgemeine Verwaltungsvorschrift mit Zustimmung des Bundesrates zur Durchführung der Aufgaben nach § 62 einen Stufenplan. [2] In diesem werden die Zusammenarbeit der beteiligten Behörden und Stellen auf den verschiedenen Gefahrenstufen sowie die Einschaltung der pharmazeutischen Unternehmer näher geregelt und die jeweils nach den Vorschriften dieses Gesetzes zu ergreifenden Maßnahmen bestimmt. [3] In dem Stufenplan können ferner Informationsmittel und -wege bestimmt werden.

§ 63 a[3]   Stufenplanbeauftragter

(1) [1] Wer als pharmazeutischer Unternehmer Fertigarzneimittel, die Arzneimittel im Sinne des § 2 Abs. 1 oder Abs. 2 Nr. 1 sind, in den Verkehr bringt, hat eine Person mit der erforderlichen Sachkenntnis und der zur Ausübung ihrer Tätigkeit erforderlichen Zuverlässigkeit (Stufenplanbeauftragter) zu beauftragen, bekanntgewordene Meldungen über Arzneimittelrisiken zu sammeln, zu bewerten und die notwendigen Maßnahmen zu koordinieren. [2] Satz 1 gilt nicht für Personen, soweit sie nach § 13 Abs. 2 Satz 1 Nr. 1, 2, 3 oder 5 keiner Herstellungserlaubnis bedürfen. [3] Der Stufenplanbeauftragte ist für die Erfüllung von Anzeigepflichten verantwortlich, soweit sie Arzneimittelrisiken betreffen. [4] Das

---

[1] § 62 Satz 3 angef. durch Art. 1 Nr. 29 Ges. v. 7. 6. 1998 (BGBl. I S. 2649).

[2] § 63 Satz 1 geänd. durch Art. 1 Nr. 55 Ges. v. 9. 8. 1994 (BGBl. I S. 2071).

[3] § 63 a mit Wirkg. v. 1. 1. 1988 eingef. durch Art. 1 Nr. 31 Ges. v. 16. 8. 1986 (BGBl. I S. 1296); Absatz 3 geänd. durch Art. 1 Nr. 36 Ges. v. 9. 8. 1994 (BGBl. I S. 2071); Absatz 1 Satz 5 angef. durch Art. 1 Nr. 30 Ges. v. 7. 9. 1998 (BGBl. I S. 2649); Absatz 2 Satz 1 geänd. durch Art. 1 Nr. 30 a Ges. v. 7. 9. 1998 (BGBl. I S. 2649).

Nähere regelt die Betriebsverordnung für pharmazeutische Unternehmer. [5] Andere Personen als in Satz 1 bezeichnet dürfen eine Tätigkeit als Stufenplanbeauftragter nicht ausüben.

(2) [1] Der Nachweis der erforderlichen Sachkenntnis als Stufenplanbeauftragter wird erbracht durch das Zeugnis über eine nach abgeschlossenem Hochschulstudium der Humanmedizin, der Humanbiologie, der Veterinärmedizin oder der Pharmazie abgelegte Prüfung und eine mindestens zweijährige Berufserfahrung oder durch den Nachweis nach § 15. [2] Der Stufenplanbeauftragte kann gleichzeitig Herstellungs-, Kontroll- oder Vertriebsleiter sein.

(3) [1] Der pharmazeutische Unternehmer hat der zuständigen Behörde den Stufenplanbeauftragten unter Vorlage der Nachweise über die Anforderungen nach Absatz 2 und jeden Wechsel vorher mitzuteilen. [2] Bei einem unvorhergesehenen Wechsel des Stufenplanbeauftragten hat die Mitteilung unverzüglich zu erfolgen.

Elfter Abschnitt   Überwachung

§ 64[1]   Durchführung der Überwachung

(1) [1] Betriebe und Einrichtungen, in denen Arzneimittel hergestellt, geprüft, gelagert, verpackt oder in den Verkehr gebracht werden oder in denen sonst mit ihnen Handel getrieben wird, unterliegen insoweit der Überwachung durch die zuständige Behörde; das gleiche gilt für Betriebe und Einrichtungen, die Arzneimittel entwickeln, klinisch prüfen, einer Rückstandsprüfung unterziehen **oder Arzneimittel nach § 47a Abs. 1 Satz 1** oder zur Anwendung bei Tieren bestimmte Arzneimittel erwerben oder anwenden. [2] Die Entwicklung, Herstellung, Prüfung, Lagerung, Verpackung oder das Inverkehrbringen von Wirkstoffen unterliegen der Überwachung, soweit sie durch eine Rechtsverordnung nach § 54 geregelt sind.[2] [3] Satz 1 gilt auch für Personen, die diese Tätigkeiten berufsmäßig ausüben oder Arzneimittel nicht ausschließlich für den Eigenbedarf mit sich führen sowie für Personen oder Personenvereinigungen, die Arzneimittel für andere sammeln.

(2) [1] Die mit der Überwachung beauftragten Personen müssen diese Tätigkeit hauptberuflich ausüben. [2] Die zuständige Behörde kann Sachverständige beiziehen. [3] Soweit es sich um Blutzubereitungen, radioaktive Arzneimittel, gentechnisch hergestellte Arzneimittel, Sera, Impfstoffe, Testallergene, Testsera und

---

[1] § 64 Abs. 1 Satz 1 und Absatz 1 Satz 2 eingef., geänd. durch Art. 1 Nr. 32 Ges. v. 16. 8. 1986 (BGBl. I S. 1296), geändert durch Art. 1 Nr. 29 Ges. v. 11. 4. 1990 (BGBl. I S. 717), Absatz 1 Satz 3 i. d. F. d. Art. 1 Nr. 20 Ges. v. 24. 2. 1983 (BGBl. I S. 169); Absatz 4 Satz 2 geändert durch Art. 1 Nr. 37 Ges. v. 11. 4. 1990 (BGBl. I S. 717); Absatz 2 Satz geänd. durch Art. 1 Nr. 37 Ges. v. 9. 8. 1994 (BGBl. I S. 2071); Absatz 1 Satz 2 geänd., Absatz 4 a eingef. durch Art. 1 Nr. 19 Ges. v. 25. Februar 1998 (BGBl. II S. 374); Absatz 4 Nr. 2 geänd. und Absatz 6 angef. durch Art. 1 Nr. 31 Ges. v. 7. 9. 1998 (BGBl. I S. 2649); **Absatz 4 Nr. 2 geänd. durch Art. 1 Nr. 2 Ges. v. 26. 7. 1999 (BGBl. I S. 1666).**
[2] Durch Art. 4 Ges. v. 9. 8. 1994 (BGBl. I S. 2071) ist der Anwendungsbereich der PharmBetrV, die auf der Ermächtigung nach § 54 beruht, auf Wirkstoffe, die Blut oder Blutzubereitungen sind, ausgedehnt worden.

Testantigene handelt, soll die zuständige Behörde Angehörige der zuständigen Bundesoberbehörde als Sachverständige beteiligen. [4]Bei Apotheken, die keine Krankenhausapotheken sind oder die einer Erlaubnis nach § 13 nicht bedürfen, kann die zuständige Behörde Sachverständige mit der Überwachung beauftragen.

(3) [1]Die zuständige Behörde hat sich davon zu überzeugen, daß die Vorschriften über den Verkehr mit Arzneimitteln, über die Werbung auf dem Gebiete des Heilwesens und über das Apothekenwesen beachtet werden. [2]Sie hat in der Regel alle zwei Jahre Besichtigungen vorzunehmen und Arzneimittelproben amtlich untersuchen zu lassen.

(4) Die mit der Überwachung beauftragten Personen sind befugt

1. Grundstücke, Geschäftsräume, Betriebsräume, Beförderungsmittel und zur Verhütung dringender Gefahr für die öffentliche Sicherheit und Ordnung auch Wohnräume zu den üblichen Geschäftszeiten zu betreten und zu besichtigen, in denen eine Tätigkeit nach Absatz 1 ausgeübt wird; das Grundrecht des Artikels 13 des Grundgesetzes auf Unverletzlichkeit der Wohnung wird insoweit eingeschränkt,

2. Unterlagen über Entwicklung, Herstellung, Prüfung, klinische Prüfung oder Rückstandsprüfung, Erwerb, Lagerung, Verpackung, Inverkehrbringen und sonstigen Verbleib der Arzneimittel sowie über das im Verkehr befindliche Werbematerial und über die nach § 94 erforderliche Deckungsvorsorge einzusehen und, soweit es sich nicht um personenbezogene Daten von Patienten handelt, hieraus Abschriften oder Ablichtungen anzufertigen,

3. von natürlichen und juristischen Personen und nicht rechtsfähigen Personenvereinigungen alle erforderlichen Auskünfte, insbesondere über die in Nummer 2 genannten Betriebsvorgänge zu verlangen,

4. vorläufige Anordnungen, auch über die Schließung des Betriebes oder der Einrichtung zu treffen, soweit es zur Verhütung dringender Gefahren für die öffentliche Sicherheit und Ordnung geboten ist.

(4a) Soweit es zur Durchführung dieses Gesetzes oder der auf Grund dieses Gesetzes erlassenen Rechtsverordnungen oder der Verordnung (EWG) Nr. 2309/93 erforderlich ist, dürfen auch die Sachverständigen der Mitgliedstaaten der Europäischen Union, soweit sie die mit der Überwachung beauftragten Personen begleiten, Befugnisse nach Absatz 4 Nr. 1 wahrnehmen.

(5) Der zur Auskunft Verpflichtete kann die Auskunft auf solche Fragen verweigern, deren Beantwortung ihn selbst oder einen seiner in § 383 Abs. 1 Nr. 1 bis 3 der Zivilprozeßordnung bezeichneten Angehörigen der Gefahr strafrechtlicher Verfolgung oder eines Verfahrens nach dem Gesetz über Ordnungswidrigkeiten aussetzen würde.

(6) [1]Das Bundesministerium wird ermächtigt, durch Rechtsverordnung mit Zustimmung des Bundesrates Regelungen über die Wahrnehmung von Überwachungsaufgaben in den Fällen festzulegen, in denen Arzneimittel von einem pharmazeutischen Unternehmer im Geltungsbereich des Gesetzes in den Verkehr gebracht werden, der keinen Sitz im Geltungsbereich des Gesetzes hat, soweit es zur Durchführung der Vorschriften über den Verkehr mit Arzneimitteln sowie über die Werbung auf dem Gebiete des Heilwesens erforderlich ist.

[2] Dabei kann die federführende Zuständigkeit für Überwachungsaufgaben, die sich auf Grund des Verbringens eines Arzneimittels aus einem bestimmten Mitgliedstaat der Europäischen Union ergeben, jeweils einem bestimmten Land oder einer von den Ländern getragenen Einrichtung zugeordnet werden.

§ 65[1] Probenahme

(1) [1] Soweit es zur Durchführung der Vorschriften über den Verkehr mit Arzneimitteln, über die Werbung auf dem Gebiete des Heilwesens und über das Apothekenwesen erforderlich ist, sind die mit der Überwachung beauftragten Personen befugt, gegen Empfangsbescheinigung Proben nach ihrer Auswahl zum Zwecke der Untersuchung zu fordern oder zu entnehmen. [2] Diese Befugnis erstreckt sich auch auf die Entnahme von Proben bei lebenden Tieren, einschließlich der dabei erforderlichen Eingriffe an diesen Tieren. [3] Soweit der pharmazeutische Unternehmer nicht ausdrücklich darauf verzichtet, ist ein Teil der Probe oder, sofern die Probe nicht oder ohne Gefährdung des Untersuchungszwecks nicht in Teile von gleicher Qualität teilbar ist, ein zweites Stück der gleichen Art, wie das als Probe entnommene, zurückzulassen.

(2) [1] Zurückzulassende Proben sind amtlich zu verschließen oder zu versiegeln. [2] Sie sind mit dem Datum der Probenahme und dem Datum des Tages zu versehen, nach dessen Ablauf der Verschluß oder die Versiegelung als aufgehoben gelten.

(3) Für Proben, die nicht bei dem pharmazeutischen Unternehmer entnommen werden, ist eine angemessene Entschädigung zu leisten, soweit nicht ausdrücklich darauf verzichtet wird.

(4) Als privater Sachverständiger zur Untersuchung von Proben, die nach Absatz 1 Satz 2 zurückgelassen sind, kann nur bestellt werden, wer

1. die Sachkenntnis nach § 15 besitzt. Anstelle der praktischen Tätigkeit nach § 15 Abs. 1 und 4 kann eine praktische Tätigkeit in der Untersuchung und Begutachtung von Arzneimitteln in Arzneimitteluntersuchungsstellen oder in anderen gleichartigen Arzneimittelinstituten treten,
2. die zur Ausübung der Tätigkeit als Sachverständiger zur Untersuchung von amtlichen Proben erforderliche Zuverlässigkeit besitzt und
3. über geeignete Räume und Einrichtungen für die beabsichtigte Untersuchung und Begutachtung von Arzneimitteln verfügt.

§ 66[2] Duldungs- und Mitwirkungspflicht

[1] Wer der Überwachung nach § 64 Abs. 1 unterliegt, ist verpflichtet, die Maßnahmen nach den §§ 64 und 65 zu dulden und die in der Überwachung tätigen Personen bei der Erfüllung ihrer Aufgaben zu unterstützen, insbesondere ihnen auf

---

[1] § 65 Abs. 1 Satz 2 eingefügt durch Art. 1 Nr. 38 Ges. v. 11. 4. 1990 (BGBl. I S. 717), Abs. 4 mit Wirkg. v. 1. 2. 1987 angef. durch Art. 1 Nr. 33 Ges. v. 16. 8. 1986 (BGBl. I S. 1296).
[2] § 66 Satz 2 ergänzt durch Art. 1 Nr. 34 Ges. v. 16. 8. 1986 (BGBl. I S. 1296); Satz 2 geänd. durch Art. 1 Nr. 32 Ges. v. 7. 9. 1998 (BGBl. I S. 2649).

Verlangen die Räume und Beförderungsmittel zu bezeichnen, Räume, Behälter und Behältnisse zu öffnen, Auskünfte zu erteilen und die Entnahme der Proben zu ermöglichen. [2]Die gleiche Verpflichtung besteht für den Herstellungsleiter, Kontrolleiter, Vertriebsleiter, Stufenplanbeauftragten, Informationsbeauftragten und Leiter der klinischen Prüfung sowie deren Vertreter.

§ 67[1] Allgemeine Anzeigepflicht

(1) [1]Betriebe und Einrichtungen, die Arzneimittel entwickeln, herstellen, klinisch prüfen oder einer Rückstandsprüfung unterziehen, prüfen, lagern, verpacken, in den Verkehr bringen oder sonst mit ihnen Handel treiben, haben dies vor der Aufnahme der Tätigkeiten der zuständigen Behörde anzuzeigen. [2]Die Entwicklung von Arzneimitteln ist anzuzeigen, soweit sie durch eine Rechtsverordnung nach § 54 geregelt ist. [3]Das gleiche gilt für Personen, die diese Tätigkeiten selbständig und berufsmäßig ausüben, sowie für Personen oder Personenvereinigungen, die Arzneimittel für andere sammeln. [4]In der Anzeige sind die Art der Tätigkeit und die Betriebsstätte anzugeben; werden Arzneimittel gesammelt, so ist das Nähere über die Art der Sammlung und über die Lagerstätte anzugeben. [5]Ist nach Satz 1 eine klinische Prüfung anzuzeigen, so ist auch deren Leiter namentlich zu benennen. [6]Die Sätze 1 bis 4 gelten entsprechend für Betriebe und Einrichtungen, die Wirkstoffe herstellen, in den Verkehr bringen oder sonst mit ihnen Handel treiben, soweit diese Tätigkeiten durch eine Rechtsverordnung nach § 54 geregelt sind.

(2) Ist die Herstellung von Arzneimitteln beabsichtigt, für die es einer Erlaubnis nach § 13 nicht bedarf, so sind die Arzneimittel mit ihrer Bezeichnung und Zusammensetzung anzugeben.

(3) Nachträgliche Änderungen sind ebenfalls anzuzeigen.

(4) [1]Die Absätze 1 bis 3 gelten mit Ausnahme der Anzeigepflicht für die klinische Prüfung nicht für diejenigen, die eine Erlaubnis nach § 13 oder § 72 haben, und für Apotheken nach dem Gesetz über das Apothekenwesen. [2]Absatz 2 gilt nicht für tierärztliche Hausapotheken.

(5) Wer als pharmazeutischer Unternehmer ein Arzneimittel, das nach § 36 Abs. 1 von der Zulassung freigestellt und für den Verkehr außerhalb der Apotheken nicht freigegeben ist, in den Verkehr bringt, hat dies unverzüglich der zuständigen Bundesoberbehörde anzuzeigen. [1]In der Anzeige sind die verwendete Bezeichnung und die verwendeten nicht wirksamen Bestandteile anzugeben, soweit sie nicht in der Verordnung nach § 36 Abs. 1 festgelegt sind.

(6) Der pharmazeutische Unternehmer hat Untersuchungen, die dazu bestimmt sind, Erkenntnisse bei der Anwendung zugelassener oder registrierter Arzneimittel zu sammeln, den kassenärztlichen Bundesvereinigungen sowie der zuständigen Bundesoberbehörde unverzüglich anzuzeigen.

---

[1] § 67 Abs. 1 Satz 1 und Abs. 4 geänd., Absatz 5 und 6 angef. durch Art. 1 Nr. 35 Ges. v. 16. 8. 1986 (BGBl. I S. 1296); Absatz 1 Satz 6 angefügt und Absatz 6 geänd. durch Art. 1 Nr. 387 Ges. v. 9. 8. 1994 (BGBl. I S. 2071).

§ 67 a[1] Datenbankgestütztes Informationssystem

(1) [1]Die für den Vollzug dieses Gesetzes zuständigen Behörden des Bundes und der Länder wirken mit dem Deutschen Institut für Medizinische Dokumentation und Information (DIMDI) zusammen, um ein gemeinsam nutzbares zentrales Informationssystem über Arzneimittel zu errichten. [2]Dieses Informationssystem faßt die für die Erfüllung der jeweiligen Aufgaben behördenübergreifend notwendigen Informationen zusammen. [3]Das DIMDI errichtet dieses Informationssystem auf der Grundlage der von den zuständigen Bundesoberbehörden nach der Rechtsverordnung nach Absatz 3 zur Verfügung gestellten Daten und stellt dessen laufenden Betrieb sicher. [4]Daten aus dem Informationssystem werden an die zuständigen Bundesoberbehörden für ihre im Gesetz geregelten Aufgaben übermittelt. [5]Eine Übermittlung an andere Stellen ist zulässig, soweit dies die Rechtsverordnung nach Absatz 3 vorsieht. [6]Für seine Leistungen erhebt das DIMDI Gebühren nach Maßgabe der Rechtsverordnung nach Absatz 3.

(2) Das DIMDI kann auch allgemein verfügbare Datenbanken, die einen Bezug zu Arzneimitteln haben, bereitstellen.

(3) [1]Das Bundesministerium wird ermächtigt, Befugnisse zur Verarbeitung und Nutzung von Daten für die Zwecke der Absätze 1 und 2 und zur Erhebung von Daten für die Zwecke des Absatzes 2 im Einvernehmen mit dem Bundesministerium des Innern und dem Bundesministerium für Wirtschaft durch Rechtsverordnung mit Zustimmung des Bundesrates einzuräumen und Regelungen zu treffen hinsichtlich der Übermittlung von Daten durch Behörden des Bundes und der Länder an das DIMDI, einschließlich der personenbezogenen Daten für die in diesem Gesetz geregelten Zwecke, und der Art, des Umfangs und der Anforderungen an die Daten. [2]In dieser Rechtsverordnung kann auch vorgeschrieben werden, daß Anzeigen auf elektronischen oder optischen Speichermedien erfolgen dürfen oder müssen, soweit dies für eine ordnungsgemäße Durchführung der Vorschriften über den Verkehr mit Arzneimitteln erforderlich ist. [3]Ferner können in dieser Rechtsverordnung Gebühren für Leistungen des DIMDI festgesetzt werden.

(4) Die Rechtsverordnung nach Absatz 3 ergeht im Einvernehmen mit dem Bundesministerium für Umwelt, Naturschutz und Reaktorsicherheit, soweit es sich um radioaktive Arzneimittel oder um Arzneimittel handelt, bei deren Herstellung ionisierende Strahlen verwendet werden, und im Einvernehmen mit dem Bundesministerium für Ernährung, Landwirtschaft und Forsten, soweit es sich um Arzneimittel handelt, die zur Anwendung bei Tieren bestimmt sind.

(5) Das DIMDI ergreift die notwendigen Maßnahmen, damit Daten nur den dazu befugten Personen übermittelt werden und nur diese Zugang zu diesen Daten erhalten.

---

[1] § 67 a eingef. durch Art. 1 Nr. 33 Ges. v. 7. 9. 1998 (BGBl. I S. 2649).

§ 68¹   Mitteilungs- und Unterrichtungspflichten

(1) Die für die Durchführung dieses Gesetzes zuständigen Behörden und Stellen des Bundes und der Länder haben sich

1. die für den Vollzug des Gesetzes zuständigen Behörden, Stellen und Sachverständigen mitzuteilen und

2. bei Zuwiderhandlungen und bei Verdacht auf Zuwiderhandlungen gegen Vorschriften des Arzneimittelrechts für den jeweiligen Zuständigkeitsbereich unverzüglich zu unterrichten und bei der Ermittlungstätigkeit gegenseitig zu unterstützen.

(2) Die Behörden nach Absatz 1

1. erteilen der zuständigen Behörde eines anderen Mitgliedstaates der Europäischen Union auf begründetes Ersuchen Auskünfte und übermitteln die erforderlichen Urkunden und Schriftstücke, soweit dies für die Überwachung der Einhaltung der arzneimittelrechtlichen Vorschriften erforderlich ist,

2. überprüfen alle von der ersuchenden Behörde eines anderen Mitgliedstaates mitgeteilten Sachverhalte und teilen ihr das Ergebnis der Prüfung mit.

(3) ¹Die Behörden nach Absatz 1 teilen den zuständigen Behörden eines anderen Mitgliedstaates alle Informationen mit, die für die Überwachung der Einhaltung der arzneimittelrechtlichen Vorschriften in diesem Mitgliedstaat erforderlich sind. ²In Fällen von Zuwiderhandlungen oder des Verdachts von Zuwiderhandlungen können auch die zuständigen Behörden anderer Mitgliedstaaten, das Bundesministerium und die Kommission der Europäischen Gemeinschaften unterrichtet werden.

(4) ¹Die Behörden nach Absatz 1 können, soweit dies zur Einhaltung der arzneimittelrechtlichen Anforderungen erforderlich ist, auch die zuständigen Behörden anderer Staaten unterrichten. ²Bei der Unterrichtung von Vertragsstaaten des Abkommens über den Europäischen Wirtschaftsraum, die nicht Mitgliedstaaten der Europäischen Union sind, erfolgt diese über die Kommission der Europäischen Gemeinschaften.

(5) ¹Der Verkehr mit den zuständigen Behörden anderer Mitgliedstaaten und der Kommission der Europäischen Gemeinschaften obliegt dem Bundesministerium. ²Es kann diese Befugnis auf die zuständigen Bundesoberbehörden oder durch Rechtsverordnung mit Zustimmung des Bundesrates auf die zuständigen obersten Landesbehörden übertragen. ³Ferner kann es im Einzelfall der zuständigen obersten Landesbehörde die Befugnis übertragen, sofern diese ihr Einverständnis damit erklärt. ⁴Die obersten Landesbehörden können die Befugnisse nach den Sätzen 2 und 3 auf andere Behörden übertragen.

(6) ¹In den Fällen des Absatzes 3 Satz 2 und des Absatzes 4 unterbleibt die Übermittlung personenbezogener Daten, soweit durch sie schutzwürdige Interessen der Betroffenen beeinträchtigt würden, insbesondere wenn beim Empfänger kein angemessener Datenschutzstandard gewährleistet ist. ²Personenbe-

---

¹ § 68 Überschr. und Satz 1 geänd. durch Art. 1 Nr. 36 Ges. v. 16. 8. 1986 (BGBl. I S. 1296); Absätze 2 bis 6 angef. durch Art. 1 Nr. 34 Ges. v. 7. 9. 1998 (BGBl. I S. 2649).

zogene Daten dürfen auch dann übermittelt werden, wenn beim Empfänger kein angemessener Datenschutzstandard gewährleistet ist, soweit dies aus Gründen des Gesundheitsschutzes erforderlich ist.

§ 69[1] Maßnahmen der zuständigen Behörden

(1) [1]Die zuständigen Behörden treffen die zur Beseitigung festgestellter Verstöße und die zur Verhütung künftiger Verstöße notwendigen Anordnungen. [2]Sie können insbesondere das Inverkehrbringen von Arzneimitteln untersagen, deren Rückruf anordnen und diese sicherstellen, wenn

1. die erforderliche Zulassung oder Registrierung für das Arzneimittel nicht vorliegt oder deren Ruhen angeordnet ist,
2. das Arzneimittel nicht die nach den anerkannten pharmazeutischen Regeln angemessene Qualität aufweist,
3. dem Arzneimittel die therapeutische Wirksamkeit fehlt,
4. der begründete Verdacht besteht, daß das Arzneimittel bei bestimmungsgemäßem Gebrauch schädliche Wirkungen hat, die über ein nach den Erkenntnissen der medizinischen Wissenschaft vertretbares Maß hinausgehen,
5. die vorgeschriebenen Qualitätskontrollen nicht durchgeführt sind oder
6. die erforderliche Erlaubnis für das Herstellen des Arzneimittels oder das Verbringen in den Geltungsbereich des Gesetzes nicht vorliegt oder ein Grund zur Rücknahme oder zum Widerruf der Erlaubnis nach § 18 Abs. 1 gegeben ist.

[3]Im Falle des Satzes 2 Nr. 4 kann die zuständige Bundesoberbehörde den Rückruf eines Arzneimittels anordnen, sofern ihr Tätigwerden im Zusammenhang mit Maßnahmen nach § 28, § 30, § 31 Abs. 4 Satz 2 oder § 32 Abs. 5 zur Abwehr von Gefahren für die Gesundheit von Mensch oder Tier durch Arzneimittel geboten ist.

(1a) [1]Bei Arzneimitteln, für die eine Genehmigung für das Inverkehrbringen oder Zulassung

1. gemäß der Verordnung (EWG) Nr. 2309/93 oder
2. im Verfahren der Anerkennung gemäß Kapitel III der Richtlinie 75/319/ EWG oder Kapitel IV der Richtlinie 81/851/EWG oder
3. auf Grund eines Gutachtens des Ausschusses gemäß Artikel 4 der Richtlinie 87/22/EWG vom 22. [2]Dezember 1986 vor dem 1. Januar 1995

erteilt worden ist, unterrichtet die zuständige Bundesoberbehörde den Ausschuß für Arzneispezialitäten oder den Ausschuß für Tierarzneimittel über festgestellte Verstöße gegen arzneimittelrechtliche Vorschriften nach Maßgabe der in den genannten Rechtsakten vorgesehenen Verfahren unter Angabe einer eingehenden Begründung und des vorgeschlagenen Vorgehens. [3]Bei diesen Arzneimitteln können die zuständigen Behörden vor der Unterrichtung des

---

[1] § 69 Abs. 1 Satz 2 geänd. durch Art. 1 Nr. 37 Ges. v. 16. 8. 1986 (BGBl. I S. 1296), Absatz 2a eingef. durch Art. 1 Nr. 21 Ges. v. 24. 2. 1983 (BGBl. I S. 169); Absatz 1 Satz 3 angef. durch Art. 1 Nr. 39, Absatz 4 angef. durch Art. 1 Nr. 40 Ges. v. 9. 8. 1994 (BGBl. I S. 2071); Absatz 1 a eingef. durch Art. 1 Nr. 20 Ges. v. 25. Februar 1998 (BGBl. I S. 374).

Ausschusses nach Satz 1 die zur Beseitigung festgestellter und zur Verhütung künftiger Verstöße notwendigen Anordnungen treffen, sofern diese zum Schutz der Gesundheit von Mensch oder Tier oder zum Schutz der Umwelt dringend erforderlich sind. [4] Die zuständigen Behörden unterrichten die Kommission der Europäischen Gemeinschaften und die anderen Mitgliedstaaten über die zuständige Bundesoberbehörde spätestens am folgenden Arbeitstag über die Gründe dieser Maßnahmen. [5] Im Fall des Absatzes 1 Satz 2 Nr. 4 kann auch die zuständige Bundesoberbehörde den Rückruf eines Arzneimittels anordnen, sofern ihr Tätigwerden zum Schutz der in Satz 2 genannten Rechtsgüter dringend erforderlich ist; in diesem Fall gilt Satz 3 entsprechend.

(2) [1] Die zuständigen Behörden können das Sammeln von Arzneimitteln untersagen, wenn eine sachgerechte Lagerung der Arzneimittel nicht gewährleistet ist oder wenn der begründete Verdacht besteht, daß die gesammelten Arzneimittel mißbräuchlich verwendet werden. [2] Gesammelte Arzneimittel können sichergestellt werden, wenn durch unzureichende Lagerung oder durch ihre Abgabe die Gesundheit von Mensch und Tier gefährdet wird.

(2a) Die zuständigen Behörden können ferner zur Anwendung bei Tieren bestimmte Arzneimittel sowie Stoffe und Zubereitungen aus Stoffen im Sinne des § 59a sicherstellen, wenn Tatsachen die Annahme rechtfertigen, daß Vorschriften über den Verkehr mit Arzneimitteln nicht beachtet worden sind.

(3) Die zuständigen Behörden können Werbematerial sicherstellen, das den Vorschriften über den Verkehr mit Arzneimitteln und über die Werbung auf dem Gebiete des Heilwesens nicht entspricht.

(4) Im Falle des Absatzes 1 Satz 3 kann auch eine öffentliche Warnung durch die zuständige Bundesoberbehörde erfolgen.

§ 69a[1] Überwachung von Stoffen, die als Tierarzneimittel verwendet werden können

Die §§ 64 bis 69 gelten entsprechend für die in § 59c genannten Betriebe, Einrichtungen und Personen sowie für solche Betriebe, Einrichtungen und Personen, die Stoffe, die in den Anhang IV der Verordnung (EWG) Nr. 2377/90 aufgenommen sind, herstellen, lagern, einführen oder in den Verkehr bringen.

---

[1] § 69a eingef. durch Art. 1 Nr. 21 Ges. vom 25. Februar 1998 (BGBl. I S. 374).

Zwölfter Abschnitt   **Sondervorschriften für Bundeswehr, Bundesgrenz-schutz, Bereitschaftspolizei, Zivilschutz**

§ 70[1]   Anwendung und Vollzug des Gesetzes

(1) Die Vorschriften dieses Gesetzes finden auf Einrichtungen, die der Arznei-mittelversorgung der Bundeswehr, des Bundesgrenzschutzes und der Bereit-schaftspolizeien der Länder dienen, sowie auf die Arzneimittelbevorratung für den Zivilschutz entsprechende Anwendung.

(2) [1]Im Bereich der Bundeswehr obliegt der Vollzug dieses Gesetzes bei der Überwachung des Verkehrs mit Arzneimitteln den zuständigen Stellen und Sachverständigen der Bundeswehr. [2]Im Bereich des Bundesgrenzschutzes obliegt er den zuständigen Stellen und Sachverständigen des Bundesgrenzschut-zes. [3]Im Bereich der Arzneimittelbevorratung für den Zivilschutz obliegt er den vom Bundesministerium des Innern bestimmten Stellen; soweit Landesstellen bestimmt werden, bedarf es hierzu der Zustimmung des Bundesrates.

§ 71[2]   Ausnahmen

(1) [1]Die in § 10 Abs. 1 Nr. 9 vorgeschriebene Angabe des Verfalldatums kann entfallen bei Arzneimitteln, die an die Bundeswehr, den Bundesgrenzschutz sowie für Zwecke des Zivil- und Katastrophenschutzes an Bund oder Länder abgegeben werden. [2]Die zuständigen Bundesministerien oder, soweit Arznei-mittel an Länder abgegeben werden, die zuständigen Behörden der Länder stel-len sicher, daß Qualität, Wirksamkeit und Unbedenklichkeit auch bei solchen Arzneimitteln gewährleistet sind.

(2) Das Bundesministerium wird ermächtigt, durch Rechtsverordnung Aus-nahmen von den Vorschriften dieses Gesetzes und der auf Grund dieses Geset-zes erlassenen Rechtsverordnungen für den Bereich der Bundeswehr, des Bun-desgrenzschutzes, der Bereitschaftspolizeien der Länder und des Zivil- und Katastrophenschutzes zuzulassen, soweit dies zur Durchführung der besonde-ren Aufgaben in diesen Bereichen gerechtfertigt ist und der Schutz der Gesund-heit von Mensch oder Tier gewahrt bleibt.

(3) Die Rechtsverordnung ergeht, soweit sie den Bereich der Bundeswehr berührt, im Einvernehmen mit dem Bundesministerium der Verteidigung, und, soweit sie den Bereich des Bundesgrenzschutzes und des Zivilschutzes berührt, im Einvernehmen mit dem Bundesministerium des Innern, jeweils ohne Zustimmung des Bundesrates; soweit die Rechtsverordnung den Bereich der Bereitschaftspolizeien der Länder oder des Katastrophenschutzes berührt, ergeht sie im Einvernehmen mit dem Bundesministerium des Innern mit Zustimmung des Bundesrates.

---

[1] § 70 Abs. 2 Satz 3 geänd., Absatz 3 gestrichen durch Art. 1 Nr. 41 Ges. v. 9. 8. 1994 (BGBl. I S. 2071)
[2] § 71 Überschr. geänd., Absatz 1 eingef., bish. Absatz 1 und 2 werden Absatz 2 und 3, geänd. durch Art. 1 Nr. 38 Ges. v. 16. 8. 1986 (BGBl. I S. 1296); Absatz 1 Satz 2, Absatz 2 und 3 geänd. durch Art. 1 Nr. 55 Ges. v. 9. 8. 1994 (BGBl. I S. 2071); Absatz 2 und 3 geänd. durch Art. 1 Nr. 35 Ges. v. 7. 9. 1998 (BGBl. I S. 2649).

Dreizehnter Abschnitt   Einfuhr und Ausfuhr[1]

§ 72[2]   Einfuhrerlaubnis

[1] Wer Fertigarzneimittel im Sinne des § 2 Abs. 1 oder Abs. 2 Nr. 1, Testsera oder Testantigene oder Wirkstoffe, die menschlicher oder tierischer Herkunft sind oder auf gentechnischem Wege hergestellt werden, gewerbs- oder berufsmäßig zum Zwecke der Abgabe an andere aus Ländern, die nicht Mitgliedstaaten der Europäischen Gemeinschaften oder andere Vertragsstaaten des Abkommens über den Europäischen Wirtschaftsraum sind, in den Geltungsbereich dieses Gesetzes verbringen will, bedarf einer Erlaubnis der zuständigen Behörde. [2] § 13 Abs. 1 Satz 2 und Abs. 4 und die §§ 14 bis 20 finden entsprechende Anwendung mit der Maßgabe, daß der Kontrolleiter zugleich Herstellungsleiter sein kann.

§ 72 a[3, 4]   Zertifikate

(1) [1] Der Einführer darf Arzneimittel im Sinne des § 2 Abs. 1 und 2 Nr. 1, 1a, 2 und 4 Buchstabe a oder Wirkstoffe aus Ländern, die nicht Mitgliedstaaten der Europäischen Gemeinschaften oder andere Vertragsstaaten des Abkommens über den Europäischen Wirtschaftsraum sind, in den Geltungsbereich dieses Gesetzes nur verbringen, wenn

1. die zuständige Behörde des Herstellungslandes durch ein Zertifikat bestätigt hat, daß die Arzneimittel oder Wirkstoffe entsprechend anerkannten Grundregeln für die Herstellung und die Sicherung ihrer Qualität, insbesondere der Europäischen Gemeinschaften, der Weltgesundheitsorganisation oder der Pharmazeutischen Inspektions-Convention, hergestellt werden und solche Zertifikate für Arzneimittel im Sinne des § 2 Abs. 1 und 2 Nr. 1, die zur Anwendung bei Menschen bestimmt sind, und Wirkstoffe, die menschlicher oder tierischer Herkunft sind oder auf gentechnischem Wege hergestellt werden, gegenseitig anerkannt sind,

2. die zuständige Behörde bescheinigt hat, daß die genannten Grundregeln bei der Herstellung der Arzneimittel sowie der dafür eingesetzten Wirkstoffe, soweit sie menschlicher oder tierischer Herkunft sind oder auf gentechnischem Wege hergestellt werden, oder bei der Herstellung der Wirkstoffe, eingehalten werden oder

---

[1] Überschrift geändert durch Art. 1 Nr. 39 Ges. v. 11. 4. 1990 (BGBl. I S. 717)
[2] § 72 Abs. 2 entfällt ab 1. 1. 1988. An seine Stelle tritt § 72 a durch gs. v. 16. 8. 1986 (BGBl. I S. 1296); Satz 1 geänd. durch Art. 1 Nr. 42 Ges. v. 9. 8. 1994 (BGBl. I S. 2071) und durch Art. 4 Nr. 4 Ges. v. 27. 4. 1993 (BGBl. I S. 514) und mit Wirkung vom 1. 1. 1995 durch § 51 Nr. 3 in Verbindung mit § 60 Abs. 2 des Medizinproduktegesetzes v. 2. 8. 1994 (BGBl. I S. 1963)
[3] § 72 a neu gefaßt durch Art. 1 Nr. 40 Ges. v. 11. 4. 1990 (BGBl. I S. 717); Absatz 1 Satz 1 geänd. durch Art. 4 Nr. 5 Ges. v. 27. 4. 1993 (BGBl. I S. 514), Absatz 1 Satz 1 und 2 geänd. Sätze 4 und 5 angef. und Absatz 2 angef. durch Art. 1 Nr. 43 Ges. v. 9. 8. 1994 (BGBl. I S. 2071); Absatz 1 Satz 4 ist angef. mit Wirkung vom 17. 8. 1995 gemäß Art. 6 Abs. 2 Nr. 1 des Ges. v. 9. 8. 1994 (BGBl. I S. 1963); Absatz 1 Satz 1 Nr. 1 geänd. durch Art. 1 Nr. 22 Ges. v. 25. Februar 1998 (BGBl. I S. 374); Absatz 1 Satz 1 geänd. durch Art. 1 Nr. 36 Ges. v. 7. 9. 1998 (BGBl. I S. 2649).
[4] Durch Art. 4 Ges. v. 9. 8. 1994 (BGBl. I S. 2071) ist der Anwendungsbereich der Pharm Betr.V vom 8. 3. 1985 (BGBl. I S. 546) auf Wirkstoffe, die Blut oder Blutzubereitungen sind, ausgedehnt worden.

3. die zuständige Behörde bescheinigt hat, daß die Einfuhr im öffentlichen Interesse liegt.

[2]Die zuständige Behörde darf eine Bescheinigung nach Nummer 2 nur ausstellen, wenn ein Zertifikat nach Nummer 1 nicht vorliegt und sie sich regelmäßig im Herstellungsland vergewissert hat, daß die genannten Grundregeln bei der Herstellung der Arzneimittel oder Wirkstoffe eingehalten werden. [3]Die Bescheinigung nach Nummer 3 darf nur erteilt werden, wenn ein Zertifikat nach Nummer 1 nicht vorliegt und eine Bescheinigung nach Nummer 2 nicht vorgesehen oder nicht möglich ist. [4]Bei Arzneimitteln und Wirkstoffen, die Blutzubereitungen sind oder enthalten, darf eine Einfuhr auf Grund Satz 1 Nr. 3 nicht erfolgen. [5]Satz 1 findet auf die Einfuhr von Wirkstoffen Anwendung, soweit ihre Überwachung durch eine Rechtsverordnung nach § 54 geregelt ist.

(2) Das Bundesministerium wird ermächtigt, durch Rechtsverordnung mit Zustimmung des Bundesrates zu bestimmen, daß Wirkstoffe oder Arzneimittel, die Blut oder Blutzubereitungen sind, aus bestimmten Ländern, die nicht Mitgliedstaaten der Europäischen Gemeinschaften oder andere Vertragsstaaten des Abkommens über den Europäischen Wirtschaftsraum sind, nicht eingeführt werden dürfen, sofern dies zur Abwehr von Gefahren für die Gesundheit des Menschen oder zur Risikovorsorge erforderlich ist.

§ 73[1] Verbringungsverbot

(1) Arzneimittel, die der Pflicht zur Zulassung oder zur Registrierung unterliegen, dürfen in den Geltungsbereich dieses Gesetzes, ausgenommen in andere Zollfreigebiete als die Insel Helgoland, nur verbracht werden, wenn sie zum Verkehr im Geltungsbereich dieses Gesetzes zugelassen oder registriert oder von der Zulassung oder der Registrierung freigestellt sind und

1. der Empfänger in dem Fall des Verbringens aus einem Mitgliedstaat der Europäischen Gemeinschaften oder einem anderen Vertragsstaat des Abkommens über den Europäischen Wirtschaftsraum pharmazeutischer Unternehmer, Großhändler oder Tierarzt ist oder eine Apotheke betreibt oder
2. der Empfänger in dem Fall des Verbringens aus einem Land, das nicht Mitgliedstaat der Europäischen Gemeinschaften oder ein anderer Vertragsstaat des Abkommens über den Europäischen Wirtschaftsraum ist, eine Erlaubnis nach § 72 besitzt.

Die in § 47 a Abs. 1 Satz 1 genannten Arzneimittel dürfen nur in den Geltungsbereich dieses Gesetzes verbracht werden, wenn der Empfänger eine der dort genannten Einrichtungen ist.

---

[1] § 73 Abs. 3 Satz 3 und Absatz 7 eingef., Absatz 4 neu gefaßt durch Art. 1 Nr. 22 Ges. v. 24. 2. 1983 (BGBl. I S. 169), Absatz 3 geänd. durch Art. 1 Nr. 40 Ges. v. 16. 8. 1986 (BGBl. I S. 1296); Absatz 2 Nr. 2 a und Nr. 6 a eingefügt, Nr. 6 geänd., Absatz 3 Satz 1 geänd., Absatz 5 Satz 2 angefügt durch Art. 1 Nr. 41 Ges. v. 11. 4. 1990 (BGBl. I S. 717); Absatz 1 a eingef., Absatz 2 Nr. 6 a geänd., Absatz 3 Satz 2 geänd. und Satz 4 angef., Absatz 5 Satz 2 und Absatz 6 Satz 1 geänd. durch Art. 1 Nr. 44 Ges. v. 9. 8. 1994 (BGBl. I S. 2071); Absatz 1 Nr. 1 und 2, Absatz 2 Nr. 6 a und Absatz 5 Satz 2 geänd. durch Art. 4 Nr. 6 Buchst. a, b und c Ges. v. 27. 4. 1993 (BGB. I S. 514); Absatz 2 Nr. 6 a, Absatz 1 Sätze 1 und 3 geänd. durch Art. 1 Nr. 37 Ges. v. 7. 9. 1998 (BGBl. I S. 2649); **Absatz 1 Satz 2 eingef. und Abs. 2 und Absatz 3 Satz 1 geänd. durch Art. 1 Nr. 3 Ges. v. 26. 7. 1999 (BGBl. I S. 1666).**

(1a) Fütterungsarzneimittel dürfen in den Geltungsbereich dieses Gesetzes nur verbracht werden, wenn sie

1. den im Geltungsbereich dieses Gesetzes geltenden arzneimittelrechtlichen Vorschriften entsprechen und
2. der Empfänger zu den in Absatz 1 genannten Personen gehört oder im Falle des § 56 Abs. 1 Satz 1 Tierhalter ist.

(2) Absatz 1 **Satz 1** gilt nicht für Arzneimittel, die

1. im Einzelfall in geringen Mengen für die Arzneimittelversorgung bestimmter Tiere bei Tierschauen, Turnieren oder ähnlichen Veranstaltungen bestimmt sind,
2. für den Eigenbedarf der Einrichtungen von Forschung und Wissenschaft bestimmt sind und zu wissenschaftlichen Zwecken benötigt werden,
2a. in geringen Mengen von einem pharmazeutischen Unternehmer als Anschauungsmuster oder zu analytischen Zwecken benötigt werden,
3. unter zollamtlicher Überwachung durch den Geltungsbereich des Gesetzes befördert oder nach Zwischenlagerung in Zollniederlagen oder Zollverschlußlagern wiederausgeführt werden,
4. für das Oberhaupt eines auswärtigen Staates oder seine Begleitung eingebracht werden und zum Gebrauch während seines Aufenthalts im Geltungsbereich dieses Gesetzes bestimmt sind,
5. zum persönlichen Gebrauch oder Verbrauch durch die Mitglieder einer diplomatischen Mission oder konsularischen Vertretung im Geltungsbereich dieses Gesetzes oder Beamte internationaler Organisationen, die dort ihren Sitz haben, sowie deren Familienangehörige bestimmt sind, soweit diese Personen weder Deutsche noch im Geltungsbereich dieses Gesetzes ständig ansässig sind,
6. bei der Einreise in den Geltungsbereich dieses Gesetzes in einer dem üblichen persönlichen Bedarf entsprechenden Menge eingebracht werden,
6a. im Herkunftsland in Verkehr gebracht werden dürfen und ohne gewerbs- oder berufsmäßige Vermittlung in einer dem üblichen persönlichen Bedarf entsprechenden Menge aus einem Mitgliedstaat der Europäischen Gemeinschaften oder einem anderen Vertragsstaat des Abkommens über den Europäischen Wirtschaftsraum bezogen werden,
7. in Verkehrsmitteln mitgeführt werden und ausschließlich zum Gebrauch oder Verbrauch der durch diese Verkehrsmittel beförderten Personen bestimmt sind,
8. zum Gebrauch oder Verbrauch auf Seeschiffen bestimmt sind und an Bord der Schiffe verbraucht werden,
9. als Proben der zuständigen Bundesoberbehörde zum Zwecke der Zulassung oder der staatlichen Chargenprüfung übersandt werden,
10. durch Bundes- oder Landesbehörden im zwischenstaatlichen Verkehr bezogen werden.

(3) [1]Abweichend von Absatz 1 **Satz 1** dürfen Fertigarzneimittel, die nicht zum Verkehr im Geltungsbereich dieses Gesetzes zugelassen oder registriert oder von der Zulassung oder der Registrierung freigestellt sind, in den Geltungsbereich dieses Gesetzes verbracht werden, wenn sie in dem Staat in Verkehr

gebracht werden dürfen, aus dem sie in den Geltungsbereich dieses Gesetzes verbracht werden, und von Apotheken bestellt sind. [2]Apotheken dürfen solche Arzneimittel nur in geringen Mengen und auf besondere Bestellung einzelner Personen beziehen und nur im Rahmen des üblichen Apothekenbetriebs abgeben sowie, soweit es sich nicht um Arzneimittel aus Mitgliedstaaten der Europäischen Gemeinschaften oder anderen Vertragsstaaten des Abkommens über den Europäischen Wirtschaftsraum handelt, nur auf ärztliche, zahnärztliche oder tierärztliche Verschreibung beziehen; das Nähere regelt die Apothekenbetriebsordnung. [3]Satz 1 gilt nicht für Arzneimittel, die zur Anwendung bei Tieren bestimmt sind, die der Gewinnung von Lebensmitteln dienen; die zuständige Behörde kann Ausnahmen davon zulassen, wenn für die Behandlung ein zugelassenes Arzneimittel für die betreffende Tierart oder das betreffende Anwendungsgebiet nicht zur Verfügung steht, die notwendige arzneiliche Versorgung der Tiere sonst ernstlich gefährdet wäre, eine unmittelbare oder mittelbare Gefährdung der Gesundheit von Mensch oder Tier nicht zu befürchten ist und das Arzneimittel in einem Mitgliedstaat der Europäischen Gemeinschaften oder einem anderen Vertragsstaat des Abkommens über den Europäischen Wirtschaftsraum zur Behandlung bei Tieren zugelassen ist, die der Gewinnung von Lebensmitteln dienen. [4]Die Sätze 1 bis 3 gelten entsprechend für die Bestellung von Arzneimitteln durch Tierärzte für die von ihnen behandelten Tiere.

(4) Auf Arzneimittel nach den Absätzen 2 und 3 Satz 1 und 2 finden die Vorschriften dieses Gesetzes keine Anwendung mit Ausnahme der §§ 5 und 8 und ferner in den Fällen des Absatzes 2 Nr. 2 und des Absatzes 3 Satz 1 und 2 auch mit Ausnahme der §§ 40, 41, 48, 49, 95 Abs. 1 Nr. 1, Abs. 2 bis 4, § 96 Nr. 2, 3, 10 und 11 und § 97 Abs. 1, Abs. 2 Nr. 1 und 9 und Abs. 3.

(5) [1]Ärzte und Tierärzte dürfen bei der Ausübung ihres Berufes im kleinen Grenzverkehr nur Arzneimittel mitführen, die zum Verkehr im Geltungsbereich dieses Gesetzes zugelassen oder registriert oder von der Zulassung oder Registrierung freigestellt sind. [2]Abweichend von Satz 1 dürfen Tierärzte, die als Staatsangehörige eines Mitgliedstaates der Europäischen Gemeinschaften oder eines anderen Vertragsstaates des Abkommens über den Europäischen Wirtschaftsraum eine Dienstleistung erbringen, am Ort ihrer Niederlassung zugelassene Arzneimittel in kleinen Mengen in einem für das Erbringen der Dienstleistung unerläßlichen Umfang in der Originalverpackung mit sich führen, wenn und soweit Arzneimittel gleicher Zusammensetzung und für gleiche Anwendungsgebiete auch im Geltungsbereich dieses Gesetzes zugelassen sind; der Tierarzt darf diese Arzneimittel nur selbst anwenden und hat den Tierhalter auf die für das entsprechende, im Geltungsbereich dieses Gesetzes zugelassene Arzneimittel festgesetzte Wartezeit hinzuweisen.

(6) [1]Für die zollamtliche Abfertigung zum freien Verkehr im Falle des Absatzes 1 Nr. 2 sowie des Absatzes 1 a Nr. 2 in Verbindung mit Absatz 1 Nr. 2 ist die Vorlage einer Bescheinigung der für den Empfänger zuständigen Behörde erforderlich, in der die Arzneimittel nach Art und Menge bezeichnet sind und bestätigt wird, daß die Voraussetzungen nach Absatz 1 oder Absatz 1a erfüllt sind. [2]Die Zolldienststelle übersendet auf Kosten des Zollbeteiligten die Bescheinigung der Behörde, die diese Bescheinigung ausgestellt hat.

(7) Im Falle des Absatzes 1 Nr. 1 hat ein Empfänger, der Großhändler ist oder eine Apotheke betreibt, das Bestehen der Deckungsvorsorge nach § 94 nachzuweisen.

§ 73a[1]   Ausfuhr

(1) [1]Abweichend von den §§ 5 und 8 Abs. 1 dürfen die dort bezeichneten Arzneimittel ausgeführt werden, wenn die zuständige Behörde des Bestimmungslandes die Einfuhr genehmigt hat. [2]Aus der Einfuhrgenehmigung muß hervorgehen, daß der zuständigen Behörde des Bestimmungslandes die Versagungsgründe bekannt sind, die dem Inverkehrbringen im Geltungsbereich dieses Gesetzes entgegenstehen.

(2) [1]Auf Antrag des pharmazeutischen Unternehmers oder der zuständigen Behörde des Bestimmungslandes stellt die zuständige Behörde ein Zertifikat entsprechend dem Zertifikatsystem der Weltgesundheitsorganisation aus. [2]Wird der Antrag von der zuständigen Behörde des Bestimmungslandes gestellt, ist vor Erteilung des Zertifikats die Zustimmung des Herstellers einzuholen.

§ 74[2]   Mitwirkung von Zolldienststellen

(1) [1]Das Bundesministerium der Finanzen und die von ihm bestimmten Zolldienststellen wirken bei der Überwachung des Verbringens von Arzneimitteln und Wirkstoffen in den Geltungsbereich dieses Gesetzes und der Ausfuhr mit. [2]Die genannten Behörden können

1. Sendungen der in Satz 1 genannten Art sowie deren Beförderungsmittel, Behälter, Lade- und Verpackungsmittel zur Überwachung anhalten,
2. den Verdacht von Verstößen gegen Verbote und Beschränkungen dieses Gesetzes oder der nach diesem Gesetz erlassenen Rechtsverordnungen, der sich bei der Abfertigung ergibt, den zuständigen Verwaltungsbehörden mitteilen,
3. in den Fällen der Nummer 2 anordnen, daß die Sendungen der in Satz 1 genannten Art auf Kosten und Gefahr des Verfügungsberechtigten einer für die Arzneimittelüberwachung zuständigen Behörde vorgeführt werden.

(2) [1]Das Bundesministerium der Finanzen regelt im Einvernehmen mit dem Bundesministerium durch Rechtsverordnung, die nicht der Zustimmung des Bundesrates bedarf, die Einzelheiten des Verfahrens nach Absatz 1. [2]Es kann dabei insbesondere Pflichten zu Anzeigen, Anmeldungen, Auskünften und zur Leistung von Hilfsdiensten sowie zur Duldung der Einsichtnahme in Geschäftspapiere und sonstige Unterlagen und zur Duldung von Besichtigungen und von

---

[1] § 73a eingefügt durch Art. 1 Nr. 42 Ges. v. 11. 4. 1990 (BGBl. I S. 717).
[2] § 74 Abs. 2 Satz 3 geänd. gem. Art. 1 Nr. 2 VO v. 26. 11. 1986 (BGBl. I S. 2089); Absatz 1 Satz 1 und Satz 2 Nr. 1 geänd. durch Art. 1 Nr. 43 Ges. v. 11. 4. 1990 (BGBl. I S. 717); Absatz 1 und Absatz 2 Satz 1, 2 und 3 geänd. durch Art. 1 Nr. 55 Ges. v. 9. 8. 1994 (BGBl. I S. 2071); Absatz 1 und Absatz 2 Satz 3 geänd. durch Art. 1 Nr. 38 Ges. v. 7. 9. 1998 (BGBl. I S. 2649).

Entnahmen unentgeltlicher Proben vorsehen. [3]Die Rechtsverordnung ergeht im Einvernehmen mit dem Bundesministerium für Umwelt, Naturschutz und Reaktorsicherheit, soweit es sich um radioaktive Arzneimittel und Wirkstoffe oder um Arzneimittel und Wirkstoffe handelt, bei deren Herstellung ionisierende Strahlen verwendet werden, und im Einvernehmen mit dem Bundesministerium für Ernährung, Landwirtschaft und Forsten, soweit es sich um Arzneimittel und Wirkstoffe handelt, die zur Anwendung bei Tieren bestimmt sind.

Vierzehnter Abschnitt   Informationsbeauftragter, Pharmaberater

§ 74a[1] Informationsbeauftragter

(1) [1]Wer als pharmazeutischer Unternehmer Fertigarzneimittel, die Arzneimittel im Sinne des § 2 Abs. 1 oder Abs. 2 Nr. 1 sind, in den Verkehr bringt, hat eine Person mit der erforderlichen Sachkenntnis und der zur Ausübung ihrer Tätigkeit erforderlichen Zuverlässigkeit zu beauftragen, die Aufgabe der wissenschaftlichen Information über die Arzneimittel verantwortlich wahrzunehmen (Informationsbeauftragter). [2]Der Informationsbeauftragte ist insbesondere dafür verantwortlich, daß das Verbot des § 8 Abs. 1 Nr. 2 beachtet wird und die Kennzeichnung, die Packungsbeilage, die Fachinformation und die Werbung mit dem Inhalt der Zulassung oder der Registrierung oder, sofern das Arzneimittel von der Zulassung oder Registrierung freigestellt ist, mit den Inhalten der Verordnungen über die Freistellung von der Zulassung oder von der Registrierung nach § 36 oder § 39 Abs. 3 übereinstimmen. [3]Satz 1 gilt nicht für Personen, soweit sie nach § 13 Abs. 2 Satz 1 Nr. 1, 2, 3 oder 5 keiner Herstellungserlaubnis bedürfen. [4]Andere Personen als in Satz 1 bezeichnet dürfen eine Tätigkeit als Informationsbeauftragter nicht ausüben.

(2) [1]Der Nachweis der erforderlichen Sachkenntnis als Informationsbeauftragter wird erbracht durch das Zeugnis über eine nach abgeschlossenem Hochschulstudium der Humanmedizin, der Humanbiologie, der Veterinärmedizin, der Pharmazie, der Biologie oder der Chemie abgelegte Prüfung und eine mindestens zweijährige Berufserfahrung oder durch den Nachweis nach § 15. [2]Der Informationsbeauftragte kann gleichzeitig Stufenplanbeauftragter, Herstellungs-, Kontroll- oder Vertriebsleiter sein.

(3) [1]Der pharmazeutische Unternehmer hat der zuständigen Behörde den Informationsbeauftragten unter Vorlage der Nachweise über die Anforderungen nach Absatz 2 und jeden Wechsel vorher mitzuteilen. [2]Bei einem unvorhergesehenen Wechsel des Informationsbeauftragten hat die Mitteilung unverzüglich zu erfolgen.

---

[1] § 74a eingef. durch Art. 1 Nr. 46 in Verbindung mit Art. 6 Abs. 2 Nr. 2 des Ges. v. 9. 8. 1994 (BGBl. I S. 1963) mit Wirkung vom 17. August 1995; Absatz 1 Satz 2 eingef. durch Art. 1 Nr. 39, Absatz 2 Satz 1 geänd. durch Art. 1 Nr. 39a Ges. v. 7. 9. 1998 (BGBl. I S. 2649).

§ 75[1]   Sachkenntnis

(1) [1]Pharmazeutische Unternehmer dürfen nur Personen, die die in Absatz 2 bezeichnete Sachkenntnis besitzen, beauftragen, hauptberuflich Angehörige von Heilberufen aufzusuchen, um diese über Arzneimittel im Sinne des § 2 Abs. 1 oder Abs. 2 Nr. 1 fachlich zu informieren (Pharmaberater). [2]Satz 1 gilt auch für eine fernmündliche Information. [3]Andere Personen als in Satz 1 bezeichnet dürfen eine Tätigkeit als Pharmaberater nicht ausüben.

(2) Die Sachkenntnis besitzen

1. Apotheker oder Personen mit einem Zeugnis über eine nach abgeschlossenem Hochschulstudium der Pharmazie, der Chemie, der Biologie, der Human- oder der Veterinärmedizin abgelegte Prüfung,
2. Apothekerassistenten sowie Personen mit einer abgeschlossenen Ausbildung als technische Assistenten in der Pharmazie, der Chemie, der Biologie, der Human- oder Veterinärmedizin,
3. Personen mit einer beruflichen Fortbildung als geprüfter Pharmareferent.

(3) Die zuständige Behörde kann eine abgelegte Prüfung oder abgeschlossene Ausbildung als ausreichend anerkennen, die einer der Ausbildungen der in Absatz 2 genannten Personen mindestens gleichwertig ist.

§ 76[2]   Pflichten

(1) [1]Der Pharmaberater hat, soweit er Angehörige der Heilberufe über einzelne Arzneimittel fachlich informiert, die Fachinformation nach § 11a vorzulegen. [2]Er hat Mitteilungen von Angehörigen der Heilberufe über Nebenwirkungen und Gegenanzeigen oder sonstige Risiken bei Arzneimitteln schriftlich aufzuzeichnen und dem Auftraggeber schriftlich mitzuteilen.

(2) Soweit der Pharmaberater vom pharmazeutischen Unternehmer beauftragt wird, Muster von Fertigarzneimitteln an die nach § 47 Abs. 3 berechtigten Personen abzugeben, hat er über die Empfänger von Mustern sowie über Art, Umfang und Zeitpunkt der Abgabe von Mustern Nachweise zu führen und auf Verlangen der zuständigen Behörde vorzulegen.

---

[1] § 75 Abs. 1 geänd. durch Art. 41 Ges. v. 16. 8. 1986 (BGBl. I S. 1296); Absatz 3 geänd. durch Art. 1 Nr. 55 Ges. v. 9. 8. 1994 (BGBl. I S. 2071); Absatz 3 geänd. durch Art. 3 der Verordnung vom 21. 9. 1997 (BGBl. I S. 2390); Absatz 2 Nr. 3 und Absatz 3 neugef. durch Art. 1 Nr. 40 Ges. v. 7. 9. 1998 (BGBl. I S. 2649).
[2] § 76 Abs. 1 mit Wirkg. v. 1. 2. 1987 neugef. durch Art. 1 Nr. 42 des Ges. v. 16. 8. 1986 (BGBl. I S. 1296); Absatz 1 Satz 1 geänd. durch Art. 1 Nr. 47 Ges. 9. 8. 1994 (BGBl. I S. 2071).

Fünfzehnter Abschnitt   **Bestimmung der zuständigen Bundesoberbehörden und sonstige Bestimmungen**

§ 77[1] Zuständige Bundesoberbehörde

(1) Zuständige Bundesoberbehörde ist das Bundesinstitut für Arzneimittel und Medizinprodukte, es sei denn, daß das Paul-Ehrlich-Institut oder das Bundesinstitut für gesundheitlichen Verbraucherschutz und Veterinärmedizin zuständig ist.

(2) Das Paul-Ehrlich-Institut ist zuständig für Sera, Impfstoffe, Blutzubereitungen, Testallergene, Testsera und Testantigene.

(3) Das Bundesinstitut für gesundheitlichen Verbraucherschutz und Veterinärmedizin ist zuständig für Arzneimittel, die zur Anwendung bei Tieren bestimmt sind.

(4) Das Bundesministerium wird ermächtigt, durch Rechtsverordnung ohne Zustimmung des Bundesrates die Zuständigkeit der in den Absätzen 1 bis 3 genannten Behörden zu ändern, sofern dies erforderlich ist, um neueren wissenschaftlichen Entwicklungen Rechnung zu tragen oder wenn Gründe der gleichmäßigen Arbeitsauslastung eine solche Änderung erfordern.

§ 78[2] Preise

(1) Das Bundesministerium für Wirtschaft wird ermächtigt, im Einvernehmen mit dem Bundesministerium und, soweit es sich um Arzneimittel handelt, die zur Anwendung bei Tieren bestimmt sind, im Einvernehmen mit dem Bundesministerium für Ernährung, Landwirtschaft und Forsten durch Rechtsverordnung mit Zustimmung des Bundesrates

1. Preisspannen für Arzneimittel, die im Großhandel, in Apotheken oder von Tierärzten im Wiederverkauf abgegeben werden,
2. Preise für Arzneimittel, die in Apotheken oder von Tierärzten hergestellt und abgegeben werden, sowie für Abgabegefäße,
3. Preise für besondere Leistungen der Apotheken bei der Abgabe von Arzneimitteln

festzusetzen.

(2) [1]Die Preise und Preisspannen müssen den berechtigten Interessen der Arzneimittelverbraucher, der Tierärzte, der Apotheken und des Großhandels Rechnung tragen. [2]Ein einheitlicher Apothekenabgabepreis für Arzneimittel, die vom Verkehr außerhalb der Apotheken ausgeschlossen sind, ist zu gewährleisten.

---

[1] § 77 Absatz 1 und 2 geänd. und Absatz 3 angefügt durch Art. 4 § 1 Nr. 1 bis 4 Ges. v. 24. 6. 1994 (BGBl. I S. 1416, 1419) und Absatz 4 eingefügt durch Art. 1 Nr. 48 Ges. v. 9. 4. 1994 (BGBl. I S. 2071) Ges. v. 24. 6. 1994 (BGBl. I S. 1416).
[2] § 78 Abs. 2 Satz 2 angefügt durch Art. 1 Nr. 44 Ges. v. 11. 4. 1990 (BGBl. I S. 717); Absatz 1 geänd. gem. Art. 10 Nr. 5 VO v. 26. 2. 1993 (BGBl. I S. 278) und durch Art. 1 Nr. 55 Ges. v. 9. 8. 1994 (BGBl. I S. 2071).

§ 79¹   Ausnahmeermächtigungen für Krisenzeiten

(1) Das Bundesministerium wird ermächtigt, im Einvernehmen mit dem Bundesministerium für Wirtschaft durch Rechtsverordnung, die nicht der Zustimmung des Bundesrates bedarf, Ausnahmen von den Vorschriften dieses Gesetzes und der auf Grund dieses Gesetzes erlassenen Rechtsverordnungen zuzulassen, wenn die notwendige Versorgung der Bevölkerung oder der Tierbestände mit Arzneimitteln sonst ernstlich gefährdet wäre und eine unmittelbare oder mittelbare Gefährdung der Gesundheit von Mensch oder Tier durch Arzneimittel nicht zu befürchten ist.

(2) Die Rechtsverordnung ergeht im Einvernehmen mit dem Bundesministerium für Umwelt, Naturschutz und Reaktorsicherheit, soweit es sich um radioaktive Arzneimittel und um Arzneimittel handelt, bei deren Herstellung ionisierende Strahlen verwendet werden, und im Einvernehmen mit dem Bundesministerium für Ernährung, Landwirtschaft und Forsten, soweit es sich um Arzneimittel handelt, die zur Anwendung bei Tieren bestimmt sind.

(3) Die Geltungsdauer der Rechtsverordnung ist auf sechs Monate zu befristen.

§ 80²   Ausnahmen vom Anwendungsbereich

¹Dieses Gesetz findet keine Anwendung auf

1. Arzneimittel, die unter Verwendung von Krankheitserregern oder auf biotechnischem Wege hergestellt werden und zur Verhütung, Erkennung oder Heilung von Tierseuchen bestimmt sind,
2. die Gewinnung und das Inverkehrbringen von Sperma zur künstlichen Besamung,
3. (weggefallen)
4. menschliche Organe, Organteile und Gewebe, die unter der fachlichen Verantwortung eines Arztes zum Zwecke der Übertragung auf andere Menschen entnommen werden, wenn diese Menschen unter der fachlichen Verantwortung dieses Arztes behandelt werden.

²Satz 1 Nr. 1 gilt nicht für § 55. ³Satz 1 Nr. 4 gilt nicht für Blutzubereitungen.

§ 81   Verhältnis zu anderen Gesetzen

Die Vorschriften des Betäubungsmittel- und Atomrechts und des Tierschutzgesetzes bleiben unberührt.

---

¹ § 79 Abs. 2 geänd. gem. Art. 1 Nr. 2 VO v. 26. 11. 1986 (BGBl. I S. 2089); Absatz 1 und 2 geänd. durch Art. 1 Nr. 55 Ges. v. 9. 8. 1994 (BGBl. I S. 2071).

² § 80 Nr. 1 geänd. durch Art. 1 Nr. 45 Ges. v. 11. 4. 1990 (BGBl. I S. 717); Satz 2 angef. durch Art. 1 Nr. 49 Ges. v. 9. 8. 1994 (BGBl. I S. 2071); Satz 1 Nr. 4 und Satz 3 angef. durch § 21 Nr. 2 des Transplantationsgesetzes vom 5. November 1997 (BGBl. I S. 2631); Satz 1 Nr. 3 gestrichen durch Art. 1 Nr. 41 Ges. v. 7. 9. 1998 (BGBl. I S. 2649); **Satz 1 Nr. 4 geänd. durch Art. 1 Nr. 3 Ges. v. 4. 7. 2000 (BGBl. I S. 1002).**

§ 82   Allgemeine Verwaltungsvorschriften

[1]Das Bundesministerium erläßt mit Zustimmung des Bundesrates die zur Durchführung dieses Gesetzes erforderlichen allgemeinen Verwaltungsvorschriften. [2]Soweit sich diese an die zuständige Bundesoberbehörde richten, werden die allgemeinen Verwaltungsvorschriften von der Bundesregierung erlassen.

§ 83[1]   Angleichung an Gemeinschaftsrecht

(1) Rechtsverordnungen oder allgemeine Verwaltungsvorschriften nach diesem Gesetz können auch zum Zwecke der Angleichung der Rechts- und Verwaltungsvorschriften der Mitgliedstaaten der Europäischen Wirtschaftsgemeinschaft erlassen werden, soweit dies zur Durchführung von Verordnungen, Richtlinien oder Entscheidungen des Rates oder der Kommission der Europäischen Gemeinschaften, die Sachbereiche dieses Gesetzes betreffen, erforderlich ist.

(2) Rechtsverordnungen, die ausschließlich der Umsetzung von Richtlinien oder Entscheidungen des Rates oder der Kommission der Europäischen Gemeinschaften in nationales Recht dienen, bedürfen nicht der Zustimmung des Bundesrates.

Sechzehnter Abschnitt   Haftung für Arzneimittelschäden

§ 84[2]   Gefährdungshaftung

[1]Wird infolge der Anwendung eines zum Gebrauch bei Menschen bestimmten Arzneimittels, das im Geltungsbereich dieses Gesetzes an den Verbraucher abgegeben wurde und der Pflicht zur Zulassung unterliegt oder durch Rechtsverordnung von der Zulassung befreit worden ist, ein Mensch getötet oder der Körper oder die Gesundheit eines Menschen nicht unerheblich verletzt, so ist der pharmazeutische Unternehmer, der das Arzneimittel im Geltungsbereich dieses Gesetz in den Verkehr gebracht hat, verpflichtet, dem Verletzten den daraus entstandenen Schaden zu ersetzen. [2]Die Ersatzpflicht besteht nur, wenn

1. das Arzneimittel bei bestimmungsgemäßem Gebrauch schädliche Wirkungen hat, die über ein nach den Erkenntnissen der medizinischen Wissenschaft vertretbares Maß hinausgehen und ihre Ursache im Bereich der Entwicklung oder der Herstellung haben oder
2. der Schaden infolge einer nicht den Erkenntnissen der medizinischen Wissenschaft entsprechenden Kennzeichnung, Fachinformation oder Gebrauchsinformation eingetreten ist.

---

[1] § 83 Abs. 1 geänd. durch Art. 1 Nr. 46 Ges. v. 11. 4. 1990 (BGBl. I S. 717).
[2] § 84 Satz 2 Nr. 2 ergänzt durch Art. 1 Nr. 43 Ges. v. 16. 8. 1986 (BGBl. I S. 1296).

§ 85   Mitverschulden

Hat bei der Entstehung des Schadens ein Verschulden des Geschädigten mitgewirkt, so gilt § 254 des Bürgerlichen Gesetzbuchs.

§ 86   Umfang der Ersatzpflicht bei Tötung

(1) [1]Im Falle der Tötung ist der Schadensersatz durch Ersatz der Kosten einer versuchten Heilung sowie des Vermögensnachteils zu leisten, den der Getötete dadurch erlitten hat, daß während der Krankheit seine Erwerbsfähigkeit aufgehoben oder gemindert oder eine Vermehrung seiner Bedürfnisse eingetreten war. [2]Der Ersatzpflichtige hat außerdem die Kosten der Beerdigung demjenigen zu ersetzen, dem die Verpflichtung obliegt, diese Kosten zu tragen.

(2) [1]Stand der Getötete zur Zeit der Verletzung zu einem Dritten in einem Verhältnis, vermöge dessen er diesem gegenüber kraft Gesetzes unterhaltspflichtig war oder unterhaltspflichtig werden konnte, und ist dem Dritten infolge der Tötung das Recht auf Unterhalt entzogen, so hat der Ersatzpflichtige dem Dritten insoweit Schadensersatz zu leisten, als der Getötete während der mutmaßlichen Dauer seines Lebens zur Gewährung des Unterhalts verpflichtet gewesen sein würde. [2]Die Ersatzpflicht tritt auch dann ein, wenn der Dritte zur Zeit der Verletzung erzeugt, aber noch nicht geboren war.

§ 87   Umfang der Ersatzpflicht bei Körperverletzung

Im Falle der Verletzung des Körpers oder der Gesundheit ist der Schadensersatz durch Ersatz der Kosten der Heilung sowie des Vermögensnachteils zu leisten, den der Verletzte dadurch erleidet, daß infolge der Verletzung zeitweise oder dauernd seine Erwerbsfähigkeit aufgehoben oder gemindert oder eine Vermehrung seiner Bedürfnisse eingetreten ist.

§ 88[1]   Höchstbeträge

[1]Der Ersatzpflichtige haftet
1. im Falle der Tötung oder Verletzung eines Menschen nur bis zu einem Kapitalbetrag von einer Million Deutsche Mark oder bis zu einem Rentenbetrag von jährlich sechzigtausend Deutsche Mark,
2. im Falle der Tötung oder Verletzung mehrerer Menschen durch das gleiche Arzneimittel unbeschadet der in Nummer 1 bestimmten Grenzen bis zu einem Kapitalbetrag von zweihundert Millionen Deutsche Mark oder bis zu einem Rentenbetrag von jährlich zwölf Millionen Deutsche Mark.

[2]Übersteigen im Falle des Satzes 1 Nr. 2 die den mehreren Geschädigten zu leistenden Entschädigungen die dort vorgesehenen Höchstbeträge, so verringern

---

[1] § 88 Abs. 1 Nr. 1 geänd. durch Art. 1 Nr. 50 Ges. v. 9. 8. 1994 (BGBl. I S. 2071).

sich die einzelnen Entschädigungen in dem Verhältnis, in welchem ihr Gesamtbetrag zu dem Höchstbetrag steht.

§ 89[1] Schadensersatz durch Geldrenten

(1) Der Schadensersatz wegen Aufhebung oder Minderung der Erwerbsfähigkeit und wegen Vermehrung der Bedürfnisse des Verletzten sowie der nach § 86 Abs. 2 einem Dritten zu gewährende Schadensersatz ist für die Zukunft durch Entrichtung einer Geldrente zu leisten.

(2) Die Vorschriften des § 843 Abs. 2 bis 4 des Bürgerlichen Gesetzbuchs und des § 708 Nr. 8 der Zivilprozeßordnung finden entsprechende Anwendung.

(3) Ist bei der Verurteilung des Verpflichteten zur Entrichtung einer Geldrente nicht auf Sicherheitsleistung erkannt worden, so kann der Berechtigte gleichwohl Sicherheitsleistung verlangen, wenn die Vermögensverhältnisse des Verpflichteten sich erheblich verschlechtert haben; unter der gleichen Voraussetzung kann er eine Erhöhung der in dem Urteil bestimmten Sicherheit verlangen.

§ 90 Verjährung

(1) Der in § 84 bestimmte Anspruch verjährt in drei Jahren von dem Zeitpunkt an, in welchem der Ersatzberechtigte von dem Schaden, von den Umständen, aus denen sich seine Anspruchsberechtigung ergibt, und von der Person des Ersatzpflichtigen Kenntnis erlangt, ohne Rücksicht auf diese Kenntnis in dreißig Jahren von dem schädigenden Ereignis an.

(2) Schweben zwischen dem Ersatzpflichtigen und dem Ersatzberechtigten Verhandlungen über den zu leistenden Ersatz, so ist die Verjährung gehemmt, bis der eine oder der andere Teil die Fortsetzung der Verhandlung verweigert.

(3) Im übrigen finden die Vorschriften des Bürgerlichen Gesetzbuchs über die Verjährung Anwendung.

§ 91 Weitergehende Haftung

Unberührt bleiben gesetzliche Vorschriften, nach denen ein nach § 84 Ersatzpflichtiger im weiteren Umfang als nach den Vorschriften dieses Abschnitts haftet oder nach denen ein anderer für den Schaden verantwortlich ist.

§ 92 Unabdingbarkeit

[1]Die Ersatzpflicht nach diesem Abschnitt darf im voraus weder ausgeschlossen noch beschränkt werden. [2]Entgegenstehende Vereinbarungen sind nichtig.

---

[1] § 89 Abs. 2 geänd. durch Art. 1 Nr. 44 Ges. v. 16. 8. 1986 (BGBl. I S. 1296).

§ 93 Mehrere Ersatzpflichtige

[1]Sind mehrere ersatzpflichtig, so haften sie als Gesamtschuldner. [2]Im Verhältnis der Ersatzpflichtigen zueinander hängt die Verpflichtung zum Ersatz sowie der Umfang des zu leistenden Ersatzes von den Umständen, insbesondere davon ab, inwieweit der Schaden vorwiegend von dem einen oder dem anderen Teil verursacht worden ist.

§ 94[1] Deckungsvorsorge

(1) [1]Der pharmazeutische Unternehmer hat dafür Vorsorge zu treffen, daß er seinen gesetzlichen Verpflichtungen zum Ersatz von Schäden nachkommen kann, die durch die Anwendung eines von ihm in den Verkehr gebrachten, zum Gebrauch bei Menschen bestimmten Arzneimittels entstehen, das der Pflicht zur Zulassung unterliegt oder durch Rechtsverordnung von der Zulassung befreit worden ist (Deckungsvorsorge). [2]Die Deckungsvorsorge muß in Höhe der in § 88 Satz 1 genannten Beträge erbracht werden. [3]Sie kann nur

1. durch eine Haftpflichtversicherung bei einem im Geltungsbereich dieses Gesetzes zum Geschäftsbetrieb befugten Versicherungsunternehmen oder
2. durch eine Freistellungs- oder Gewährleistungsverpflichtung eines inländischen Kreditinstituts oder eines Kreditinstituts eines anderen Mitgliedstaates der Europäischen Gemeinschaften oder eines anderen Vertragsstaates des Abkommens über den Europäischen Wirtschaftsraum

erbracht werden.

(2) Wird die Deckungsvorsorge durch eine Haftpflichtversicherung erbracht, so gelten die §§ 158c bis 158k des Gesetzes über den Versicherungsvertrag vom 30. Mai 1908 (RGBl. S. 263), zuletzt geändert durch das Gesetz vom 30. Juni 1967 (BGBl. I S. 609), sinngemäß.

(3) [1]Durch eine Freistellungs- oder Gewährleistungsverpflichtung eines Kreditinstituts kann die Deckungsvorsorge nur erbracht werden, wenn gewährleistet ist, daß das Kreditinstitut, solange mit seiner Inanspruchnahme gerechnet werden muß, in der Lage sein wird, seine Verpflichtungen im Rahmen der Deckungsvorsorge zu erfüllen. [2]Für die Freistellungs- oder Gewährleistungsverpflichtung gelten die §§ 158c bis 158k des Gesetzes über den Versicherungsvertrag sinngemäß.

(4) Zuständige Stelle im Sinne des § 158c Abs. 2 des Gesetzes über den Versicherungsvertrag ist die für die Durchführung der Überwachung nach § 64 zuständige Behörde.

(5) Die Bundesrepublik Deutschland und die Länder sind zur Deckungsvorsorge gemäß Absatz 1 nicht verpflichtet.

---

[1] § 94 Abs. 1 Satz 3 Nr. 2 geänd. durch Art. 1 Nr. 51 Ges. v. 9. 8. 1994 (BGBl. I S. 2071).

§ 94a[1] Örtliche Zuständigkeit

(1) Für Klagen, die auf Grund des § 84 erhoben werden, ist auch das Gericht zuständig, in dessen Bezirk der Kläger zur Zeit der Klageerhebung seinen Wohnsitz, in Ermangelung eines solchen seinen gewöhnlichen Aufenthaltsort hat.

(2) Absatz 1 bleibt bei der Ermittlung der internationalen Zuständigkeit der Gerichte eines ausländischen Staates nach § 328 Abs. 1 Nr. 1 der Zivilprozeßordnung außer Betracht.

Siebzehnter Abschnitt   **Straf- und Bußgeldvorschriften**

§ 95[2] Strafvorschriften

(1) Mit Freiheitsstrafe bis zu drei Jahren oder mit Geldstrafe wird bestraft, wer

1. entgegen § 5, auch in Verbindung mit § 73 Abs. 4 oder § 73a, Arzneimittel, bei denen begründeter Verdacht auf schädliche Wirkungen besteht, in den Verkehr bringt,
2. einer Rechtsverordnung nach § 6, die das Inverkehrbringen von Arzneimitteln untersagt, zuwiderhandelt, soweit sie für einen bestimmten Tatbestand auf diese Strafvorschrift verweist,
2a. entgegen § 6a Abs. 1 Arzneimittel zu Dopingzwecken im Sport in den Verkehr bringt, verschreibt oder bei anderen anwendet,
3. entgegen § 7 Abs. 1 radioaktive Arzneimittel oder Arzneimittel, bei deren Herstellung ionisierende Strahlen verwendet worden sind, in den Verkehr bringt,
4. entgegen § 43 Abs. 1 Satz 2, Abs. 2 oder 3 Satz 1 mit Arzneimitteln, die nur auf Verschreibung an Verbraucher abgegeben werden dürfen, Handel treibt oder diese Arzneimittel abgibt,
5. Arzneimittel, die nur auf Verschreibung an Verbraucher abgegeben werden dürfen, entgegen § 47 Abs. 1 an andere als dort bezeichnete Personen oder Stellen oder entgegen § 47 Abs. 1a abgibt oder entgegen § 47 Abs. 2 Satz 1 bezieht,
5a. entgegen § 47a Abs. 1 ein dort bezeichnetes Arzneimittel an andere als die dort bezeichneten Einrichtungen abgibt oder in den Verkehr bringt,
6. Arzneimittel, die zur Anwendung bei Tieren bestimmt sind, die der Gewinnung von Lebensmitteln dienen, und nur auf Verschreibung an Verbraucher

---

[1] § 94a eingef. durch Art. 1 Nr. 23 Ges. v. 24. 2. 1983 (BGBl. I S. 169).
[2] § 95 i. d. F. d. Art. 1 Nr. 24 Ges. v. 24. 2. 1983 (BGBl. I S. 169); Absatz 1 Nr. 1, 8 und 9 geändert, Nr. 10 angefügt durch Art. 1 Nr. 47 Ges. v. 11. 4. 1990 (BGBl. I S. 717); Absatz 1 geänd. durch Art. 1 Nr. 52 Ges. v. 9. 8. 1994 (BGBl. I S. 2071); Absatz 1 Nr. 11 angef. durch Art. 1 Nr. 23 Ges. v. 25. Februar 1998 (BGBl. I S. 374); Absatz 1 Nr. 2a eingef., Nr. 4 neugef., Absatz 3 Satz 2 Nr. 4 angef. durch Art. 1 Nr. 42 Ges. v. 7. 9. 1998 (BGBl. I S. 2649); **Absatz 1 Nr. 5a eingef. durch Art. 1 Nr. 4 Ges. v. 26. 7. 1999 (BGBl. I S. 1666).**

abgegeben werden dürfen, entgegen § 48 Abs. 1 oder entgegen § 49 Abs. 1 in Verbindung mit einer Rechtsverordnung nach § 49 Abs. 4 ohne Vorlage der erforderlichen Verschreibung abgibt,

7. Fütterungsarzneimittel entgegen § 56 Abs. 1 ohne die erforderliche Verschreibung an Tierhalter abgibt,

8. entgegen § 56a Abs. 1 Arzneimittel, die nur auf Verschreibung an Verbraucher abgegeben werden dürfen, verschreibt, abgibt oder anwendet,

9. Arzneimittel, die nur auf Verschreibung an Verbraucher abgegeben werden dürfen, entgegen § 57 Abs. 1 erwirbt,

10. entgegen § 58 Abs. 1 Satz 1 Arzneimittel, die nur auf Verschreibung an Verbraucher abgegeben werden dürfen, bei Tieren anwendet, die der Gewinnung von Lebensmitteln dienen oder

11. entgegen Artikel 5 Abs. 2 der Verordnung (EWG) Nr. 2377/90 einen Stoff einem dort genannten Tier verabreicht.

(2) Der Versuch ist strafbar.

(3) [1] In besonders schweren Fällen ist die Strafe Freiheitsstrafe von einem Jahr bis zu zehn Jahren. [2] Ein besonders schwerer Fall liegt in der Regel vor, wenn der Täter durch eine der in Absatz 1 bezeichneten Handlungen

1. die Gesundheit einer großen Zahl von Menschen gefährdet,

2. einen anderen in die Gefahr des Todes oder einer schweren Schädigung an Körper oder Gesundheit bringt,

3. aus grobem Eigennutz für sich oder einen anderen Vermögensvorteile großen Ausmaßes erlangt oder

4. im Falle des Absatzes 1 Nr. 2a Arzneimittel zu Dopingzwecken im Sport an Personen unter 18 Jahren abgibt oder bei diesen Personen anwendet.

(4) Handelt der Täter in den Fällen des Absatzes 1 fahrlässig, so ist die Strafe Freiheitsstrafe bis zu einem Jahr oder Geldstrafe.

§ 96[1] Strafvorschriften

Mit Freiheitsstrafe bis zu einem Jahr oder mit Geldstrafe wird bestraft, wer

1. einer Rechtsverordnung nach § 6, die die Verwendung bestimmter Stoffe, Zubereitungen aus Stoffen oder Gegenständen bei der Herstellung von Arzneimitteln vorschreibt, beschränkt oder verbietet, zuwiderhandelt, soweit sie für einen bestimmten Tatbestand auf diese Strafvorschrift verweist,

2. entgegen § 8 Abs. 1 Nr. 1, auch in Verbindung mit § 73 Abs. 4 oder § 73a, Arzneimittel herstellt oder in den Verkehr bringt, die in ihrer Qualität nicht unerheblich von den anerkannten pharmazeutischen Regeln abweichen,

---

[1] § 96 i. d. F. d. Art. 1 Nr. 25 Ges. v. 24. 2. 1983 (BGBl. I S. 169); Nr. 4 geänd. durch Art. 1 Nr. 45 Ges. v. 16. 8. 1986 (BGBl. I S. 1296) und durch § vg51 Nr. 3 Ges. v. 9. 8. 1994 (BGBl. I S. 2071), Nr. 2, 3 und 6 geändert, Nr. 11 a eingefügt durch Art. 1 Nr. 48 Ges. v. 11. 4. 1990 (BGBl. I S. 717); Nr. 6 geänd. durch Art. 1 Nr. 53 Ges. v. 9. 8. 1994 (BGBl. I S. 2071); Nr. 4 geänd. durch Art. 1 Nr. 7 Ges. v. 27. 4. 1993 (BGBl. I S. 514); Nr. 5, 6 und 13 geänd., Nr. 11 b eingef. und Nr. 15 und 16 angef. durch Art. 1 Nr. 24 Ges. v. 25. Februar 1998 (BGBl. I S. 374); Absatz 4 Nr. 9, 29, 31 geänd., Nr. 10 neugef. und Nr. 24c und 27 b eingef. durch Art. 1 Nr. 44 Ges. v. 7. 9. 1998 (BGBl. I S. 2649); **Nr. 10a eingef. durch Art. 1 Nr. 5 Ges. v. 26. 7. 1999 (BGBl. I S. 1666).**

3. entgegen § 8 Abs. 1 Nr. 2, auch in Verbindung mit § 73 Abs. 4 oder § 73a, Arzneimittel herstellt oder in den Verkehr bringt, die mit irreführender Bezeichnung, Angabe oder Aufmachung versehen sind,

4. Arzneimittel im Sinne des § 2 Abs. 1 oder Abs. 2 Nr. 1, Testsera oder Testantigene oder Wirkstoffe, die menschlicher oder tierischer Herkunft sind oder auf gentechnischem Wege hergestellt werden, entgegen § 13 Abs. 1 ohne Erlaubnis herstellt oder ohne die nach § 72 erforderliche Erlaubnis oder ohne die nach § 72a erforderliche Bestätigung oder Bescheinigung aus Ländern, die nicht Mitgliedstaaten der Europäischen Gemeinschaften oder andere Vertragsstaaten des Abkommens über den Europäischen Wirtschaftsraum sind, in den Geltungsbereich dieses Gesetzes verbringt,

5. entgegen § 21 Abs. 1 Fertigarzneimittel oder Arzneimittel, die zur Anwendung bei Tieren bestimmt sind, oder in einer Rechtsverordnung nach § 35 Abs. 1 Nr. 2 oder § 60 Abs. 3 bezeichnete Arzneimittel ohne Zulassung oder ohne Genehmigung der Kommission der Europäischen Gemeinschaften oder des Rates der Europäischen Union in den Verkehr bringt,

6. eine nach § 22 Abs. 1 Nr. 3, 5 bis 9, 11, 12, 14 oder 15, Abs. 3b oder 3c Satz 1 oder § 23 Abs. 2 Satz 2 oder 3 erforderliche Angabe nicht vollständig oder nicht richtig macht oder eine nach § 22 Abs. 2 oder 3, § 23 Abs. 1, Abs. 2 Satz 2 oder 3, Abs. 3, auch in Verbindung mit § 38 Abs. 2, erforderliche Unterlage oder durch vollziehbare Anordnung nach § 28 Abs. 3, 3a, 3c Satz 1 Nr. 2 oder Abs. 3d geforderte Unterlage nicht vollständig oder mit nicht richtigem Inhalt vorlegt,

7. entgegen § 30 Abs. 4 Satz 1 Nr. 1, auch in Verbindung mit einer Rechtsverordnung nach § 35 Abs. 1 Nr. 2, ein Arzneimittel in den Verkehr bringt,

8. entgegen § 32 Abs. 1 Satz 1, auch in Verbindung mit einer Rechtsverordnung nach § 35 Abs. 1 Nr. 3, eine Charge ohne Freigabe in den Verkehr bringt,

9. entgegen § 38 Abs. 1 Satz 1 Fertigarzneimittel als homöopathische Arzneimittel ohne Registrierung in den Verkehr bringt,

10. entgegen einer Vorschrift des § 40 Abs. 1 Nr. 1, 2, 3, 4, 5 oder 8, Abs. 4 oder des § 41 Nr. 1, jeweils auch in Verbindung mit § 73 Abs. 4, die klinische Prüfung eines Arzneimittels durchführt,

10a.entgegen § 47 Abs. 1 Satz 1 ein dort bezeichnetes Arzneimittel ohne Verschreibung abgibt, wenn die Tat nicht nach § 95 Abs. 1 Nr. 5a mit Strafe bedroht ist,

11. entgegen § 48 Abs. 1 oder entgegen § 49 Abs. 1 in Verbindung mit einer Rechtsverordnung nach § 49 Abs. 4, jeweils auch in Verbindung mit § 73 Abs. 4, ohne Vorlage der erforderlichen Verschreibung Arzneimittel abgibt, wenn die Tat nicht in § 95 Abs. 1 Nr. 6 mit Strafe bedroht ist,

11a.entgegen § 56a Abs. 4 Arzneimittel verschreibt oder abgibt,

11b.entgegen § 57 Abs. 1a Satz 1 in Verbindung mit einer Rechtsverordnung nach § 56a Abs. 3 Satz 1 Nr. 2 ein dort bezeichnetes Arzneimittel in Besitz hat,

12. entgegen § 59 Abs. 2 Lebensmittel gewinnt, bei denen mit Rückständen der angewendeten Arzneimittel oder ihrer Umwandlungsprodukte zu rechnen ist,

13. entgegen § 59a Abs. 1 oder 2 Stoffe oder Zubereitungen aus Stoffen erwirbt, anbietet, lagert, verpackt, mit sich führt oder in den Verkehr bringt,

14. ein zum Gebrauch bei Menschen bestimmtes Arzneimittel in den Verkehr bringt, obwohl die nach § 94 erforderliche Haftpflichtversicherung oder Freistellungs- oder Gewährleistungsverpflichtung nicht oder nicht mehr besteht,

15. entgegen Artikel 6 Abs. 1 der Verordnung (EWG) Nr. 2309/93 in Verbindung mit Artikel 4 Abs. 2 Nr. 3 bis 5, 7 oder 8 der Richtlinie 65/65/EWG des Rates vom 26. Januar 1965 zur Angleichung der Rechts- und Verwaltungsvorschriften über Arzneimittel (ABl. EG S. 369), diese zuletzt geändert durch Artikel 1 der Richtlinie 93/39/EWG des Rates vom 14. Juni 1993 zur Änderung der Richtlinien 65/65/EWG, 75/318/EWG und 75/319/EWG betreffend Arzneimittel (ABl. EG Nr. 214 S. 22), eine Angabe oder eine Unterlage nicht richtig oder nicht vollständig beifügt oder

16. entgegen Artikel 28 Abs. 1 der Verordnung (EWG) Nr. 2309/93 in Verbindung mit Artikel 5 Abs. 2 Nr. 3 bis 5, 8, 9 oder 10 der Richtlinie 81/851/ EWG des Rates vom 28. September 1981 zur Angleichung der Rechtsvorschriften der Mitgliedstaaten über Tierarzneimittel (ABl. EG Nr. L 317 S. 1), diese zuletzt geändert durch Artikel 1 der Richtlinie 93/40/EWG des Rates vom 14. Juni 1993 zur Änderung der Richtlinien 81/851/EWG und 81/852/EWG zur Angleichung der Rechtsvorschriften der Mitgliedstaaten über Tierarzneimittel (ABl. EG Nr. L 214 S. 31), eine Angabe oder eine Unterlage nicht richtig oder nicht vollständig beifügt.

§ 97[1]   Bußgeldvorschriften

(1) Ordnungswidrig handelt, wer eine der in § 96 bezeichneten Handlungen fahrlässig begeht.

(2) Ordnungswidrig handelt auch, wer vorsätzlich oder fahrlässig

1. entgegen § 8 Abs. 2, auch in Verbindung mit § 73 Abs. 4, Arzneimittel in den Verkehr bringt, deren Verfalldatum abgelaufen ist,

2. entgegen § 9 Abs. 1 Arzneimittel, die nicht den Namen oder die Firma des pharmazeutischen Unternehmers tragen, in den Verkehr bringt,

3. entgegen § 9 Abs. 2 Arzneimittel in den Verkehr bringt, ohne seinen Sitz im Geltungsbereich dieses Gesetzes oder in einem anderen Mitgliedstaat der Europäischen Gemeinschaften oder in einem anderen Vertragsstaat des Abkommens über den Europäischen Wirtschaftsraum zu haben,

4. entgegen § 10, auch in Verbindung mit **§ 109 Abs. 1 Satz 1 oder** einer Rechtsverordnung nach § 12 Abs. 1 Nr. 1, Arzneimittel ohne die vorgeschriebene Kennzeichnung in den Verkehr bringt,

---

1 § 97 i. d. F. d. Art. 1 Nr. 26 Ges. v. 24. 2. 1983 (BGBl. I S. 169), Absatz 2 Nr. 3, 5, 13, 30, 31 geänd., Nr. 12 a eingef., Nr. 7 geänd. durch Art. 1 Nr. 46 Ges. v. 16 .8. 1986 (BGBl. I S. 1296); Absatz 2 Nr. 5, 7, 23 und 24 geändert, Nr. 24 a und 24 b eingefügt durch Art. 1 Nr. 49 Ges. v. 11. 4. 1990 (BGBl. I S. 717); Absatz 2 Nr. 3 geänd. durch Art. 4 Nr. 8 Ges. v. 27. 4. 1993 (BGBl. I S. 514), Nr. 5 und 24 b geänd. und Nr. 2 a mit Wirkung vom 17. 8. 1996 eingef. durch Art. 1 Nr. 54 in Verbindung mit Art. 6 Abs. 2 Nr. 2 Ges. v. 9. 8. 1994 (BGBl. I S. 2071); Absatz 2 Nr. 7, Nr. 25 und Nr. 26 geänd., Nr. 24 b eingef. und Nr. 32 bis 35 sowie Absatz 4 angef., durch Art. 1 Nr. 25 Ges. v. 25. Februar 1998 (BGBl. I S. 374); **Absatz 2 Nr. 13 geänd., Nr. 13 a eingef. durch Art. 1 Nr. 6 Ges. v. 26. 7. 1999 (BGBl. I S. 1666); Absatz 2 Nr. 4 geänd. und Nr. 30 a eingef. durch Art. 1 Nr. 4 Ges. v. 4. 7. 2000 (BGBl. I S. 1002).**

5. entgegen § 11 Abs. 1 Satz 1 oder 3, Abs. 2, 2a, 3 Satz 1, 2 oder 4, Abs. 3a, 4 Satz 1, 2 oder 4, Abs. 5 Satz 2 oder Abs. 6 Satz 2, jeweils auch in Verbindung mit einer Rechtsverordnung nach § 12 Abs. 1 Nr. 1, Arzneimittel ohne die vorgeschriebene Packungsbeilage in den Verkehr bringt,

6. einer vollziehbaren Anordnung nach § 18 Abs. 2 zuwiderhandelt,

7. eine Anzeige nach § 20, nach § 29 Abs. 1, auch in Verbindung mit § 63a Abs. 1 Satz 3, oder nach § 67 Abs. 1, auch in Verbindung mit § 69a, Abs. 2, 3, 5 oder 6 nicht, nicht richtig, nicht vollständig oder nicht rechtzeitig erstattet,

8. entgegen § 30 Abs. 4 Satz 1 Nr. 2 oder § 73 Abs. 1 oder 1a Arzneimittel in den Geltungsbereich dieses Gesetzes verbringt,

9. entgegen einer Vorschrift des § 40 Abs. 1 Nr. 6 oder 7, auch in Verbindung mit § 73 Abs. 4, eine klinische Prüfung eines Arzneimittels durchführt,

10. entgegen § 43 Abs. 1, 2 oder 3 Satz 1 Arzneimittel berufs- oder gewerbsmäßig in den Verkehr bringt oder mit Arzneimitteln, die ohne Verschreibung an Verbraucher abgegeben werden dürfen, Handel treibt oder diese Arzneimittel abgibt,

11. entgegen § 43 Abs. 5 Satz 1 zur Anwendung bei Tieren bestimmte Arzneimittel, die für den Verkehr außerhalb der Apotheken nicht freigegeben sind, in nicht vorschriftsmäßiger Weise abgibt,

12. Arzneimittel, die ohne Verschreibung an Verbraucher abgegeben werden dürfen, entgegen § 47 Abs. 1 an andere als dort bezeichnete Personen oder Stellen oder entgegen § 47 Abs. 1a abgibt oder entgegen § 47 Abs. 2 Satz 1 bezieht,

12a. entgegen § 47 Abs. 4 Satz 1 Muster ohne schriftliche Anforderung, in einer anderen als der kleinsten Packungsgröße oder über die zulässige Menge hinaus abgibt oder abgeben läßt,

13. die in § 47 Abs. 1b oder Abs. 4 Satz 3 **oder in § 47a Abs. 2 Satz 2** vorgeschriebene Nachweise nicht oder nicht richtig führt, oder der zuständigen Behörde auf Verlangen nicht vorlegt,

13a. **entgegen § 47a Abs. 2 Satz 1 ein dort bezeichnetes Arzneimittel ohne die vorgeschriebene Kennzeichnung abgibt,**

14. entgegen § 50 Abs. 1 Einzelhandel mit Arzneimitteln betreibt,

15. entgegen § 51 Abs. 1 Arzneimittel im Reisegewerbe feilbietet oder Bestellungen darauf aufsucht,

16. entgegen § 52 Abs. 1 Arzneimittel im Wege der Selbstbedienung in den Verkehr bringt,

17. entgegen § 55 Abs. 8 Satz 1 oder 2 Arzneimittel zur Abgabe an den Verbraucher im Geltungsbereich dieses Gesetzes in den Verkehr bringt,

18. entgegen § 56 Abs. 2 Satz 1, Abs. 3 oder 4 Satz 1 oder 2 Fütterungsarzneimittel herstellt,

19. Fütterungsarzneimittel nicht nach § 56 Abs. 4 Satz 3 kennzeichnet,

20. entgegen § 56 Abs. 5 ein Fütterungsarzneimittel herstellt oder herstellen läßt,

21. entgegen § 56a Abs. 1 Arzneimittel, die ohne Verschreibung an Verbraucher abgegeben werden dürfen, verschreibt, abgibt oder anwendet,

22. Arzneimittel, die ohne Verschreibung an Verbraucher abgegeben werden dürfen, entgegen § 57 Abs. 1 erwirbt,

23. entgegen § 58 Abs. 1 Satz 2 Arzneimittel bei Tieren anwendet, die der Gewinnung von Lebensmitteln dienen,

24. einer Aufzeichnungs- oder Vorlagepflicht nach § 59 Abs. 4 zuwiderhandelt,

24a. entgegen § 59b die im Rückstandsnachweisverfahren nach § 23 Abs. 1 Nr. 2 nachzuweisenden Stoffe und die für die Durchführung eines Rückstandsnachweisverfahrens erforderlichen Stoffe nicht vorrätig hält oder auf Anforderung nicht überläßt,

24b. entgegen § 59c Satz 1, auch in Verbindung mit Satz 2, einen dort bezeichneten Nachweis nicht, nicht richtig oder nicht vollständig führt, nicht oder nicht mindestens drei Jahre aufbewahrt oder nicht oder nicht rechtzeitig vorlegt,

24c. entgegen § 63a Abs. 1 Satz 1 einen Stufenplanbeauftragten nicht beauftragt oder entgegen § 63a Abs. 3 eine Mitteilung nicht, nicht vollständig oder nicht rechtzeitig erstattet,

24d. entgegen § 63a Abs. 1 Satz 5 eine Tätigkeit als Stufenplanbeauftragter ausübt,

25. einer vollziehbaren Anordnung nach § 64 Abs. 4 Nr. 4, auch in Verbindung mit § 69a, zuwiderhandelt,

26. einer Duldungs- oder Mitwirkungspflicht nach § 66, auch in Verbindung mit § 69a, zuwiderhandelt,

27. entgegen einer vollziehbaren Anordnung nach § 74 Abs. 1 Satz 2 Nr. 3 eine Sendung nicht vorführt,

27a. entgegen § 74a Abs. 1 Satz 1 einen Informationsbeauftragten nicht beauftragt oder entgegen § 74a Abs. 3 eine Mitteilung nicht, nicht vollständig oder nicht rechtzeitig erstattet,

27b. entgegen § 74a Abs. 1 Satz 4 eine Tätigkeit als Informationsbeauftrager ausübt,

28. entgegen § 75 Abs. 1 Satz 1 eine Person als Pharmaberater beauftragt,

29. entgegen § 75 Abs. 1 Satz 3 eine Tätigkeit als Pharmaberater ausübt,

30. einer Aufzeichnungs-, Mitteilungs- oder Nachweispflicht nach § 76 Abs. 1 Satz 2 oder Abs. 2 zuwiderhandelt,

30a. entgegen § 109 Abs. 1 Satz 2 ein Fertigarzneimittel in den Verkehr bringt,

31. einer Rechtsverordnung nach § 7 Abs. 2 Satz 2, § 12 Abs. 1 Nr. 3 Buchstabe a, § 40 Abs. 5, § 54 Abs. 1, § 56a Abs. 3, § 57 Abs. 2, § 58 Abs. 2 oder § 74 Abs. 2 zuwiderhandelt, soweit sie für einen bestimmten Tatbestand auf diese Bußgeldvorschrift verweist,

32. entgegen Artikel 15 Abs. 2 oder Artikel 37 Abs. 2 der Verordnung (EWG) Nr. 2309/93, jeweils in Verbindung mit § 29 Abs. 4 Satz 2, die Europäische Agentur für die Beurteilung von Arzneimitteln oder die zuständige Bundesoberbehörde über etwaige neue Informationen nicht, nicht richtig, nicht vollständig oder nicht rechtzeitig unterrichtet,

33. entgegen Artikel 22 Abs. 1 Unterabs. 1 oder 2 oder Artikel 44 Abs. 1 Unterabs. 1 oder 2 der Verordnung (EWG) Nr. 2309/93, jeweils in Verbindung mit § 29 Abs. 4 Satz 2, nicht sicherstellt, daß der zuständigen Bundesoberbehörde oder der Europäischen Agentur für die Beurteilung von Arzneimitteln eine dort bezeichnete Nebenwirkung mitgeteilt wird,

34. entgegen Artikel 22 Abs. 2 Satz 1 oder Artikel 44 Abs. 2 Satz 1 der Ver-
     ordnung (EWG) Nr. 2309/93 eine dort bezeichnete Unterlage nicht, nicht
     richtig oder nicht vollständig führt oder

35. entgegen Artikel 1 der Verordnung (EG) Nr. 540/95 in Verbindung mit
     § 29 Abs. 4 Satz 2 nicht sicherstellt, daß der Europäischen Agentur für die
     Beurteilung von Arzneimitteln und der zuständigen Bundesoberbehörde
     eine dort bezeichnete Nebenwirkung mitgeteilt wird.

(3) Die Ordnungswidrigkeit kann mit einer Geldbuße bis zu fünfzigtausend
Deutsche Mark geahndet werden.

(4) Verwaltungsbehörde im Sinne des § 36 Abs. 1 Nr. 1 des Gesetzes über Ordnungswidrigkeiten ist in den Fällen des Absatzes 1 in Verbindung mit § 96 Nr. 6,
15 und 16, des Absatzes 2 Nr. 7 in Verbindung mit § 29 Abs. 1 und des Absatzes 2
Nr. 32 bis 35 die nach § 77 zuständige Bundesoberbehörde.

§ 98   Einziehung

[1] Gegenstände, auf die sich eine Straftat nach § 95 oder § 96 oder eine Ordnungswidrigkeit nach § 97 bezieht, können eingezogen werden. [2] § 74a des Strafgesetz-
buches und § 23 des Gesetzes über Ordnungswidrigkeiten sind anzuwenden.

Achtzehnter Abschnitt   Überleitungs- und Übergangsvorschriften

**Erster Unterabschnitt[1]   Überleitungsvorschriften aus Anlaß des Gesetzes zur
                              Neuordnung des Arzneimittelrechts**

§ 99   Arzneimittelgesetz 1961

Arzneimittelgesetz 1961 im Sinne dieses Gesetzes ist das Gesetz über den Verkehr mit Arzneimitteln vom 16. Mai 1961 (BGBl. I S. 533), zuletzt geändert
durch das Gesetz vom 2. Juli 1975 (BGBl. I S. 1745).

---

[1] Die Regelungen des Achtzehnten Abschnittes fassen die Überleitungs- und Übergangsvorschriften
des Gesetzes zur Neuordnung des Arzneimittelrechts und späterer Änderungsgesetze als Regelun-
gen in der Paragraphenfolge des Arzneimittelgesetzes mit neuen Überschriften entsprechend Art. 1
Nr. 57 ff Ges. v. 9. 8. 1994 (BGBl. I S. 2071).
Die §§ 100, 101, 102, 102 a, 103 bis 105, 105 a, 106 bis 108, 108 a, 108 b, 109 bis 114, 115 bis 118, 119 bis 124
entsprechen den bisherigen §§ 1, 2, 4, 4 a, 5 bis 7, 7 a, 8 bis 10, 10 a, 10 b, 11 bis 16, 18 bis 21, 24 bis 29 des
Artikels 3 des Gesetzes zur Neuordnung des Arzneimitterechts mit Änderungen durch Art. 1 Nr. 60
Ges. v. 9. 8. 1994 (BGBl. I S. 2071). Art. 3 § 3 des Neuordnungsgesetzes wird gestrichen, die §§ 22, 23
und 30 werden aufgehoben, § 17 wird aufgehoben mit Wirkung vom 17. 8. 1995 durch Art. 1 Nr. 61 in
Verbindung mit Art. 6 Nr. 1 Ges. v. 9. 8. 1994 (BGBl. I S. 2071).

§ 100[1]

(1) Eine Erlaubnis, die nach § 12 Abs. 1 oder § 19 Abs. 1 des Arzneimittelgesetzes 1961 erteilt worden ist und am 1. Januar 1978 rechtsgültig bestand, gilt im bisherigen Umfange als Erlaubnis im Sinne des § 13 Abs. 1 Satz 1 fort.

(2) Eine Erlaubnis, die nach § 53 Abs. 1 oder § 56 des Arzneimittelgesetzes 1961 als erteilt gilt und am 1. Januar 1978 rechtsgültig bestand, gilt im bisherigen Umfange als Erlaubnis nach § 13 Abs. 1 Satz 1 fort.

(3) War die Herstellung von Arzneimitteln nach dem Arzneimittelgesetz 1961 von einer Erlaubnis nicht abhängig, bedarf sie jedoch nach § 13 Abs. 1 Satz 1 einer Erlaubnis, so gilt diese demjenigen als erteilt, der die Tätigkeit der Herstellung von Arzneimitteln am 1. Januar 1978 seit mindestens drei Jahren befugt ausübt, jedoch nur, soweit die Herstellung auf bisher hergestellte oder nach der Zusammensetzung gleichartige Arzneimittel beschränkt bleibt.

§ 101[2]   (weggefallen)

§ 102

(1) Wer am 1. Januar 1978 die Tätigkeit des Herstellungsleiters befugt ausübt, darf diese Tätigkeit im bisherigen Umfang weiter ausüben.

(2) [1]Wer am 1. Januar 1978 die Sachkenntnis nach § 14 Abs. 1 des Arzneimittelgesetzes 1961 besitzt und die Tätigkeit als Herstellungsleiter nicht ausübt, darf die Tätigkeit als Herstellungsleiter ausüben, wenn er eine zweijährige Tätigkeit in der Arzneimittelherstellung nachweisen kann. [2]Liegt die praktische Tätigkeit vor dem 10. Juni 1965, ist vor Aufnahme der Tätigkeit ein weiteres Jahr praktischer Tätigkeit nachzuweisen.

(3) [1]Wer vor dem 10. Juni 1975 ein Hochschulstudium nach § 15 Abs. 1 begonnen hat, erwirbt die Sachkenntnis als Herstellungsleiter, wenn er bis zum 10. Juni 1985 das Hochschulstudium beendet und mindestens zwei Jahre lang eine Tätigkeit nach § 15 Abs. 1 und 3 ausgeübt hat. [2]Absatz 2 bleibt unberührt.

(4) Die Absätze 2 und 3 gelten entsprechend für eine Person, die die Tätigkeit als Kontrolleiter ausüben will.

§ 102 a[3]   (weggefallen)

---

[1] s. § 1 EG-Recht-Überleitungsverordnung (Anhang VII).
[2] § 101 aufgehoben durch Art. 1 Nr. 45 Ges. v. 7. 9. 1998 (BGBl. I S. 2649).
[3] § 102 a eingefügt durch Einigungsvertragsgesetz vom 23. September 1990 (BGBl. I S. 885, 1084), aufgeh. durch Art. 1 Nr. 45 Ges. v. 7. 9. 1998 (BGBl. I S. 2649).

§ 103[1]

(1) [1]Für Arzneimittel, die nach § 19a oder nach § 19d in Verbindung mit § 19a des Arzneimittelgesetzes 1961 am 1. Januar 1978 zugelassen sind oder für die am 1. Januar 1978 eine Zulassung nach Artikel 4 Abs. 1 des Gesetzes über die Errichtung eines Bundesamtes für Sera und Impfstoffe vom 7. Juli 1972 (BGBl. I S. 1163) als erteilt gilt, gilt eine Zulassung nach § 25 als erteilt. [2]Auf die Zulassung finden die §§ 28 bis 31 entsprechende Anwendung.

(2) (weggefallen)

§ 104[2] (weggefallen)

§ 105[2]

(1) Fertigarzneimittel, die Arzneimittel im Sinne des § 2 Abs. 1 oder Abs. 2 Nr. 1 sind und sich am 1. Januar 1978 im Verkehr befinden, gelten als zugelassen, wenn sie sich am 1. September 1976 im Verkehr befinden oder auf Grund eines Antrags, der bis zu diesem Zeitpunkt gestellt ist, in das Spezialitätenregister nach dem Arzneimittelgesetz 1961 eingetragen werden.

(2) [1]Fertigarzneimittel nach Absatz 1 müssen innerhalb einer Frist von sechs Monaten seit dem 1. Januar 1978 der zuständigen Bundesoberbehörde unter Mitteilung der Bezeichnung der wirksamen Bestandteile nach Art und Menge und der Anwendungsgebiete angezeigt werden. [2]Bei der Anzeige homöopathischer Arzneimittel kann die Mitteilung der Anwendungsgebiete entfallen. [3]Eine Ausfertigung der Anzeige ist der zuständigen Behörde unter Mitteilung der vorgeschriebenen Angaben zu übersenden. [4]Die Fertigarzneimittel dürfen nur weiter in den Verkehr gebracht werden, wenn die Anzeige fristgerecht eingeht.

(3) [1]Die Zulassung eines nach Absatz 2 fristgerecht angezeigten Arzneimittels erlischt abweichend von § 31 Abs. 1 Nr. 3 am 30. April 1990, es sei denn, daß ein

---

[1] §§ 103 und 104 aufgehoben durch Art. 1 Nr. 45 Ges. v. 7. 9. 1998 (BGBl. I S. 2649).

[2] § 105 Abs. 3 geändert durch Art. 3 Nr. 1 Ges. v. 24. 3. 1983 (BGBl. I S. 169); Absatz 3 Satz 1 geändert durch Ges. v. 22. 12. 1989 (BGBl. I S. 2462); Absatz 3 Satz 2 und Absatz 4 neugefaßt, Absatz 3 Satz 3 und Absätze 3a, 4a und 4b angefügt, Absatz 5 Satz 1 geändert durch Art. 2 Nr. 1 Ges.v. 11. 4. 1990 (BGBl. I S. 717); Absatz 3 Satz 4 angef., Absatz 3a Satz 2 zweiter Halbsatz angef., Satz 3 geänd., Absatz 4c und 4d eingef., Absatz 5 geänd. (1. Halbsatz mit Wirkung vom 1. Januar 1996 gemäß Art. 6 Abs. 2 Nr. 4 des Ges. v. 9. 8. 1994), Absatz 5a, 5b, 5c und 5d eingefügt durch Art. 1 Nr. 60 Buchstabe 1 Ges. v. 9. 8. 1994 (BGBl. I S. 2071); Absatz 3a Nr. 5 geänd. durch Art. 4 § 2 Ges. v. 24. 6. 1994 (BGBl. I S. 1416, 1419); Absatz 5c geänd. durch Art. 1 Nr. 2 Ges. v. 20. 12. 1996 (BGBl. I S. 2084); Absatz 4 Sätze 1 und 2 sowie Absatz 4a Satz 1 gestrichen durch Art. 1 Nr. 26 Ges. v. 25. Februar 1998 (BGBl. I S. 374); Absatz 3 Satz 3 gestrichen, Satz 4 geänd., Absatz 3a Sätze 1, 2 und 5 geänd., Absatz 4c Satz 2 und 4 angef. durch Art. 1 Nr. 46 Ges. v. 7. 9. 1998 (BGBl. I S. 2649); **Absatz 3 Satz 2 aufgehoben, Satz 2 neugef., Absatz 3a Satz 1 neugefaßt, Satz 2 geänd., Absatz 4 Satz 6 geänd. Absätze 4a, 4b und 4c eingef., Absatz 4a und 4e geänd., Absätze 4f, 5 und 5c neugefaßt sowie Absatz 5a, 5d und 7 geänd. sowie Absatz 6 aufgehoben durch Art. 1 Nr. 5 Ges. v. 4. 7. 2000 (BGBl. I S. 1002), wobei die Aufhebung von Absatz 3 Satz 2 und Absatz 6 nach Art. 4 Abs. 2 Nr. 1 des genannten Gesetzes am 1. 2. 2001 in Kraft tritt.**

Antrag auf Verlängerung der Zulassung oder auf Registrierung vor dem Zeitpunkt des Erlöschens gestellt wird, oder das Arzneimittel durch Rechtsverordnung von der Zulassung oder von der Registrierung freigestellt ist. [2] **§ 31 Abs. 4 Satz 1 findet auf die Zulassung nach Satz 1 Anwendung, sofern die Erklärung nach § 31 Abs. 1 Nr. 2 bis zum 31. Januar 2001 abgegeben wird.**

(3a) [1] **Bei Fertigarzneimitteln nach Absatz 1 ist bis zur erstmaligen Verlängerung der Zulassung eine Änderung nach § 29 Abs. 2a Satz 1 Nr. 1, soweit sie die Anwendungsgebiete betrifft, und Nummer 3 nur dann zulässig, sofern sie zur Behebung der von der zuständigen Bundesoberbehörde dem Antragsteller mitgeteilten Mängeln bei der Wirksamkeit oder Unbedenklichkeit erforderlich ist; im Übrigen findet auf Fertigarzneimittel nach Absatz 1 bis zur erstmaligen Verlängerung der Zulassung § 29 Abs. 2a Satz 1 Nr. 1, 2 und 5 keine Anwendung.** [2] Ein Fertigarzneimittel nach Absatz 1, **das nach einer im Homöopathischen Teil des Arzneibuches beschriebenen Verfahrenstechnik hergestellt ist,** darf bis zur erstmaligen Verlängerung der Zulassung abweichend von § 29 Abs. 3

1. in geänderter Zusammensetzung der arzneilich wirksamen Bestandteile nach Art und Menge, wenn die Änderung sich darauf beschränkt, daß ein oder mehrere bislang enthaltene arzneilich wirksame Bestandteile nach der Änderung nicht mehr oder in geringerer Menge enthalten sind,
2. mit geänderter Menge des arzneilich wirksamen Bestandteils und innerhalb des bisherigen Anwendungsbereiches mit geänderter Indikation, wenn das Arzneimittel insgesamt dem nach § 25 Abs. 7 Satz 1 in der vor dem 17. August 1994 geltenden Fassung bekanntgemachten Ergebnis angepaßt wird,
3. **(weggefallen)**
4. mit geänderter Menge der arzneilich wirksamen Bestandteile, soweit es sich um ein Arzneimittel mit mehreren wirksamen Bestandteilen handelt, deren Anzahl verringert worden ist, oder
5. mit geänderter Art oder Menge der arzneilich wirksamen Bestandteile ohne Erhöhung ihrer Anzahl innerhalb des gleichen Anwendungsbereichs und der gleichen Therapierichtung, wenn das Arzneimittel insgesamt einem nach § 25 Abs. 7 Satz 1 in der vor dem 17. August 1994 geltenden Fassung bekanntgemachten Ergebnis oder einem vom Bundesinstitut für Arzneimittel und Medizinprodukte vorgelegten Muster für ein Arzneimittel angepaßt und das Arzneimittel durch die Anpassung nicht verschreibungspflichtig wird,

in den Verkehr gebracht werden; eine Änderung ist nur dann zulässig sofern sie zur Behebung der von der zuständigen Bundesoberbehörde dem Antragsteller mitgeteilten Mängel bei der Wirksamkeit oder Unbedenklichkeit erforderlich ist. [3] Der pharmazeutische Unternehmer hat die Änderung anzuzeigen und im Falle einer Änderung der Zusammensetzung die bisherige Bezeichnung des Arzneimittels mindestens für die Dauer von fünf Jahren mit einem deutlich unterschiedlichen Zusatz, der Verwechslungen mit der bisherigen Bezeichnung ausschließt, zu versehen. [4] Nach einer Frist von sechs Monaten nach der Anzeige darf der pharmazeutische Unternehmer das Arzneimittel nur noch in der geänderten Form in den Verkehr bringen. [5] Hat die zuständige Bundesoberbehörde für bestimmte Arzneimittel durch Auflage nach § 28 Abs. 2 Nr. 3 die Verwendung einer Packungsbeilage mit einheitlichem Wortlaut vorgeschrieben, darf das Arzneimittel bei Änderungen nach Satz 2 Nr. 2 abweichend von § 109 Abs. 2 nur mit einer Packungsbeilage nach § 11 in den Verkehr gebracht werden.

(4) [1]Dem Antrag auf Verlängerung der Zulassung sind abweichend von § 31 Abs. 2 die Unterlagen nach § 22 Abs. 1 Nr. 1 bis 6 beizufügen. [2]Den Zeitpunkt der Einreichung der Unterlagen nach § 22 Abs. 1 Nr. 7 bis 15, Abs. 2 Nr. 1 und Abs. 3a, bei Arzneimittel-Vormischungen zusätzlich die Unterlagen nach § 23 Abs. 2 Satz 1 und 2 sowie das analytische Gutachten nach § 24 Abs. 1 bestimmt die zuständige Bundesoberbehörde im einzelnen. [3]Auf Anforderung der zuständigen Bundesoberbehörde sind ferner Unterlagen einzureichen, die die ausreichende biologische Verfügbarkeit der arzneilich wirksamen Bestandteile des Arzneimittels belegen, sofern das nach dem jeweiligen Stand der wissenschaftlichen Erkenntnisse erforderlich ist. [4]Ein bewertendes Sachverständigengutachten ist beizufügen. § 22 Abs. 2 und Abs. 4 bis 7 und § 23 Abs. 3 finden entsprechende Anwendung. [5]Die Unterlagen nach den Sätzen 4 bis 7 sind innerhalb von vier Monaten nach Anforderung der zuständigen Bundesoberbehörde einzureichen.

(4a) [1]**Zu dem Antrag auf Verlängerung der Zulassung nach Absatz 3 sind die Unterlagen nach § 22 Abs. 2 Nr. 2 und 3 sowie die Gutachten nach § 24 Abs. 1 Satz 2 Nr. 2 und 3 bis zum 1. Februar 2001 nachzureichen, soweit diese Unterlagen nicht bereits vom Antragsteller vorgelegt worden sind; § 22 Abs. 3 findet entsprechende Anwendung.** [2]**Satz 1 findet keine Anwendung auf Arzneimittel, die nach einer im Homöopathischen Teil des Arzneibuches beschriebenen Verfahrenstechnik hergestellt sind.** [3]**Für Vollblut, Plasma und Blutzellen menschlichen Ursprungs bedarf es abweichend von Satz 1 nicht der Unterlagen nach § 22 Abs. 2 Nr. 2 sowie des Gutachtens nach § 24 Abs. 1 Satz 2 Nr. 2, es sei denn, daß darin Stoffe enthalten sind, die nicht im menschlichen Körper vorkommen.** [4]**Ausgenommen in den Fällen des § 109a erlischt die Zulassung, wenn die in den Sätzen 1 bis 3 genannten Unterlagen nicht fristgerecht eingereicht worden sind.**

(4b) Bei der Vorlage der Unterlagen nach § 22 Abs. 2 Nr. 2 kann bei Tierarzneimitteln, die pharmakologisch wirksame Stoffe enthalten, die nach der Verordnung (EWG) Nr. 2377/90 geprüft und in einen von deren Anhängen I bis III aufgenommen worden sind, auf die nach deren Anhang V eingereichten Unterlagen Bezug genommen werden, soweit ein Tierarzneimittel mit diesem pharmakologisch wirksamen Bestandteil bereits in einem Mitgliedstaat der Europäischen Gemeinschaften zugelassen ist und die Voraussetzungen für eine Bezugnahme nach § 24a erfüllt sind.

(4c) Ist das Arzneimittel nach Absatz 3 bereits in einem anderen Mitgliedstaat der Europäischen Union oder anderen Vertragsstaat des Abkommens über den Europäischen Wirtschaftsraum entsprechend der Richtlinie 65/65/EWG oder der Richtlinie 81/851/EWG zugelassen, ist die Verlängerung der Zulassung zu erteilen, wenn

1. sich das Arzneimittel in dem anderen Mitgliedstaat im Verkehr befindet und
2. der Antragsteller
    a) alle in § 22 Abs. 6 vorgesehenen Angaben macht und die danach erforderlichen Kopien beifügt und

b) schriftlich erklärt, daß die eingereichten Unterlagen nach den Absätzen 4 und 4a mit den Zulassungsunterlagen übereinstimmen, auf denen die Zulassung in dem anderen Mitgliedstaat beruht,

es sei denn, daß die Verlängerung der Zulassung des Arzneimittels eine Gefahr für die öffentliche Gesundheit, bei Arzneimitteln zur Anwendung bei Tieren eine Gefahr für die Gesundheit von Mensch oder Tier oder für die Umwelt, darstellen kann.

(4d) [1]Dem Antrag auf Registrierung sind abweichend von § 38 Abs. 2 die Unterlagen nach § 22 Abs. 1 Nr. 1 bis 4 beizufügen. [2]Die Unterlagen nach § 22 Abs. 1 Nr. 7 bis 15 und Abs. 2 Nr. 1 sowie das analytische Gutachten nach § 24 Abs. 1 sind der zuständigen Bundesoberbehörde auf Anforderung einzureichen. [3]§ 22 Abs. 4 bis 7 mit Ausnahme des Entwurfs einer Fachinformation finden entsprechende Anwendung. [4]Die Unterlagen nach den Sätzen 2 und 3 sind innerhalb von zwei Monaten nach Anforderung der zuständigen Bundesoberbehörde einzureichen.

(4e) Für die Entscheidung über den Antrag auf Verlängerung der Zulassung oder Registrierung nach Absatz 3 Satz 1 finden § 25 Abs. 5 Satz 5 und § 39 Abs. 1 Satz 2 entsprechende Anwendung.

(4f) [1]Die Zulassung nach Absatz 1 ist auf Antrag nach Absatz 3 Satz 1 um fünf Jahre zu verlängern, wenn kein Versagungsgrund nach § 25 Abs. 2 vorliegt; für weitere Verlängerungen findet § 31 Anwendung. [2]Die Besonderheiten einer bestimmten Therapierichtung (Phytotherapie, Homöopathie, Antroposophie) sind zu berücksichtigen.

(4g) Bei Arzneimitteln, die Blutzubereitungen sind, findet § 25 Abs. 8 entsprechende Anwendung.

(5) [1]Bei Beanstandungen hat der Antragsteller innerhalb einer angemessenen Frist, jedoch höchstens innerhalb von zwölf Monaten nach Mitteilung der Beanstandungen, den Mängeln abzuhelfen; die Mängelbeseitigung ist in einem Schriftsatz darzulegen. [2]Wird den Mängeln nicht innerhalb dieser Frist abgeholfen, so ist die Zulassung zu versagen. [3]Nach einer Entscheidung über die Versagung der Zulassung ist das Einreichen von Unterlagen zur Mängelbeseitigung ausgeschlossen. [4]Die zuständige Bundesbehörde hat in allen geeigneten Fällen keine Beanstandung nach Satz 1 erster Halbsatz auszusprechen, sondern die Verlängerung der Zulassung auf der Grundlage des Absatzes 5a Satz 1 und 2 mit einer Auflage zu verbinden, mit der dem Antragsteller aufgegeben wird, die Mängel innerhalb einer von ihr nach pflichtgemäßem Ermessen zu bestimmenden Frist zu beheben.

(5a) [1]Die zuständige Bundesoberbehörde kann die Verlängerung der Zulassung nach Absatz 3 Satz 1 mit Auflagen verbinden. [2]Auflagen können neben der Sicherstellung der in § 28 Abs. 2 genannten Anforderungen auch die Gewährleistung von Anforderungen an die Qualität, Unbedenklichkeit und Wirksamkeit zum Inhalt haben, es sei denn, daß wegen gravierender Mängel der pharmazeutischen Qualität, der Wirksamkeit oder der Unbedenklichkeit Beanstandungen nach Absatz 5 mitgeteilt oder die Verlängerung der Zulassung versagt werden muß. [3]**Satz 2 gilt entsprechend für die Anforderung von Unterlagen nach § 23 Abs. 1 Nr. 1.** [4]Im Bescheid über die Verlängerung ist anzugeben, ob der Auflage unverzüglich oder bis zu einem von der zuständigen Bundesoberbehörde festgelegten Zeitpunkt entsprochen werden muß. [5]Die Erfüllung der Auflagen ist der zuständigen Bundesoberbehörde unter Beifügung einer eidesstattlichen Erklärung eines unabhängigen Gegensachverständigen mitzuteilen, in der bestätigt wird, daß die Qualität des Arzneimittels dem Stand der wissenschaftlichen Erkenntnisse entspricht. **[6]§ 25 Abs. 5, 6 und 8 sowie § 30 Abs. 2 Satz 1 Nr. 2 zweite Alternative gelten entsprechend. [7]Die Sätze 1 bis 6 gelten entsprechend für die Registrierung nach Absatz 3 Satz 1.**

(5b) [1]Ein Vorverfahren nach § 68 der Verwaltungsgerichtsordnung findet bei Rechtsmitteln gegen die Entscheidung über die Verlängerung der Zulassung nach Absatz 3 Satz 1 nicht statt. [2]Die sofortige Vollziehung soll nach § 80 Abs. 2 Nr. 4 der Verwaltungsgerichtsordnung angeordnet werden, es sei denn, daß die Vollziehung für den pharmazeutischen Unternehmer eine unbillige, nicht durch überwiegende öffentliche Interessen gebotene Härte zur Folge hätte.

(5c) [1]Abweichend von Absatz 3 Satz 1 erlischt die Zulassung eines nach Absatz 2 fristgerecht angezeigten Arzneimittels, für das der pharmazeutische Unternehmer bis zum 31. Dezember 1999 erklärt hat, daß er den Antrag auf Verlängerung der Zulassung nach Absatz 3 Satz 1 zurücknimmt, am 1. Februar 2001, es sei denn, das Verfahren zur Verlängerung der Zulassung ist nach Satz 2 wieder aufzugreifen. [2]Hatte der pharmazeutische Unternehmer nach einer vor dem 17. August 1994 ausgesprochenen Anforderung nach Absatz 4 Satz 2 die nach Absatz 4 erforderlichen Unterlagen fristgerecht eingereicht oder lag der Einreichungszeitpunkt für das betreffende Arzneimittel nach diesem Datum oder ist die Anforderung für das betreffende Arzneimittel erst nach diesem Datum ausgesprochen worden, so ist das Verfahren zur Verlängerung der Zulassung von der zuständigen Bundesoberbehörde auf seinen Antrag wieder aufzugreifen; der Antrag ist bis zum 31. Januar 2001 unter Vorlage der Unterlagen nach Absatz 4a Satz 1 zu stellen.

(5d) **Der Absatz 3 Satz 2 und Absätze 3a bis 5c** gelten entsprechend für Arzneimittel, für die gemäß § 4 Abs. 2 der EG-Rechtüberleitungsverordnung vom 18. Dezember 1990 (BGBl. I S. 2915) Anlage 3 zu § 2 Nr. 2 Kapitel II Nr. 1 und 2 bis zum 30. Juni 1991 ein Verlängerungsantrag gestellt wurde.

(6) **(weggefallen)**

(7) Die Absätze 1 bis **5d** gelten auch für zur Anwendung bei Tieren bestimmte Arzneimittel, die keine Fertigarzneimittel sind, soweit sie der Pflicht zur Zulassung oder Registrierung unterliegen und sich am 1. Januar 1978 im Verkehr befinden.

§ 105 a[1]

(1) (weggefallen)

(2) (weggefallen)

---

[1] § 105a eingef. durch Art. 1 Ges. v. 20. 7. 1988 (BGBl. I S. 1050); Abs. 1 Satz 1 und Abs. 3 geändert durch Art. 1 Nr. 2 Ges. v. 11. 4. 1990 (BGBl. I S. 717); Abs. 1 und 2 aufgeh. durch Art. 1 Nr. 59 Buchst. h Ges. v. 9. 8. 1994 (BGBl. I S. 2071)

(3) Die zuständige Bundesoberbehörde kann bei Fertigarzneimitteln, die nicht der Verschreibungspflicht nach § 49 unterliegen, zunächst von einer Prüfung der vorgelegten Fachinformation absehen und den pharmazeutischen Unternehmer von den Pflichten nach § 11a und den Pharmaberater von der Pflicht nach § 76 Abs. 1 Satz 1 freistellen, bis der einheitliche Wortlaut einer Fachinformation für entsprechende Arzneimittel durch Auflage nach § 28 Abs. 2 Nr. 3 angeordnet ist.

(4) Die Absätze 1 bis 3 gelten nicht für Arzneimittel, die zur Anwendung bei Tieren bestimmt sind oder die in die Zuständigkeit des Paul-Ehrlich-Instituts fallen.

105b[1]

Der Anspruch auf Zahlung von Kosten, die nach § 33 Abs. 1 in Verbindung mit einer nach § 33 Abs. 2 oder einer nach § 39 Abs. 3 erlassenen Rechtsverordnung für die Verlängerung der Zulassung oder die Registrierung eines Fertigarzneimittels im Sinne des § 105 Abs. 1 zu erheben sind, verjährt mit Ablauf des vierten Jahres nach der Bekanntgabe der abschließenden Entscheidung über die Verlängerung der Zulassung an den Antragsteller.

§ 106[2]   (weggefallen)

§ 107[3]   (weggefallen)

§ 108[3]   (weggefallen)

§ 108a[4]

[1] Die Charge eines Serums, eines Impfstoffes, eines Testallergens, eines Testserums oder eines Testantigens, die bei Wirksamwerden des Beitritts nach § 16 der Zweiten Durchführungsbestimmung zum Arzneimittelgesetz vom 1. Dezember 1986 (GBl. I Nr. 36 S. 483) freigegeben ist, gilt in dem in Artikel 3 des Einigungsvertrages genannten Gebiet als freigegeben im Sinne des § 32 Abs. 1 Satz 1. [2] Auf die Freigabe findet § 32 Abs. 5 entsprechende Anwendung.

§ 108b[2]   (weggefallen)

---

[1] § 105b eingef. durch Art. 1 Nr. 47 Ges. v. 7. 9. 1998 (BGBl. I S. 2649).
[2] §§ 106 und 107 aufgeh. durch Art. 1 Nr. 45 Ges. v. 7. 9. 1998 (BGBl. I S. 2649).
[3] § 108 aufgehoben durch Art. 1 Nr. 45 Ges. v. 7. 9. 1998 (BGBl I S. 2649).
[4] §§ 108a und 108b eingefügt durch Einigungsvertragsgesetz vom 23. September 1990 (BGBl. II S. 985, 1084); § 108b aufgehoben durch Art. 1 Nr. 45 Ges. v. 7. 9. 1998 (BGBl. I S. 2649).

§ 109[1]

(1) [1]Auf Fertigarzneimittel, die Arzneimittel im Sinne des § 2 Abs. 1 oder Abs. 2 Nr. 1 sind und sich am 1. Januar 1978 im Verkehr befunden haben, findet § 10 mit der Maßgabe Anwendung, daß anstelle der in §10 Abs. 1 Satz 1 Nr. 3 genannten Zulassungsnummer, soweit vorhanden, die Registriernummer des Spezialitätenregisters nach dem Arzneimittelgesetz 1961 mit der Abkürzung „Reg.-Nr." tritt. [2]Fertigarzneimittel nach Satz 1 und nach § 105 Abs. 5d dürfen nur in den Verkehr gebracht werden, wenn in die Packungsbeilage nach § 11 der nachstehende Hinweis aufgenommen wird: „Dieses Arzneimittel ist nach den gesetzlichen Übergangsvorschriften im Verkehr. Die behördliche Prüfung auf pharmazeutische Qualität, Wirksamkeit und Unbedenklichkeit ist noch nicht abgeschlossen." [3]Der Hinweis nach Satz 2 ist auch in die Fachinformation nach § 11a, soweit vorhanden, aufzunehmen. [4]Die Sätze 1 bis 4 gelten bis zur ersten Verlängerung der Zulassung oder der Registrierung.

(2) [1]Die Texte für Kennzeichnung und Packungsbeilage sind spätestens bis zum 31. Juli 2001 vorzulegen. [2]Bis zu diesem Zeitpunkt dürfen Arzneimittel nach Absatz 1 Satz 1 vom pharmazeutischen Unternehmer, nach diesem Zeitpunkt weiterhin von Groß- und Einzelhändlern, mit einer Kennzeichnung und Packungsbeilage in den Verkehr gebracht werden, die den bis zu dem in Satz 1 genannten Zeitpunkt geltenden Vorschriften entspricht.

(3) [1]Fertigarzneimittel, die Arzneimittel im Sinne des § 105 Abs. 1 und nach § 44 Abs. 1 oder Abs. 2 Nr. 1 bis 3 oder § 45 für den Verkehr außerhalb der Apotheken freigegeben sind und unter die Buchstaben a bis e fallen, dürfen unbeschadet der Regelungen der Absätze 1 und 2 ab 1. Januar 1992 vom pharmazeutischen Unternehmer nur in den Verkehr gebracht werden, wenn sie auf dem Behältnis und, soweit verwendet, der äußeren Umhüllung und einer Packungsbeilage einen oder mehrere der folgenden Hinweise tragen:

„Traditionell angewendet:

a) zur Stärkung oder Kräftigung,
b) zur Besserung des Befindens,
c) zur Unterstützung der Organfunktion,
d) zur Vorbeugung,
e) als mild wirkendes Arzneimittel."

[2]Satz 1 findet keine Anwendung, soweit sich die Anwendungsgebiete im Rahmen einer Zulassung nach § 25 Abs. 1 oder eines nach § 25 Abs. 7 Satz 1 **in der vor dem 17. August 1994 geltenden Fassung** bekanntgemachten Ergebnisses halten.

---

[1] § 109 Abs. 3 angefügt durch Art. 2 Nr. 3 Ges. v. 11. 4. 1990 (BGBl. I S. 717); **Absatz 1 und 2 neugef., Absatz 3 Satz 2 geänd. durch Art. 1. Nr. 6 Ges. v. 4. 7. 2000 (BGBl. I S. 1002), wobei diese Änderungen nach Art. 4 Abs. Nr. 2 des genannten Gesetzes am 1. 8. 2001 in Kraft treten.**

§ 109 a[1]

(1) Für die in § 109 Abs. 3 genannten Arzneimittel sowie für Arzneimittel, die nicht verschreibungspflichtig und nicht durch eine Rechtsverordnung auf Grund des § 45 oder des § 46 wegen ihrer Inhaltsstoffe, wegen ihrer Darreichungsform oder weil sie chemische Verbindungen mit bestimmten pharmakologischen Wirkungen sind oder ihnen solche zugesetzt sind, vom Verkehr außerhalb der Apotheken ausgeschlossen sind, kann die Verlängerung der Zulassung nach § 105 Abs. 3 und sodann nach § 31 nach Maßgabe der Absätze 2 und 3 erteilt werden.

(2) [1]Die Anforderungen an die erforderliche Qualität sind erfüllt, wenn die Unterlagen nach § 22 Abs. 2 Nr. 1 sowie das analytische Gutachten nach § 24 Abs. 1 vorliegen und von seiten des pharmazeutischen Unternehmers eidesstattlich versichert wird, daß das Arzneimittel nach Maßgabe der allgemeinen Verwaltungsvorschrift nach § 26 geprüft ist und die erforderliche pharmazeutische Qualität aufweist. [2]Form und Inhalt der eidesstattlichen Versicherung werden durch die zuständige Bundesoberbehörde festgelegt.

(3) [1]Die Anforderungen an die Wirksamkeit sind erfüllt, wenn das Arzneimittel Anwendungsgebiete beansprucht, die in einer von der zuständigen Bundesoberbehörde nach Anhörung von einer vom Bundesministerium berufenen Kommission, für die § 25 Abs. 6 Satz 4 bis 6 entsprechende Anwendung findet, erstellten Aufstellung der Anwendungsgebiete für Stoffe oder Stoffkombinationen anerkannt sind. [2]Diese Anwendungsgebiete werden unter Berücksichtigung der Besonderheiten der Arzneimittel und der tradierten und dokumentierten Erfahrung festgelegt und erhalten den Zusatz: „Traditionell angewendet". [3]Solche Anwendungsgebiete sind: „Zur Stärkung oder Kräftigung des...", „Zur Besserung des Befindens...", „Zur Unterstützung der Organfunktion des...", „Zur Vorbeugung gegen...", „Als mild wirkendes Arzneimittel bei...". [4]Anwendungsgebiete, die zur Folge haben, daß das Arzneimittel vom Verkehr außerhalb der Apotheken ausgeschlossen ist, dürfen nicht anerkannt werden.

(4) Die Absätze 1 bis 3 finden nur dann Anwendung, wenn Unterlagen nach § 105 Abs. 4a nicht eingereicht worden sind und der Antragsteller schriftlich erklärt, daß er eine Verlängerung der Zulassung nach § 105 Abs. 3 nach Maßgabe der Absätze 2 und 3 anstrebt.

§ 110

[1]Bei Arzneimitteln, die nach § 21 der Pflicht zur Zulassung oder nach § 38 der Pflicht zur Registrierung unterliegen und die sich am 1. Januar 1978 im Verkehr befinden, kann die zuständige Bundesoberbehörde durch Auflagen Warnhinweise anordnen, soweit es erforderlich ist, um bei der Anwendung des Arzneimittels eine unmittelbare oder mittelbare Gefährdung von Mensch oder Tier zu

---

[1] § 109 a eingef. durch Art. 1 Nr. 59 Buchst. b Ges. V. 9. 8. 1994 (BGBl. I S. 2071); Absatz 1 geänd. durch Art. 1 Nr. 47 Ges. v. 7. 9. 1998 (BGBl. I S. 2649); **Absatz 4 angef. durch Art. 1 Nr. 6a Ges. v. 4. 7. 2000 (BGBl. I S. 1002).**

verhüten. [2]§ 38a des Arzneimittelgesetzes 1961 in Verbindung mit Artikel 9 Nr. 1 des Gesetzes zur Neuordnung des Arzneimittelrechts bleibt unberührt.

§ 111[1] (weggefallen)

§ 112

Wer am 1. Januar 1978 Arzneimittel im Sinne des § 2 Abs. 1 oder Abs. 2 Nr. 1, die zum Verkehr außerhalb der Apotheken freigegeben sind, im Einzelhandel außerhalb der Apotheken in den Verkehr bringt, kann diese Tätigkeit weiter ausüben, soweit er nach dem Gesetz über die Berufsausübung im Einzelhandel vom 5. August 1957 (BGBl. I S. 1121), geändert durch Artikel 150 Abs. 2 Nr. 15 des Gesetzes vom 24. Mai 1968 (BGBl. I S. 503), dazu berechtigt war.

§ 113

Arzneimittel dürfen abweichend von § 58 Abs. 1 angewendet werden, wenn aus der Kennzeichnung oder den Begleitpapieren hervorgeht, daß das Arzneimittel nach § 105 Abs. 1 weiter in den Verkehr gebracht werden darf.

§ 114[2] (weggefallen)

§ 115

Eine Person, die am 1. Januar 1978 die Tätigkeit eines Pharmaberaters nach § 75 ausübt, bedarf des dort vorgeschriebenen Ausbildungsnachweises nicht.

§ 116

[1]Ärzte, die am 1. Januar 1978 nach landesrechtlichen Vorschriften zur Herstellung sowie zur Abgabe von Arzneimitteln an die von ihnen behandelten Personen berechtigt sind, dürfen diese Tätigkeit im bisherigen Umfang weiter ausüben. [2]§ 78 findet Anwendung.

§ 117[2] (weggefallen)

---

[1] § 111 aufgehoben durch Art. 1 Nr. 45 Ges. v. 7. 9. 1998 (BGBl. I S. 2649).
[2] §§ 114 und 117 aufgehoben durch Art. 1 Nr. 45 Ges. v. 7. 9. 1998 (BGBl. I S. 2649).

§ 118

§ 84 gilt nicht für Schäden, die durch Arzneimittel verursacht werden, die vor dem 1. Januar 1978 abgegeben worden sind.

§ 119[1]

[1] Fertigarzneimittel, die Arzneimittel im Sinne des § 2 Abs. 1 oder Abs. 2 Nr. 1 sind und sich bei Wirksamwerden des Beitritts in dem in Artikel 3 des Einigungsvertrages genannten Gebiet im Verkehr befinden, dürfen ohne die in § 11 vorgeschriebene Packungsbeilage noch von Groß- und Einzelhändlern in Verkehr gebracht werden, sofern sie den vor Wirksamwerden des Beitritts geltenden arzneimittelrechtlichen Vorschriften der Deutschen Demokratischen Republik entsprechen. [2] Die zuständige Bundesoberbehörde kann durch Auflagen Warnhinweise anordnen, soweit es erforderlich ist, um bei der Anwendung des Arzneimittels eine unmittelbare oder mittelbare Gefährdung von Mensch oder Tier zu verhüten.

§ 120[2]

Bei einer klinischen Prüfung, die bei Wirksamwerden des Beitritts in dem in Artikel 3 des Einigungsvertrages genannten Gebiet durchgeführt wird, ist die Versicherung nach § 40 Abs. 1 Nr. 8 abzuschließen.

§ 121[2] (weggefallen)

§ 122[2]

Die Anzeigepflicht nach § 67 gilt nicht für Betriebe, Einrichtungen und für Personen in dem in Artikel 3 des Einigungsvertrages genannten Gebiet, die bereits bei Wirksamwerden des Beitritts eine Tätigkeit im Sinne jener Vorschrift ausüben.

§ 123[2]

Die erforderliche Sachkenntnis als Pharmaberater nach § 75 Abs. 2 Nr. 2 besitzt auch, wer in dem in Artikel 3 des Einigungsvertrages genannten Gebiet eine Ausbildung als Pharmazieingenieur, Apothekenassistent oder Veterinäringenieur abgeschlossen hat.

---

[1] Eingefügt durch Anlage I Kapitel X Sachgebiet D Abschnitt II Nr. 23 Einigungsvertragsgesetz vom 23. September 1990 (BGBl. I S. 885, 1084); Satz 1 geänd. durch Art. 1 Nr. 48 Ges. v. 7. 9. 1998 (BGBl. I S. 2649).

[2] Eingefügt durch Einigungsvertragsgesetz vom 23. September 1990 (BGBl. I S. 885, 1084), aufgehoben durch Art. 1 Nr. 45 Ges. v. 7. 9. 1998 (BGBl. I S. 2649).

§ 124[1]

Die §§ 84 bis 94a sind nicht auf Arzneimittel anwendbar, die in dem in Artikel 3 des Einigungsvertrages genannten Gebiet vor Wirksamwerden des Beitritts an den Verbraucher abgegeben worden sind.

Zweiter Unterabschnitt **Übergangsvorschriften aus Anlaß des Ersten Gesetzes zur Änderung des Arzneimittelgesetzes**

§ 125[2]

(1) Die zuständige Bundesoberbehörde bestimmt nach Anhörung der Kommissionen nach § 25 Abs. 6 und 7 für Arzneimittel, die am 2. März 1983 zugelassen sind, die Frist, innerhalb derer die Unterlagen über die Kontrollmethode nach § 23 Abs. 2 Satz 3 vorzulegen sind.

(2) Für Arzneimittel, deren Zulassung nach dem 1. März 1983 und vor dem 4. März 1998 beantragt worden ist, gelten die Vorschriften des § 23 mit der Maßgabe, daß Unterlagen über die Kontrollmethoden nicht vor dem aus Absatz 1 sich ergebenden Zeitpunkt vorgelegt werden müssen.

(3) Ist eine Frist für die Vorlage von Unterlagen über die Kontrollmethode nach Absatz 1 bestimmt worden und werden Unterlagen nicht vorgelegt oder entsprechen sie nicht den Anforderungen des § 23 Abs. 2 Satz 3, kann die Zulassung widerrufen werden.

§ 126[3]

Für Arzneimittel, die zur Anwendung bei Tieren bestimmt sind und die bei Wirksamwerden des Beitritts in dem in Artikel 3 des Einigungsvertrages genannten Gebiet zugelassen sind, gilt § 125 Abs. 1 und 3 entsprechend.

Dritter Unterabschnitt **Übergangsvorschriften aus Anlaß des Zweiten Gesetzes zur Änderung des Arzneimittelgesetzes[4]**

§ 127

(1) [1]Arzneimittel, die sich am 1. Februar 1987 im Verkehr befinden und den Kennzeichnungsvorschriften des § 10 unterliegen, müssen ein Jahr nach der

---

[1] v. 24. 2. 1983 (BGBl. I S. 169)
[2] § 125 Abs. 2 neugef. durch Art. 1 Nr. 65 Ges. v. 9. 8. 1994 (BGBl. I S. 2071); Absatz 1 neugef., Absätze 2 und 3 geänd. durch Art. 1 Nr. 27 Ges. v. 25. Februar 1998 (BGBl. I S. 374).
[3] Eingefügt durch Einigungsvertragsgesetz vom 23. September 1990 (BGBl. I S. 985, 1085); neugef. durch Art. 1 Nr. 63 Ges. v. 9. 8. 1994 (BGBl. I S. 2071).
[4] v. 24. 2. 1983 (BGBl. I S. 169)

ersten auf den 1. Februar 1987 erfolgenden Verlängerung der Zulassung oder nach der Freistellung von der Zulassung, oder, soweit sie homöopathische Arzneimittel sind, fünf Jahre nach dem 1. Februar 1987 vom pharmazeutischen Unternehmer entsprechend der Vorschrift des § 10 Abs. 1 Nr. 9 in den Verkehr gebracht werden. [2] Bis zu diesem Zeitpunkt dürfen Arzneimittel nach Satz 1 vom pharmazeutischen Unternehmer, nach diesem Zeitpunkt weiterhin von Groß- und Einzelhändlern ohne Angabe eines Verfalldatums in den Verkehr gebracht werden, wenn die Dauer der Haltbarkeit mehr als drei Jahre oder bei Arzneimitteln, für die die Regelung des § 109 gilt, mehr als zwei Jahre beträgt. § 109 bleibt unberührt.

(2) Arzneimittel, die sich am 1. Februar 1987 im Verkehr befinden und den Kennzeichnungsvorschriften des § 10 Abs. 1a unterliegen, dürfen vom pharmazeutischen Unternehmer noch bis zum 31. Dezember 1988, von Groß- und Einzelhändlern auch nach diesem Zeitpunkt ohne die Angaben nach § 10 Abs. 1a in den Verkehr gebracht werden.

§ 128[1]

(1) [1] Der pharmazeutische Unternehmer hat für Fertigarzneimittel, die sich am 1. Februar 1987 im Verkehr befinden, mit dem ersten auf den 1. Februar 1987 gestellten Antrag auf Verlängerung der Zulassung oder Registrierung der zuständigen Bundesoberbehörde den Wortlaut der Fachinformation vorzulegen. [2] Satz 1 gilt nicht, soweit die zuständige Bundesoberbehörde bis auf weiteres Arzneimittel, die nicht der Verschreibungspflicht nach § 49 unterliegen, von den Pflichten nach § 11a freigestellt hat; in diesem Fall ist der Entwurf der Fachinformation nach Aufforderung der zuständigen Bundesoberbehörde vorzulegen.

(2) [1] In den Fällen des Absatzes 1 gelten die §§ 11a, 47 Abs. 3 Satz 2 und § 76 Abs. 1 ab dem Zeitpunkt der Verlängerung der Zulassung oder Registrierung oder der Festlegung einer Fachinformation durch § 36 Abs. 1 oder in den Fällen des Absatzes 1 Satz 2 sechs Monate nach der Entscheidung der zuständigen Bundesoberbehörde über den Inhalt der Fachinformation. [2] Bis zu diesem Zeitpunkt dürfen Fertigarzneimittel in den Verkehr gebracht werden, bei denen die Packungsbeilage nicht den Vorschriften des § 11 Abs. 1 in der Fassung des Zweiten Gesetzes zur Änderung des Arzneimittelgesetzes entspricht.

§ 129

§ 11 Abs. 1a findet auf Arzneimittel, die sich am 1. Februar 1987 im Verkehr befinden, mit der Maßgabe Anwendung, daß ihre Packungsbeilage nach der nächsten Verlängerung der Zulassung oder Registrierung der zuständigen Behörde zu übersenden ist.

---

[1] § 128 Abs. 1 Satz 2 angefügt und Absatz 2 Satz 1 geändert durch Art. 4 Ges. v. 11. 4. 1990 (BGBl. I S. 717).

§ 130

Wer am 1. Februar 1987 als privater Sachverständiger zur Untersuchung von Proben nach § 65 Abs. 2 bestellt ist, darf diese Tätigkeit im bisherigen Umfang weiter ausüben.

§ 131[1]

Für die Verpflichtung zur Vorlage oder Übersendung einer Fachinformation nach § 11a gilt § 128 für Arzneimittel, die sich bei Wirksamwerden des Beitritts in dem in Artikel 3 des Einigungsvertrages genannten Gebiet in Verkehr befinden, entsprechend.

Vierter Unterabschnitt   Übergangsvorschriften aus Anlaß des Fünften Gesetzes zur Änderung des Arzneimittelgesetzes[2]

§ 132[3]

(1) [1]Arzneimittel, die sich am 17. August 1994 im Verkehr befinden und den Vorschriften der §§ 10 und 11 unterliegen, müssen ein Jahr nach der ersten auf den 17. August 1994 erfolgenden Verlängerung der Zulassung oder, soweit sie von der Zulassung freigestellt sind, zu dem in der Rechtsverordnung nach § 36 genannten Zeitpunkt oder, soweit sie homöopathische Arzneimittel sind, fünf Jahre nach dem 17. August 1994 vom pharmazeutischen Unternehmer entsprechend den Vorschriften der §§ 10 und 11 in den Verkehr gebracht werden. [2]Bis zu diesem Zeitpunkt dürfen Arzneimittel nach Satz 1 vom pharmazeutischen Unternehmer, nach diesem Zeitpunkt weiterhin von Groß- und Einzelhändlern mit einer Kennzeichnung und Packungsbeilage in den Verkehr gebracht werden, die den bis zum 17. August 1994 geltenden Vorschriften entspricht. [3]§ 109 bleibt unberührt.

(2) [1]Der pharmazeutische Unternehmer hat für Fertigarzneimittel, die sich am 17. August 1994 in Verkehr befinden, mit dem ersten auf den 17. August 1994 gestellten Antrag auf Verlängerung der Zulassung der zuständigen Bundesoberbehörde den Wortlaut der Fachinformation vorzulegen, die § 11a in der Fassung dieses Gesetzes entspricht. [2]§ 128 Abs. 1 Satz 2 bleibt unberührt.

(2a) [1]Eine Herstellungserlaubnis, die nicht dem § 16 entspricht, ist bis zum 17. August 1996 an § 16 anzupassen. [2]Satz 1 gilt für § 72 entsprechend.

(2b) Wer am 17. August 1994 die Tätigkeit als Herstellungsleiter für die Herstellung oder als Kontrolleiter für die Prüfung von Blutzubereitungen ausübt und die Voraussetzungen des § 15 Abs. 3 in der bis zum 17. August 1994 geltenden Fassung erfüllt, darf diese Tätigkeit weiter ausüben.

---

[1] Eingefügt durch Einigungsvertragsgesetz vom 23. September 1990 (BGBl. I S. 985, 1085).
[2] v. 9. 8. 1994 (BGBl. I S. 2071)
[3] Absatz 3 geänd. durch Art. 1 Nr. 28 Ges. v. 25. Februar 1998 (BGBl I S. 374); Absatz 1 Satz 2 geänd., Absatz 4 Satz 1 neugef. und Satz 2 eingef. durch Art. 1 Nr. 50 Ges. v. 7. 9. 1998 (BGBl. I S. 2649).

(3) § 23 Abs. 1 Nr. 2 und 3 und § 25 Abs. 2 Satz 1 Nr. 6c finden bis zu dem in Artikel 14 der Verordnung (EWG) Nr. 2377/90 aufgeführten Zeitpunkt keine Anwendung auf ein Arzneimittel, dessen pharmakologisch wirksamer Bestandteil am 1. Januar 1992 im Geltungsbereich dieses Gesetzes in einem Arzneimittel zugelassen war, das zur Anwendung bei Tieren bestimmt ist, die der Gewinnung von Lebensmitteln dienen.

(4) [1] § 39 Abs. 2 Nr. 4a und 5a findet keine Anwendung auf Arzneimittel, die bis zum 31. Dezember 1993 registriert worden sind, oder deren Registrierung bis zu diesem Zeitpunkt beantragt worden ist oder die nach § 105 Abs. 2 angezeigt worden sind und nach § 38 Abs. 1 Satz 3 in der vor dem 11. September 1998 geltenden Fassung in den Verkehr gebracht worden sind. [2] § 39 Abs. 2 Nr. 4a findet ferner keine Anwendung auf Arzneimittel nach Satz 1, für die eine neue Registrierung beantragt wird, weil ein Bestandteil entfernt werden soll oder mehrere Bestandteile entfernt werden sollen oder der Verdünnungsgrad von Bestandteilen erhöht werden soll. [3] § 39 Abs. 2 Nr. 4a und 5a findet ferner bei Entscheidungen über die Registrierung oder über ihre Verlängerung keine Anwendung auf Arzneimittel, die nach Art und Menge der Bestandteile und hinsichtlich der Darreichungsform mit den in Satz 1 genannten Arzneimitteln identisch sind. [4] § 21 Abs. 2a Satz 3 und § 56a Abs. 2 Satz 5 gelten auch für zur Anwendung bei Tieren bestimmte Arzneimittel, deren Verdünnungsgrad die sechste Dezimalpotenz unterschreitet, sofern sie gemäß Satz 1 oder 2 registriert worden oder sie von der Registrierung freigestellt sind.

Fünfter Unterabschnitt   Übergangsvorschrift aus Anlaß des Siebten Gesetzes zur Änderung des Arzneimittelgesetzes[1]

§ 133[1]

Die Anzeigepflicht nach § 67 in Verbindung mit § 69a gilt für die in § 59c genannten Betriebe, Einrichtungen und Personen, die bereits am 4. März 1998 eine Tätigkeit im Sinne des § 59 c ausüben mit der Maßgabe, daß die Anzeige spätestens bis zum 1. April 1998 zu erfolgen hat.

Sechster Unterabschnitt   Übergangsvorschriften aus Anlaß des Transfusionsgesetzes[2]

§ 134[2]

[1] Wer bei Inkrafttreten des Transfusionsgesetzes vom 1. Juli 1998 (BGBl. I S. 1752) die Tätigkeit als Herstellungsleiter für die Herstellung oder als Kon-

---

[1] Fünfter Unterabschnitt und § 133 eingef. durch Art. 1 Nr. 30 Ges. v. 25. Februar 1998 (BGBl. I S. 374).
[2] Sechster Unterabschnitt angefügt durch § 34 Nr. 9 des Transfusionsgesetzes v. 1. 7. 1998 (BGBl. I S. 1752).

trolleiter für die Prüfung von Blutzubereitungen oder Sera aus menschlichem Blut ausübt und die Voraussetzungen des § 15 Abs. 3 in der bis zu dem genannten Zeitpunkt geltenden Fassung erfüllt, darf diese Tätigkeit weiter ausüben. [2]Wer zu dem in Satz 1 genannten Zeitpunkt die Tätigkeit der Vorbehandlung von Personen zur Separation von Blutstammzellen oder anderen Blutbestandteilen nach dem Stand von Wissenschaft und Technik ausübt, darf diese Tätigkeit weiter ausüben.

Siebter Unterabschnitt **Übergangsvorschriften aus Anlaß des Achten Gesetzes zur Änderung des Arzneimittelgesetzes**

§ 135[1]

(1) [1]Arzneimittel, die sich am 11. September 1998 im Verkehr befinden und den Vorschriften der §§ 10 und 11 unterliegen, müssen ein Jahr nach der ersten auf den 11. September 1998 erfolgenden Verlängerung der Zulassung oder, soweit sie von der Zulassung freigestellt sind, zu dem in der Rechtsverordnung nach § 36 genannten Zeitpunkt oder, soweit sie homöopathische Arzneimittel sind, am 1. Oktober 2003 vom pharmazeutischen Unternehmer entsprechend den Vorschriften der §§ 10 und 11 in den Verkehr gebracht werden. [2]Bis zu diesem Zeitpunkt dürfen Arzneimittel nach Satz 1 vom pharmazeutischen Unternehmer, nach diesem Zeitpunkt weiterhin von Groß- und Einzelhändlern mit einer Kennzeichnung und Packungsbeilage in den Verkehr gebracht werden, die den bis zum 11. September 1998 geltenden Vorschriften entspricht. [3]§ 109 bleibt unberührt.

(2) [1]Wer am 11. September 1998 die Tätigkeit als Herstellungs- oder Kontrollleiter für die in § 15 Abs. 3a genannten Arzneimittel oder Wirkstoffe befugt ausübt, darf diese Tätigkeit im bisherigen Umfang weiter ausüben. [2]§ 15 Abs. 4 findet bis zum 1. Oktober 2001 keine Anwendung auf die praktische Tätigkeit für die Herstellung von Arzneimitteln und Wirkstoffen nach § 15 Abs. 3a.

(3) Homöopathische Arzneimittel, die sich am 11. September 1998 im Verkehr befinden und für die bis zum 1. Oktober 1999 ein Antrag auf Registrierung gestellt worden ist, dürfen abweichend von § 38 Abs. 1 Satz 3 bis zur Entscheidung über die Registrierung in den Verkehr gebracht werden, sofern sie den bis zum 11. September 1998 geltenden Vorschriften entsprechen.

(4) § 41 Nr. 6 findet in der geänderten Fassung keine Anwendung auf Einwilligungserklärungen, die vor dem 11. September 1998 abgegeben worden sind.

---

[1] Siebter Unterabschnitt angef. durch Art. 1 Nr. 51 Ges. v. 7. 9. 1998 (BGBl. I S. 2649).

**Achter Unterabschnitt[1]   Übergangsvorschriften aus Anlaß des Zehnten
Gesetzes zur Änderung des Arzneimittelgesetzes**

§ 136[2]

(1) [1]Für Arzneimittel, bei denen die nach § 105 Abs. 3 Satz 1 beantragte Verlängerung bereits erteilt worden ist, sind die in § 105 Abs. 4a Satz 1 bezeichneten Unterlagen spätestens mit dem Antrag nach § 31 Abs. 1 Nr. 3 vorzulegen. [2]Bei diesen Arzneimitteln ist die Zulassung zu verlängern, wenn kein Versagungsgrund nach § 25 Abs. 2 vorliegt; für weitere Verlängerungen findet § 31 Anwendung.

(1a) Auf Arzneimittel nach § 105 Abs. 3 Satz 1, die nach einer nicht im Homöopathischen Teil des Arzneibuchs beschriebenen Verfahrenstechnik hergestellt sind, findet § 105 Abs. 3 Satz 2 in der bis zum 12. Juli 2000 geltenden Fassung bis zu einer Entscheidung der Kommission nach § 55 Abs. 6 über die Aufnahme dieser Verfahrenstechnik Anwendung, sofern bis zum 1. Oktober 2000 ein Antrag auf Aufnahme in den Homöopathischen Teil des Arzneibuchs gestellt wurde.

(2) Für Arzneimittel, bei denen dem Antragsteller vor dem 12. Juli 2000 Mängel bei der Wirksamkeit oder Unbedenklichkeit mitgeteilt worden sind, findet § 105 Abs. 3a in der bis zum 12. Juli 2000 geltenden Fassung Anwendung.

(2a) § 105 Abs. 3a Satz 2 findet in der bis zum 12. Juli 2000 geltenden Fassung bis zum 31. Januar 2001 mit der Maßgabe Anwendung, daß es eines Mängelbescheides nicht bedarf und eine Änderung nur dann zulässig ist, sofern sie sich darauf beschränkt, daß ein oder mehrere bislang enthaltene arznlich wirksame Bestandteile nach der Änderung nicht mehr enthalten sind.

(3) Für Arzneimittel, die nach einer im Homöopathischen Teil des Arzneibuches beschriebenen Verfahrenstechnik hergestellt worden sind, gilt § 105 Abs. 5c weiter in der vor dem 12. Juli 2000 geltenden Fassung.

---

[1] Achter Unterabschnitt angef. durch Art. 1 Nr. 7 Ges. v. 4. 7. 2000 (BGBl. I S. 1002).
[2] § 136 Abs. 1 tritt nach Art. 4 Abs. 2 Nr. 3 des Ges. v. 4. 7. 2000 (BGBl. I S. 1002) am 1. 8. 2005 in Kraft.

Verordnung zur Überleitung des Rechts der Europäischen Gemeinschaften auf das in Artikel 3 des Einigungsvertrages genannte Gebiet (EG-Recht-Überleitungsverordnung) Vom 28. Dezember 1990 (BGBl. I S. 2915)

Auf Grund des Artikels 4 des Einigungsvertragsgesetzes vom 23. September 1990 (BGBl. 1990 II S. 885) verordnet die Bundesregierung:

§ 1

Die in Anlage 1 dieser Verordnung genannten unmittelbar anwendbaren Rechtsakte der Europäischen Gemeinschaften sind mit den dort aufgeführten Maßgaben in dem in Artikel 3 des Einigungsvertrages genannten Gebiet anzuwenden.

§ 2

Für das in den Anlagen 2 und 3 dieser Verordnung genannte, auf Grund von Rechtsakten der Europäischen Gemeinschaften erlassene Bundesrecht gilt in dem in Artikel 3 des Einigungsvertrages genannten Gebiet folgendes:

1. Die in der Anlage 2 aufgeführten Rechtsvorschriften sind bis zum 31. Dezember 1992 mit der Maßgabe anzuwenden, daß die unter diese Rechtsvorschriften fallenden Erzeugnisse auch dann hergestellt und in den Verkehr gebracht werden können, wenn sie den in diesem Gebiet vor dem Wirksamwerden des Beitritts geltenden Anforderungen entsprechen.
2. Die in der Anlage 3 aufgeführten Rechtsvorschriften sind mit den dort genannten Maßgaben anzuwenden.

§ 6

Anpassungen auf Grund des Einigungsvertrages sowie auf Grund von Verordnungsermächtigungen in anderen Vorschriften bleiben unberührt.

Anlage 3
(zu § 2 Nr. 2)

Überleitung von Bundesrecht, das auf Grund von Rechtsakten der Europäischen Gemeinschaften erlassen worden ist.

Liste des Bundesrechts, das gemäß § 2 Nr. 2 in dem in Artikel 3 des Einigungsvertrages genannten Gebiet mit folgenden Maßgaben anzuwenden ist:

Kapitel II   Geschäftsbereich des Bundesministers für Jugend, Familie, Frauen und Gesundheit

1.

Artikel 3 des Gesetzes zur Neuordnung des Arzneimittelrechts vom 24. August 1976 (BGBl. I S. 2445), zuletzt geändert durch Anlage I Kapitel X Sachgebiet D Abschnitt II Nr. 23 des Einigungsvertrages vom 31. August 1990 in Verbindung mit Artikel 1 des Gesetzes vom 23. September 1990 (BGBl. 1990 II S. 885, 1084), mit folgenden Maßgaben:

§ 1

(1) Eine Erlaubnis, die nach Abschnitt I der Zweiten Durchführungsbestimmung zum Arzneimittelgesetz der Deutschen Demokratischen Republik vom 1. Dezember 1986 (GBl. I Nr. 37 S. 483) oder nach §§ 12 und 13 der Anordnung über den Verkehr mit Gesundheitspflegemitteln vom 22. April 1987 (GBl. I Nr. 10 S. 124) erteilt worden ist und zum Zeitpunkt des Wirksamwerdens des Beitritts rechtsgültig besteht, gilt im bisherigen Umfang als Erlaubnis im Sinne des § 13 Abs. 1 Satz 1 des Arzneimittelgesetzes fort.

(2) War die Herstellung von Arzneimitteln nach dem Arzneimittelgesetz der Deutschen Demokratischen Republik vom 27. November 1986 (GBl. I Nr. 37 S. 473) von einer Erlaubnis nicht abhängig, bedarf sie jedoch nach § 13 Abs. 1 des Arzneimittelgesetzes einer Erlaubnis, so gilt diese demjenigen als erteilt, der die Tätigkeit der Herstellung von Arzneimitteln beim Wirksamwerden des Beitritts seit mindestens drei Jahren befugt ausübt, jedoch nur, soweit die Herstellung auf bisher hergestellte oder nach der Zusammensetzung gleichartige Arzneimittel beschränkt bleibt. Die in Satz 1 bezeichneten Erlaubnisinhaber haben der zuständigen Behörde bis zum 3. April 1991 die bisher hergestellten Arzneimittel, die Betriebsstätte sowie Name, Beruf und Anschrift des Herstellungsleiters anzuzeigen. Geht die Anzeige nicht fristgerecht ein, so erlischt die Erlaubnis. Die Behörde hat den Eingang der Anzeige zu bestätigen. Einer Anzeige nach Satz 2 bedarf es nicht für Gesundheitspflegemittel im Sinne der Anordnung über den Verkehr mit Gesundheitspflegemitteln.

(3) Eine Erlaubnis nach Absatz 1 oder Absatz 2 ist zum 1. Januar 1993 zu widerrufen, wenn nicht die Einstellung eines Herstellungs- und eines Kontrolleiters nachgewiesen wird, die die Voraussetzungen nach § 14 Abs. 1 Nr. 2, 4 und 5 des Arzneimittelgesetzes erfüllen.

(4) Eine Erlaubnis nach Absatz 1 oder Absatz 2 bis zum 3. April 1991 zu widerrufen, wenn nicht der zuständigen Behörde ein Vertriebsleiter benannt ist, der die erforderlichen Voraussetzungen nach § 14 Abs. 1 Nr. 4 und 5 des Arzneimittelgesetzes erfüllt.

(5) § 14 Abs. 2 des Arzneimittelgesetzes bleibt unberührt.

§ 2

(1) Erlaubsinhaber nach § 1 Abs. 1 dieser Maßgaben, bei denen bei Wirksamwerden des Beitritts die Voraussetzungen nach § 14 Abs. 4 des Arzneimittelgesetzes vorliegen, können bis zum 3. April 1991 einen Antrag auf Erweiterung der Erlaubnis stellen.

(2) Erlaubnisinhabern nach § 1 Abs. 2 dieser Maßgaben, bei denen bis zum Wirksamwerden des Beitritts die Voraussetzungen nach § 14 Abs. 4 des Arzneimittelgesetzes vorliegen, gilt die Erlaubnis auch für den beauftragten Betrieb als erteilt, wenn sie bis zum 3. April 1991 anzeigen, daß sie die Prüfung der Arzneimittel teilweise außerhalb der Betriebsstätte in beauftragten Betrieben durchführen lassen.

§ 3

(1) Wer bei Wirksamwerden des Beitritts in dem in Artikel 3 des Einigungsvertrages genannten Gebiet die Tätigkeit des Herstellungsleiters befugt ausübt, darf diese Tätigkeit im bisherigen Umfang weiter ausüben.

(2) Wer bei Wirksamwerden des Beitritts die Sachkenntnis nach § 2 der Zweiten Durchführungsbestimmung zum Arzneimittelgesetz der Deutschen Demokratischen Republik oder nach § 11 der Anordnung über den Verkehr mit Gesundheitspflegemitteln besitzt und die Tätigkeit als Herstellungsleiter nicht ausübt, darf die Tätigkeit als Herstellungsleiter ausüben, wenn er eine zweijährige Tätigkeit in der Arzneimittelherstellung, auch eine entsprechende Tätigkeit in Pharmazeutischen Zentren, nachweisen kann.

(3) Absatz 2 gilt entsprechend für eine Person, die die Tätigkeit als Kontrolleiter ausüben will.

§ 4

(1) In dem in Artikel 3 des Einigungsvertrages genannten Gebiet gilt ein zulassungspflichtiges Fertigarzneimittel, das ein Arzneimittel im Sinne des § 2 Abs. 1 oder Abs. 2 Nr. 1 oder Nummer 4 Buchstabe a des Arzneimittelgesetzes ist und sich bei Wirksamwerden des Beitritts in dem in Artikel 3 des Einigungsvertrages genannten Gebiet in Verkehr befindet oder nach Abschnitt II der Ersten Durchführungsbestimmung vom 1. Dezember 1986 (BGBl. I Nr. 37, S. 479) zugelassen ist, als zugelassen. In dem Gebiet, in dem das Arzneimittelgesetz schon vorher gegolten hat, gilt ein Arzneimittel nach Satz 1 als zugelassen, wenn die zuständige Behörde durch ein Zertifikat bestätigt hat, daß das Arzneimittel entsprechend den Anforderungen der Betriebsverordnung für pharmazeutische Unternehmer vom 8. März 1985 (BGBl. I S. 546), geändert durch Anlage I Kapitel X Sachgebiet D Abschnitt II Nr. 27 des Einigungsvertrages vom 31. August 1990 in Verbindung mit Artikel 1 des Gesetzes vom 23. September 1990 (BGBl. 1990 II S. 885, 1085) hergestellt ist. Die Sätze 1 und 2 gelten nicht für ein Arzneimittel, das nach dem Arzneimittelgesetz zugelassen oder registriert ist oder nach § 7 als

zugelassen gilt. Eines Zertifikates nach Satz 2 bedarf es nicht für die Herstellungsschritte, die in dem Gebiet, in dem das Arzneimittelgesetz schon vorher gegolten hat, oder in einem anderen Mitgliedstaat der Europäischen Gemeinschaften erfolgen. Arzneimittel, für die Zertifikate nach Satz 2 erteilt worden sind, werden im Bundesanzeiger bekanntgemacht.

(2) Die Zulassung eines Arzneimittels nach Absatz 1 erlischt abweichend von § 31 Abs. 3 des Arzneimittelgesetzes am 30. Juni 1991, es sei denn, daß ein Antrag auf Verlängerung der Zulassung oder auf Registrierung nach dem Arzneimittelgesetz vor dem Zeitpunkt des Erlöschens gestellt wird, oder das Arzneimittel durch Rechtsverordnung von der Zulassung oder von der Registrierung nach dem Arzneimittelgesetz freigestellt ist.

(3) § 7 Abs. 3 Satz 2 und 3, Abs. 3a, 4a, 4b und 5 findet entsprechende Anwendung.

(4) Die Absätze 1 bis 3 gelten auch für zur Anwendung bei Tieren bestimmte Arzneimittel und für radioaktive oder mit ionisierenden Strahlen behandelte Arzneimittel, die keine Fertigarzneimittel sind, soweit sie der Pflicht zur Zulassung oder Registrierung nach dem Arzneimittelgesetz oder der Verordnung über radioaktive oder mit ionisierenden Strahlen behandelte Arzneimittel vom 28. Januar 1987 (BGBl. I S. 502), geändert durch Anlage I Kapitel X Sachgebiet D Abschnitt II Nr. 30 des Einigungsvertrages vom 31. August 1990 in Verbindung mit Artikel 1 des Gesetzes vom 23. September 1990 (BGBl. 1990 II S. 885, 1086) unterliegen und sich bei Wirksamwerden des Beitritts im Verkehr befunden haben.

§ 5

§ 24 Satz 1 ist mit der Maßgabe anzuwenden, daß die dort genannten Arzneimittel auch mit einer von § 10 des Arzneimittelgesetzes abweichenden Kennzeichnung in den Verkehr gebracht werden dürfen.

2.

Die Arzneimittelfarbstoffverordnung vom 25. August 1982 (BGBl. I S. 1237), geändert durch die Verordnung vom 21. Februar 1983 (BGBl. I S. 219), wird wie folgt geändert:

Arzneimittel im Sinne des § 2 Abs. 1 des Arzneimittelgesetzes, die in dem in Artikel 3 des Einigungsvertrages genannten Gebiet nicht nach den Vorschriften des § 1 Abs. 1 hergestellt sind und die sich bei Wirksamwerden des Beitritts dort im Verkehr befunden haben, dürfen abweichend von § 1 Abs. 2 dort noch bis zum 31. Dezember 1991 von pharmazeutischen Unternehmern und danach noch von Groß- und Einzelhändlern in Verkehr gebracht werden, sofern sie den vor Wirksamwerden des Beitritts geltenden arzneimittelrechtlichen Vorschriften der Deutschen Demokratischen Republik entsprechen.

Anlage 4

Liste der Erzeugnisse gemäß § 3 Abs. 1 Satz 1

Erzeugnisse im Sinne von § 3 Abs. 1 Satz 1 sind die Erzeugnisse, die folgenden Vorschriften unterliegen:

Anlage 1:	Kapitel I Nr. 3
Anlage 2:	Kapitel I
	Kapitel II
	Kapitel III
Anlage 3:	Kapitel I Nr. 1 bis 5, 8
	Kapitel II Nr. 1 (§ 4 Abs. 1 Satz 1), 2, 3 bis 5
	Kapitel III

Sozialgesetzbuch (SGB), Fünftes Buch (V)
– Gesetzliche Krankenversicherung –
vom 20.12.1988 (BGBl. I S. 2477), zuletzt geändert durch Gesetz vom 22.12.1999 (BGBl. I S. 2657)

– Auszug –

Erstes Kapitel   Allgemeine Vorschriften

§ 1   Solidarität und Eigenverantwortung

[1]Die Krankenversicherung als Solidargemeinschaft hat die Aufgabe, die Gesundheit der Versicherten zu erhalten, wiederherzustellen oder ihren Gesundheitszustand zu bessern. [2]Die Versicherten sind für ihre Gesundheit mit verantwortlich; sie sollen durch eine gesundheitsbewußte Lebensführung, durch frühzeitige Beteiligung an gesundheitlichen Vorsorgemaßnahmen sowie durch aktive Mitwirkung an Krankenbehandlung und Rehabilitation dazu beitragen, den Eintritt von Krankheit und Behinderung zu vermeiden oder ihre Folgen zu überwinden. [3]Die Krankenkassen haben den Versicherten dabei durch Aufklärung, Beratung und Leistungen zu helfen und auf gesunde Lebensverhältnisse hinzuwirken.

§ 2   Leistungen

(1) [1]Die Krankenkassen stellen den Versicherten die im Dritten Kapitel genannten Leistungen unter Beachtung des Wirtschaftlichkeitsgebots (§ 12) zur Verfügung, soweit diese Leistungen nicht der Eigenverantwortung der Versicherten zugerechnet werden. [2]Behandlungsmethoden, Arznei- und Heilmittel der besonderen Therapierichtungen sind nicht ausgeschlossen. [3]Qualität und Wirksamkeit der Leistungen haben dem allgemein anerkannten Stand der medizinischen Erkenntnisse zu entsprechen und den medizinischen Fortschritt zu berücksichtigen.

(2) [1]Die Versicherten erhalten die Leistungen als Sach- und Dienstleistungen, soweit dieses Buch nichts Abweichendes vorsieht. [2]Über die Erbringung der Sach- und Dienstleistungen schließen die Krankenkassen nach den Vorschriften des Vierten Kapitels Verträge mit den Leistungserbringern.

(3) [1]Bei der Auswahl der Leistungserbringer ist ihre Vielfalt zu beachten. [2]Den religiösen Bedürfnissen der Versicherten ist Rechnung zu tragen.

(4) Krankenkassen, Leistungserbringer und Versicherte haben darauf zu achten, daß die Leistungen wirksam und wirtschaftlich erbracht und nur im notwendigen Umfang in Anspruch genommen werden.

Drittes Kapitel   Leistungen der Krankenversicherung

Erster Abschnitt   Übersicht über die Leistungen

§ 11 Leistungsarten

(1) Versicherte haben nach den folgenden Vorschriften Anspruch auf Leistungen

1. *(gestrichen)*

2. zur Verhütung von Krankheiten und von deren Verschlimmerung sowie zur Empfängnisverhütung, bei Sterilisation und bei Schwangerschaftsabbruch (§§ 20 bis 24 b),

3. zur Früherkennung von Krankheiten (§§ 25 und 26),

4. zur Behandlung einer Krankheit (§§ 27 bis 52).

Ferner besteht Anspruch auf Sterbegeld (§§ 58 und 59).

(2) [1]Versicherte haben auch Anspruch auf medizinische und ergänzende Leistungen zur Rehabilitation, die notwendig sind, um einer drohenden Behinderung oder Pflegebedürftigkeit vorzubeugen, sie nach Eintritt zu beseitigen, zu bessern oder eine Verschlimmerung zu verhüten. [2]Leistungen der aktivierenden Pflege nach Eintritt von Pflegebedürftigkeit werden von den Pflegekassen erbracht.

(3) Bei stationärer Behandlung umfassen die Leistungen auch die aus medizinischen Gründen notwendige Mitaufnahme einer Begleitperson des Versicherten.

(4) Auf Leistungen besteht kein Anspruch, wenn sie als Folge eines Arbeitsunfalls oder einer Berufskrankheit im Sinne der gesetzlichen Unfallversicherung zu erbringen sind.

Zweiter Abschnitt   Gemeinsame Vorschriften

§ 12 Wirtschaftlichkeitsgebot

(1) [1]Die Leistungen müssen ausreichend, zweckmäßig und wirtschaftlich sein; sie dürfen das Maß des Notwendigen nicht überschreiten. [2]Leistungen, die nicht notwendig oder unwirtschaftlich sind, können Versicherte nicht beanspruchen, dürfen die Leistungserbringer nicht bewirken und die Krankenkassen nicht bewilligen.

(2) Ist für eine Leistung ein Festbetrag festgesetzt, erfüllt die Krankenkasse ihre Leistungspflicht mit dem Festbetrag.

(3) Hat die Krankenkasse Leistungen ohne Rechtsgrundlage oder entgegen geltendem Recht erbracht und hat ein Vorstandsmitglied hiervon gewußt oder hätte er hiervon wissen müssen, hat die zuständige Aufsichtsbehörde nach Anhörung des Vorstandsmitglieds den Verwaltungsrat zu veranlassen, das Vorstandsmitglied auf Ersatz des aus der Pflichtverletzung entstandenen Schadens in Anspruch zu nehmen, falls der Verwaltungsrat das Regreßverfahren nicht bereits von sich aus eingeleitet hat.

Dritter Abschnitt   Leistungen zur Verhütung von Krankheiten

§ 23   Medizinische Vorsorgeleistungen

(1) Versicherte haben Anspruch auf ärztliche Behandlung und Versorgung mit Arznei-, Verband-, Heil- und Hilfsmitteln, wenn diese notwendig sind,

1. eine Schwächung der Gesundheit, die in absehbarer Zeit voraussichtlich zu einer Krankheit führen würde, zu beseitigen,

2. einer Gefährdung der gesundheitlichen Entwicklung eines Kindes entgegenzuwirken,

3. Krankheiten zu verhüten oder deren Verschlimmerung zu vermeiden oder

4. Pflegebedürftigkeit zu vermeiden.

(2) [1]Reichen bei Versicherten die Leistungen nach Absatz 1 nicht aus, kann die Krankenkasse aus medizinischen Gründen erforderliche ambulante Vorsorgeleistungen in anerkannten Kurorten erbringen. [2]Die Satzung der Krankenkasse kann zu den übrigen Kosten, die Versicherten im Zusammenhang mit dieser Leistung entstehen, einen Zuschuß von bis zu 15 DM täglich vorsehen. [3]Bei ambulanten Vorsorgeleistungen für versicherte chronisch kranke Kleinkinder kann der Zuschuß nach Satz 2 auf bis zu 30 DM erhöht werden.

Fünfter Abschnitt   Leistungen bei Krankheit

Erster Titel   Krankenbehandlung

§ 27   Krankenbehandlung

(1) [1]Versicherte haben Anspruch auf Krankenbehandlung, wenn sie notwendig ist, um eine Krankheit zu erkennen, zu heilen, ihre Verschlimmerung zu verhüten oder Krankheitsbeschwerden zu lindern. [2]Die Krankenbehandlung umfaßt

1. ärztliche Behandlung einschließlich Psychotherapie als ärztliche und psychotherapeutische Behandlung,

2. zahnärztliche Behandlung einschließlich der Versorgung mit Zahnersatz,

3. Versorgung mit Arznei-, Verband-, Heil- und Hilfsmitteln,

4. häusliche Krankenpflege und Haushaltshilfe,

5. Krankenhausbehandlung,

6. medizinische und ergänzende Leistungen zur Rehabilitation sowie Belastungserprobung und Arbeitstherapie. [1]Bei der Krankenbehandlung ist den besonderen Bedürfnissen psychisch Kranker Rechnung zu tragen, insbesondere bei der Versorgung mit Heilmitteln und bei der medizinischen Rehabilitation. [2]Zur Krankenbehandlung gehören auch Leistungen zur Herstellung der Zeugungs- oder Empfängnisfähigkeit, wenn diese Fähigkeit nicht vorhanden war oder durch Krankheit oder wegen einer durch Krankheit erforderlichen Sterilisation verlorengegangen war.

(2) [1]Versicherte, die sich nur vorübergehend im Inland aufhalten, zur Ausreise verpflichtete Ausländer, deren Aufenthalt aus völkerrechtlichen, politischen oder humanitären Gründen geduldet wird, sowie

1. asylsuchende Ausländer, deren Asylverfahren noch nicht unanfechtbar abgeschlossen ist,

2. Vertriebene im Sinne des § 1 Abs. 2 Nr. 2 und 3 BVFG sowie Spätaussiedler im Sinne des § 4 BVFG und ihre Ehegatten und Abkömmlinge im Sinne des § 7 Abs. 2 BVFG haben Anspruch auf Versorgung mit Zahnersatz, wenn sie unmittelbar vor Inanspruchnahme mindestens 1 Jahr lang Mitglied einer Krankenkasse (§ 4) oder nach § 10 versichert waren oder wenn die Behandlung aus medizinischen Gründen ausnahmsweise unaufschiebbar ist.

§ 31   Arznei- und Verbandmittel*

(1) [1]Versicherte haben Anspruch auf Versorgung mit apothekenpflichtigen Arzneimitteln, soweit die Arzneimittel nicht nach § 34 ausgeschlossen sind, und auf Versorgung mit Verbandmitteln, Harn- und Blutteststreifen. [2]Der Bundesausschuß der Ärzte und Krankenkassen hat in den Richtlinien nach § 92 Abs. 1 Satz 2 Nr. 6 festzulegen, in welchen medizinisch notwendigen Fällen Aminosäuremischungen, Eiweißhydrolysate, Elementardiäten und Sondennahrung ausnahmsweise in die Versorgung mit Arzneimitteln einbezogen werden.

(2) Für ein Arznei- oder Verbandmittel, für das ein Festbetrag nach § 35 festgesetzt ist, trägt die Krankenkasse die Kosten bis zur Höhe dieses Betrages, für andere Arznei- oder Verbandmittel die vollen Kosten, jeweils abzüglich der vom Versicherten zu leistenden Zuzahlung.

---

* § 31 Abs. 1 Satz 1 wird am Tage des Inkrafttretens der auf Grund der Ermächtigung in § 33a erlassenen Rechtsverordnung (Positivliste) wie folgt geändert: „Versicherte haben Anspruch auf Versorgung mit apothekenpflichtigen Arzneimitteln, soweit die Arzneimittel in der vertragsärztlichen Versorgung verordnungsfähig sind, und auf Versorgung mit Verbandmitteln, Harn- und Blutteststreifen", vgl. GKV-Gesundheitsreformgesetz 2000 vom 22.12.1999 (BGBl. I S. 2626).

(3) [1] Versicherte, die das achtzehnte Lebensjahr vollendet haben, leisten an die abgebende Stelle zu jedem zu Lasten der gesetzlichen Krankenversicherung verordneten Arznei- und Verbandmittel als Zuzahlung für kleine Packungsgrößen 8 Deutsche Mark je Packung, für mittlere Packungsgrößen 9 Deutsche Mark je Packung und für große Packungsgrößen 10 Deutsche Mark je Packung, jedoch jeweils nicht mehr als die Kosten des Mittels. [2] Satz 1 findet keine Anwendung bei Harn- und Blutteststreifen. [3] Für Mittel, die nach Absatz 1 Satz 2 in die Versorgung mit Arzneimitteln einbezogen worden sind, tritt an die Stelle der in Satz 1 genannten Beträge ein Betrag von 8 Deutsche Mark je Verordnung.

(4) Das Nähere bestimmt der Bundesminister für Gesundheit durch Rechtsverordnung ohne Zustimmung des Bundesrates.

§ 33 a   Verordnungsfähige Arzneimittel

(1) [1] Das Bundesministerium für Gesundheit wird ermächtigt, durch Rechtsverordnung mit Zustimmung des Bundesrates auf der Grundlage der Vorschlagsliste nach Absatz 6 eine Liste verordnungsfähiger Arzneimittel, aufgeführt als Wirkstoffe und Wirkstoffkombinationen jeweils unter Berücksichtigung der Indikationen und Darreichungsformen in der vertragsärztlichen Versorgung, zu erlassen. [2] Auf Grundlage der Rechtsverordnung gibt das Bundesministerium für Gesundheit unverzüglich eine Fertigarzneimittelliste bekannt, die in dem datenbankgestützten Informationssystem des Deutschen Instituts für Medizinische Dokumentation und Information zur Verfügung gestellt wird.

(2) [1] Zur Vorbereitung der Rechtsverordnung nach Absatz 1 wird beim Bundesministerium für Gesundheit ein Institut für die Arzneimittelverordnung in der gesetzlichen Krankenversicherung errichtet, das aus einer Kommission und einer Geschäftsstelle besteht; der Leiter der Geschäftsstelle ist der Geschäftsführer des Instituts. [2] Mitglieder der Kommission sind

1. drei medizinische Sachverständige, davon zwei aus der ärztlichen Praxis, darunter ein Hausarzt nach § 73 Abs. 1 a Satz 1, und einer aus der klinischen Medizin,

2. zwei Sachverständige der Pharmakologie und der klinischen Pharmakologie,

3. ein Sachverständiger der medizinischen Statistik.

[3] Weitere Mitglieder der Kommission sind

4. ein Sachverständiger der Phytotherapie,

5. ein Sachverständiger der Homöopathie,

6. ein Sachverständiger der anthroposophischen Medizin

mit einem abgeschlossenen Hochschulstudium der Medizin oder Pharmazie. [4] Die Sachverständigen und ein Stellvertreter für jede der in den Sätzen 2 und 3 genannten Gruppen werden vom Bundesministerium für Gesundheit für die Dauer von vier Jahren berufen. [5] Die Amtsdauer von Sachverständigen und Stellvertretern, die während einer Amtsperiode berufen werden, endet mit der jeweiligen Amtsperiode. [6] Die Mitgliedschaft kann den Sachverständigen und

Stellvertretern vom Bundesministerium für Gesundheit entzogen werden, wenn sie an den Aufgaben des Instituts nicht oder nicht im vorgesehenen Umfang mitwirken oder begründete Zweifel an ihrer Unparteilichkeit bestehen.

(3) [1]Die Mitglieder der Kommission nach Absatz 2 Satz 2 und 3 und die Stellvertreter sind unabhängig und nicht an Weisungen gebunden. [2]Sie üben ihre Tätigkeit ehrenamtlich aus. [3]Sie können ihr Amt durch Erklärung gegenüber dem Bundesministerium für Gesundheit jederzeit niederlegen. [4]Die Mitglieder und stellvertretenden Mitglieder dürfen keine finanziellen oder sonstigen Interessen haben, die ihre Unparteilichkeit beeinflussen könnten. [5]Sie haben dem Bundesministerium für Gesundheit vor ihrer Berufung alle Beziehungen zu Interessenverbänden, Auftragsinstituten und der pharmazeutischen Industrie einschließlich Art und Höhe von Zuwendungen offenzulegen. [6]Die Mitglieder und stellvertretenden Mitglieder der Kommission sind nach dem Verpflichtungsgesetz besonders zu verpflichten.

(4) [1]Die Mitglieder der Kommission wählen aus ihrer Mitte einen Vorsitzenden und einen stellvertretenden Vorsitzenden für eine Amtsdauer von zwei Jahren. [2]Die Ämter des Vorsitzenden und des stellvertretenden Vorsitzenden enden mit der Mitgliedschaft. [3]Die Mitglieder der Kommission erhalten Ersatz der Auslagen und ein Entgelt für den Zeitaufwand. [4]Der Vorsitzende und sein Stellvertreter können eine pauschale Aufwandsentschädigung erhalten.

(5) [1]Die Kommission ist beschlußfähig, wenn mindestens sieben stimmberechtigte Sitzungsteilnehmer anwesend sind. [2]Die Kommission gibt sich eine Geschäftsordnung. [3]An den Sitzungen der Kommission können die nicht stimmberechtigten Stellvertreter, die Mitarbeiter der Geschäftsstelle und weitere Vertreter des Bundesministeriums für Gesundheit teilnehmen. [4]Die Beratungen der Kommission sind vertraulich.

(6) [1]Das Institut erstellt auf der Grundlage der Kriterien nach Absatz 7 zur Vorbereitung der Rechtsverordnung nach Absatz 1 eine Vorschlagsliste von Arzneimitteln, die in der vertragsärztlichen Versorgung verordnungsfähig sind (Vorschlagsliste). [2]Die Arzneimittel der besonderen Therapierichtungen Phytotherapie, Homöopathie und Anthroposophie werden in einem Anhang aufgelistet. [3]Arzneimittel der besonderen Therapierichtungen können in den Hauptteil der Vorschlagsliste aufgenommen werden, sofern sie den für diesen geltenden Urteilsstandards entsprechen. [4]Die Vorschlagsliste einschließlich Anhang ist nach Anwendungsgebieten und Stoffgruppen zu ordnen. [5]Sie kann Anwendungsgebiete von Arzneimitteln von der Verordnungsfähigkeit ausnehmen oder die Verordnungsfähigkeit von Arzneimitteln an bestimmte medizinische Bedingungen knüpfen.

(7) [1]In die Vorschlagsliste aufzunehmen sind Arzneimittel, die für eine zweckmäßige, ausreichende und notwendige Behandlung, Prävention oder Diagnostik von Krankheiten oder erheblichen Gesundheitsstörungen geeignet sind; Voraussetzung für diese Eignung ist ein mehr als geringfügiger therapeutischer Nutzen, gemessen am Ausmaß des erzielbaren therapeutischen Effekts. [2]Den indikationsbezogenen Bewertungen sind jeweils einheitliche Urteilsstandards zu Grunde zu legen. [3]In die Bewertungen einzubeziehen sind Qualität und Aussagekraft der Belege, die therapeutische Relevanz der wissenschaftlichen Er-

kenntnisse und die Erfolgswahrscheinlichkeit der therapeutischen, präventiven oder diagnostischen Maßnahme. [4]Die Sätze 1 bis 3 gelten auch, soweit nach § 34 Abs. 1 eine Verordnungsfähigkeit besteht. [5]Nicht aufzunehmen sind Arzneimittel, die für geringfügige Gesundheitsstörungen bestimmt sind, die für das Therapieziel oder zur Minderung von Risiken nicht erforderliche Bestandteile enthalten oder deren Wirkung wegen der Vielzahl der enthaltenen Wirkstoffe nicht mit ausreichender Sicherheit beurteilbar ist. [6]Die Kriterien für die Aufnahme von Arzneimitteln der besonderen Therapierichtungen haben den Besonderheiten der jeweiligen Therapierichtung Rechnung zu tragen.

(8) [1]Das Institut kann zu seiner Beratung Sachverständige heranziehen. [2]Absatz 3 Satz 6 gilt entsprechend. [3]Die Behörden des Geschäftsbereichs des Bundesministeriums für Gesundheit sowie die Verbände der Ärzteschaft, der Apothekerschaft und der pharmazeutischen Industrie sind verpflichtet, der Kommission auf Verlangen die zur Erfüllung ihrer Aufgaben erforderlichen Informationen zur Verfügung zu stellen; Betriebs- und Geschäftsgeheimnisse sind zu wahren.

(9) [1]Die Kommission faßt ihre Beschlüsse mit der Mehrheit der abgegebenen Stimmen. [2]Sie beschließt die Vorschlagsliste mit mindestens sieben Stimmen. [3]Sachverständigen der medizinischen Wissenschaft, insbesondere den wissenschaftlichen medizinischen Fachgesellschaften, den Vereinigungen zur Förderung der Belange der besonderen Therapierichtungen, den Berufsvertretungen der Ärzte, Zahnärzte und Apotheker, den Verbänden der pharmazeutischen Industrie, den Spitzenverbänden der Krankenkassen sowie den Vereinigungen von Patienten und Betroffenen ist Gelegenheit zur Stellungnahme zu geben. [4]Die Vorschlagsliste ist erstmalig bis zum 30. Juni 2001 zu beschließen.

(10) [1]Die Kommission soll die Vorschlagsliste laufend an den Stand der wissenschaftlichen Erkenntnisse anpassen und neue Arzneimittel berücksichtigen. [2]Der pharmazeutische Unternehmer kann nach Zulassung des Arzneimittels dessen Berücksichtigung in der beschlossenen Vorschlagsliste beantragen. [3]Arzneimittel, die den Anforderungen nach Absatz 7 nicht oder nicht mehr entsprechen, sind aus der Vorschlagsliste herauszunehmen. [4]Arzneimittel, bei denen die Voraussetzungen des § 49 des Arzneimittelgesetzes vorliegen und die der Zulassungspflicht nach § 21 Abs. 1 Satz 1 des Arzneimittelgesetzes entsprechen und die nicht unter Absatz 7 Satz 5 fallen, sind nach ihrer Zulassung oder der Genehmigung für das Inverkehrbringen zunächst verordnungsfähig, bis durch Rechtsverordnung nach Absatz 1 über ihre Aufnahme in die Liste nach Absatz 1 Satz 1 entschieden ist. [5]Das Bundesministerium für Gesundheit macht diese Arzneimittel mit Datum der Zulassung im Bundesanzeiger bekannt. [6]Absatz 1 Satz 2 gilt entsprechend.

(11) Der Vertragsarzt kann Arzneimittel, die nicht nach Absatz 1 oder Absatz 10 verordnungsfähig sind, ausnahmsweise im Einzelfall mit Begründung im Rahmen der Arzneimittel-Richtlinien verordnen, sofern dies dort vorgesehen ist.

(12) [1]Klagen gegen die Vorschlagsliste sind unzulässig. [2]Für Klagen gegen die Liste verordnungsfähiger Arzneimittel nach Absatz 1 gelten die Vorschriften über die Anfechtungsklage entsprechend. [3]Die Klagen haben keine aufschie-

bende Wirkung. [4]Ein Vorverfahren findet nicht statt. [5]Gesonderte Klagen gegen die Gliederungen nach Anwendungsgebieten oder Stoffgruppen oder gegen sonstige Teile der Zusammenstellungen sind unzulässig. [6]Für Klagen auf Aufnahme in die Liste verordnungsfähiger Arzneimittel nach Absatz 1 oder auf Bekanntmachung als vorläufig verordnungsfähiges Arzneimittel nach Absatz 10 gelten die Vorschriften über die Leistungsklage entsprechend.

§ 34   Ausgeschlossene Arznei-, Heil- und Hilfsmittel*

(1) Für Versicherte, die das achtzehnte Lebensjahr vollendet haben, sind von der Versorgung nach § 31 folgende Arzneimittel bei Verordnung in den genannten Anwendungsgebieten ausgeschlossen:

1. Arzneimittel zur Anwendung bei Erkältungskrankheiten und grippalen Infekten einschließlich der bei diesen Krankheiten anzuwendenden Schnupfenmittel, Schmerzmittel, hustendämpfenden und hustenlösenden Mittel,

2. Mund- und Rachentherapeutika, ausgenommen bei Pilzinfektionen,

3. Abführmittel,

4. Arzneimittel gegen Reisekrankheit.

(2) [1]Der Bundesminister für Gesundheit kann im Einvernehmen mit dem Bundesminister für Wirtschaft durch Rechtsverordnung mit Zustimmung des Bundesrates von der Versorgung nach § 31 weitere Arzneimittel ausschließen, die ihrer Zweckbestimmung nach üblicherweise bei geringfügigen Gesundheitsstörungen verordnet werden. [2]Dabei ist zu bestimmen, unter welchen besonderen medizinischen Voraussetzungen die Kosten für diese Mittel von der Krankenkasse übernommen werden. [3]Bei der Beurteilung von Arzneimitteln der besonderen Therapierichtungen wie homöopathischen, phytotherapeutischen und anthroposophischen Arzneimitteln ist der besonderen Wirkungsweise dieser Arzneimittel Rechnung zu tragen.

(3) [1]Der Bundesminister für Gesundheit kann im Einvernehmen mit dem Bundesminister für Wirtschaft durch Rechtsverordnung mit Zustimmung des Bundesrates von der Versorgung nach § 31 unwirtschaftliche Arzneimittel ausschließen. [2]Als unwirtschaftlich sind insbesondere Arzneimittel anzusehen, die für das Therapieziel oder zur Minderung von Risiken nicht erforderliche Bestandteile enthalten oder deren Wirkungen wegen der Vielzahl der enthaltenen Wirkstoffe nicht mit ausreichender Sicherheit beurteilt werden können oder deren therapeutischer Nutzen nicht nachgewiesen ist. [3]Absatz 2 Satz 3 gilt entsprechend.

(4) [1]Der Bundesminister für Gesundheit kann durch Rechtsverordnung mit Zustimmung des Bundesrates Heil- und Hilfsmittel von geringem oder umstrit-

---

* § 34 wird am Tage des Inkrafttretens der auf Grund der Ermächtigung in § 33 a erlassenen Rechtsverordnung wie folgt geändert: „die Absätze 2, 3 und 5 werden aufgehoben. Der bisherige Absatz 4 wird Absatz 2 mit der Maßgabe, daß Satz 4 aufgehoben wird"; vgl. GVK-Gesundheitsreformgesetz 2000 vom 22.12.1999 (BGBl. I S. 2626).

tenem therapeutischen Nutzen oder geringem Abgabepreis bestimmen, deren Kosten die Krankenkasse nicht übernimmt. [2] Die Rechtsverordnung kann auch bestimmen, inwieweit geringfügige Kosten der notwendigen Änderung, Instandsetzung und Ersatzbeschaffung sowie der Ausbildung im Gebrauch der Hilfsmittel von der Krankenkasse nicht übernommen werden. [3] Die Sätze 1 und 2 gelten nicht für die Instandsetzung von Hörgeräten und ihre Versorgung mit Batterien bei Versicherten, die das achtzehnte Lebensjahr noch nicht vollendet haben. [4] Absatz 2 Satz 3 gilt entsprechend.

(5) Die Absätze 1 bis 3 gelten entsprechend für Heilmittel nach § 32, wenn sie im Anwendungsgebiet der ausgeschlossenen Arzneimittel verwendet werden.

§ 35 Festbeträge für Arznei- und Verbandmittel

(1) [1] Der Bundesausschuß für Ärzte und Krankenkassen bestimmt in den Richtlinien nach § 92 Abs. 1 Satz 2 Nr. 6, für welche Gruppen von Arzneimitteln Festbeträge festgesetzt werden können. [2] In den Gruppen sollen Arzneimittel mit

1. denselben Wirkstoffen,

2. pharmakologisch-therapeutisch vergleichbaren Wirkstoffen, insbesondere mit chemisch verwandten Stoffen,

3. therapeutisch vergleichbarer Wirkung, insbesondere Arzneimittelkombinationen,

zusammengefaßt werden; unterschiedliche Bioverfügbarkeiten wirkstoffgleicher Arzneimittel zu berücksichtigen, sofern sie für die Therapie bedeutsam sind. [3] Die nach Satz 2 Nr. 2 und 3 gebildeten Gruppen müssen gewährleisten, daß Therapiemöglichkeiten nicht eingeschränkt werden und medizinisch notwendige Verordnungsalternativen zur Verfügung stehen; ausgenommen von diesen Gruppen sind Arzneimittel mit patentgeschützten Wirkstoffen, deren Wirkungsweise neuartig ist und die eine therapeutische Verbesserung, auch wegen geringerer Nebenwirkungen, bedeuten. [4] Als neuartig gilt ein Wirkstoff, solange derjenige Wirkstoff, der als erster dieser Gruppe in Verkehr gebracht worden ist, unter Patentschutz steht. [5] Der Bundesausschuß der Ärzte und Krankenkassen ermittelt auch die nach Absatz 3 notwendigen rechnerischen mittleren Tages- oder Einzeldosen oder anderen geeigneten Vergleichsgrößen.

(1 a) Für Arzneimittel mit patentgeschützten Wirkstoffen, die nach dem 31. Dezember 1995 zugelassen worden sind, werden Festbeträge der Gruppen nach Absatz 1 Satz 2 Nr. 2 und 3 nicht gebildet.

(2) [1] Sachverständigen der medizinischen und pharmazeutischen Wissenschaft und Praxis sowie der Arzneimittelhersteller und der Berufsvertretungen der Apotheker ist vor der Entscheidung des Bundesausschusses Gelegenheit zur Stellungnahme zu geben; bei der Beurteilung von Arzneimitteln der besonderen Therapierichtungen sind auch Stellungnahmen von Sachverständigen dieser Therapierichtungen einzuholen. [2] Die Stellungnahmen sind in die Entscheidung einzubeziehen.

(3) [1]Die Spitzenverbände der Krankenkassen setzen gemeinsam und einheitlich den jeweiligen Festbetrag auf der Grundlage von rechnerischen mittleren Tages- oder Einzeldosen oder anderen geeigneten Vergleichsgrößen fest. [2]Die Spitzenverbände der Krankenkassen gemeinsam können einheitliche Festbeträge für Verbandmittel festsetzen. [3]Für die Stellungnahmen der Sachverständigen gilt Absatz 2 entsprechend.

(4) *(gestrichen)*

(5) [1]Die Festbeträge sind so festzusetzen, daß sie im allgemeinen eine ausreichende, zweckmäßige und wirtschaftliche sowie in der Qualität gesicherte Versorgung gewährleisten. [2]Sie haben Wirtschaftlichkeitsreserven auszuschöpfen, sollen einen wirksamen Preiswettbewerb auslösen und haben sich deshalb an möglichst preisgünstigen Versorgungsmöglichkeiten auszurichten; soweit wie möglich ist eine für die Therapie hinreichende Arzneimittelauswahl sicherzustellen. [3]Die Festbeträge für Arzneimittel sollen den höchsten Abgabepreis des unteren Drittels des Abstandes zwischen dem niedrigsten und dem höchsten Preis der Arzneimittel der jeweiligen Vergleichsgruppe nicht übersteigen. [4]Die Festbeträge sind mindestens einmal im Jahr zu überprüfen; sie sind in geeigneten Zeitabständen an eine veränderte Marktlage anzupassen.

(6) Für das Verfahren zur Festsetzung der Festbeträge gilt § 213 Abs. 2 und 3.

(7) [1]Die Festbeträge sind im Bundesanzeiger bekanntzumachen. [2]Klagen gegen die Festsetzung der Festbeträge haben keine aufschiebende Wirkung. [3]Ein Vorverfahren findet nicht statt. [4]Eine gesonderte Klage gegen die Gruppeneinteilung nach Absatz 1 Satz 1 bis 3, gegen die rechnerischen mittleren Tages- oder Einzeldosen oder anderen geeigneten Vergleichsgrößen nach Absatz 1 Satz 4 oder gegen sonstige Bestandteile der Festsetzung der Festbeträge ist unzulässig.

Neunter Abschnitt   Härtefälle

§ 61   Vollständige Befreiung

(1) Die Krankenkasse hat

1. Versicherte von der Zuzahlung zu Arznei-, Verband- und Heilmitteln, Hilfsmitteln sowie zu stationären Vorsorge- und Rehabilitationsleistungen nach § 23 Abs. 4, §§ 24, 40 oder § 41 zu befreien,

2. bei der Versorgung mit Zahnersatz den von den Versicherten zu tragenden Anteil der Kosten nach § 30 Abs. 2 zu übernehmen und

3. die im Zusammenhang mit einer Leistung der Krankenkasse notwendigen Fahrkosten von Versicherten zu übernehmen,

wenn die Versicherten unzumutbar belastet würden.

(2) Eine unzumutbare Belastung liegt vor, wenn

1. die monatlichen Bruttoeinnahmen zum Lebensunterhalt des Versicherten 40 v. H. der monatlichen Bezugsgröße[1] nach § 18 SGB IV nicht überschreiten,

2. der Versicherte Hilfe zum Lebensunterhalt nach dem BSHG oder im Rahmen der Kriegsopferfürsorge nach dem BVG, Arbeitslosenhilfe dem SGB III, Ausbildungsförderung nach dem BAföG oder SGB III erhält oder

3. die Kosten der Unterbringung in einem Heim oder einer ähnlichen Einrichtung von einem Träger der Sozialhilfe oder der Kriegsopferfürsorge getragen werden.

(3) [1]Als Einnahmen zum Lebensunterhalt der Versicherten gelten auch die Einnahmen anderer in dem gemeinsamen Haushalt lebender Angehöriger. [2]Zu den Einnahmen zum Lebensunterhalt gehören nicht Grundrenten, die Beschädigte nach dem BVG oder nach anderen Gesetzen in entsprechender Anwendung des BVG erhalten, sowie Renten oder Beihilfen, die nach dem BEG für Schäden an Körper und Gesundheit gezahlt werden, bis zur Höhe der vergleichbaren Grundrente nach dem BVG.

(4) Der in Absatz 2 Nr. 1 genannte Vomhundertsatz erhöht sich für den 1. in dem gemeinsamen Haushalt lebenden Angehörigen des Versicherten um 15 v. H. und für jeden weiteren in dem gemeinsamen Haushalt lebenden Angehörigen um 10 v. H. der monatlichen Bezugsgröße[2] nach § 18 SGB IV.

(5) Der Bescheid über eine Befreiung nach Absatz 1 darf keine Angaben über das Einkommen des Versicherten oder anderer zu berücksichtigender Personen enthalten.

§ 62 Teilweise Befreiung

(1) [1]Die Krankenkasse hat die dem Versicherten während eines Kalenderjahres entstehenden notwendigen Fahrkosten und Zuzahlungen zu Arznei-, Verband- und Heilmitteln zu übernehmen, soweit sie die Belastungsgrenze übersteigen. [2]Die Belastungsgrenze beträgt 2 v. H. der jährlichen Bruttoeinnahmen zum Lebensunterhalt; für Versicherte, die wegen derselben Krankheit in Dauerbehandlung sind und 1 Jahr lang Zuzahlungen in Höhe von mindestens 1 v. H. der jährlichen Bruttoeinnahmen zum Lebensunterhalt geleistet haben, entfallen die in Satz 1 genannten Zuzahlungen nach Ablauf des 1. Jahres für die weitere Dauer dieser Behandlung, deren weitere Dauer der Krankenkasse jeweils spätestens vor Ablauf des 2. Kalenderjahres nachzuweisen und vom MDK soweit erforderlich zu prüfen ist. [3]Die Krankenkasse kann insbesondere bei regelmäßig entstehenden Fahrkosten und Zuzahlungen eine Kostenübernahme in kürzeren Zeitabständen vorsehen. [4]Bei der Ermittlung des von der Krankenkasse zu übernehmenden Anteils an Fahrkosten und Zuzahlungen sowie der

---

[1] 40 v. H. ab 1.1.2000 = 1792 DM, im Beitrittsgebiet (nicht jedoch bei Arznei-/Verbandmitteln) = 1456 DM.

[2] 15 v. H. ab 1.1.2000 = 672 DM, im Beitrittsgebiet (nicht jedoch bei Arznei-/Verbandmitteln) = 546 DM, 10 v. H. ab 1.1.2000 = 448 DM, im Betrittsgebiet (nicht jedoch bei Arznei-/Verbandmitteln) = 364 DM.

Belastungsgrenze nach Satz 1 und 2 werden die Fahrkosten und Zuzahlungen der mit dem Versicherten im gemeinsamen Haushalt lebenden Angehörigen und ihre Bruttoeinnahmen zum Lebensunterhalt jeweils zusammengerechnet mit der Maßgabe, daß die Zuzahlungen nur für denjenigen Versicherten entfallen, der wegen derselben Krankheit in Dauerbehandlung ist.

(2) Bei der Ermittlung der Belastungsgrenze nach Absatz 1 sind die jährlichen Bruttoeinnahmen für den 1. in dem gemeinsamen Haushalt lebenden Angehörigen des Versicherten um 15. v. H. und für jeden weiteren in dem gemeinsamen Haushalt lebenden Angehörigen um 10. v. H. der jährlichen Bezugsgröße[1] nach § 18 SGB IV zu vermindern.

(2 a) [1]Die Krankenkasse hat bei der Versorgung mit Zahnersatz den von den Versicherten zu tragenden Anteil der Kosten nach § 30 Abs. 2 zu übernehmen, soweit der Anteil das 3fache der Differenz zwischen den monatlichen Bruttoeinnahmen zum Lebensunterhalt nach § 61 und der zur vollständigen Befreiung nach § 61 maßgebenden Einnahmegrenze übersteigt. [2]Der von den Versicherten zu tragende Anteil erhöht sich, wenn die Voraussetzung des § 30 Abs. 2 Satz 3 nicht erfüllt sind, um 10 Prozentpunkte, im Fall des § 30 Abs. 2 Satz 5 um 15 Prozentpunkte. [3]Der von den Versicherten nach den Sätzen 1 und 2 zu tragende Anteil darf den von den Versicherten nach § 30 Abs. 2 Satz 1 zu tragenden Anteil nicht überschreiten.

(3) § 61 Abs. 3 und 5 gilt.

Viertes Kapitel   Beziehungen der Krankenkassen zu den Leistungserbringern

Zweiter Abschnitt   Beziehungen zu Ärzten, Zahnärzten und Psychotherapeuten

Erster Titel   **Sicherstellung der vertragsärztlichen und vertragszahnärztlichen Versorgung**

§ 73   Vertragsärztliche Versorgung

(1) ... (4)

(5) [1]Der an der vertragsärztlichen Versorgung teilnehmende Arzt und die ermächtigte ärztlich geleitete Einrichtung sollen bei der Verordnung von Arzneimitteln die Preisvergleichsliste nach § 92 Abs. 2 beachten und auf dem Ver-

---

[1] 15 v. H. ab 1.1.2000 – 8064 DM, im Beitrittsgebiet = 6552 DM. 10 v. H. ab 1.1.2000 = 5376 DM, im Beitrittsgebiet = 4368 DM.

ordnungsblatt ihre Entscheidung kenntlich machen, ob die Apotheke ein preisgünstigeres wirkstoffgleiches Arzneimittel anstelle des verordneten Mittels abgeben darf. [2]Verordnet der Arzt ein Arzneimittel, dessen Preis den Festbetrag nach § 35 überschreitet, hat der Arzt den Versicherten auf die sich aus seiner Verordnung ergebende Pflicht zur Übernahme der Mehrkosten hinzuweisen.

Dritter Titel   **Verträge auf Bundes- und Landesebene**

§ 82   Grundsätze

(1) [1]Den allgemeinen Inhalt der Gesamtverträge vereinbaren die Kassenärztlichen Bundesvereinigungen mit den Spitzenverbänden der Krankenkassen in Bundesmantelverträgen. [2]Der Inhalt der Bundesmantelverträge ist Bestandteil der Gesamtverträge.

(2) [1]Die Vergütungen der an der vertragsärztlichen Versorgung teilnehmenden Ärzte und ärztlich geleiteten Einrichtungen werden von den Landesverbänden der Krankenkassen und den Verbänden der Ersatzkassen mit den Kassenärztlichen Vereinigungen durch Gesamtverträge geregelt. [2]Die Verhandlungen können auch von allen Kassenarten gemeinsam geführt werden.

§ 83   Gesamtverträge

(1) [1]Die Kassenärztlichen Vereinigungen schließen mit den Landesverbänden der Krankenkassen und den Verbänden der Ersatzkassen Gesamtverträge mit Wirkung für die beteiligten Krankenkassen über die vertragsärztliche Versorgung. [2]Für die Bundesknappschaft gilt Satz 1 entsprechend, soweit die ärztliche Versorgung durch die Kassenärztliche Vereinigung sichergestellt wird. [3]§ 82 Abs. 2 Satz 2 gilt entsprechend.

(2) [1]In den Gesamtverträgen sind auch Verfahren zu vereinbaren, die die Prüfung der Abrechnungen auf Rechtmäßigkeit durch Plausibilitätskontrollen der Kassenärztlichen Vereinigungen, insbesondere auf der Grundlage von Stichproben, ermöglichen. [2] Dabei sind Anzahl und Häufigkeit der Prüfungen festzulegen. [3]Gegenstand der Prüfungen nach Satz 1 ist insbesondere die Überprüfung des Umfangs der je Tag abgerechneten Leistungen im Hinblick auf den damit verbundenen Zeitaufwand.

§ 84   Arznei- und Heilmittelbudget; Richtgrößen

(1) [1]Die Landesverbände der Krankenkassen und die Verbände der Ersatzkassen vereinbaren gemeinsam und einheitlich mit der Kassenärztlichen Vereinigung ein Budget als Obergrenze für die insgesamt von den Vertragsärzten veranlaßten Ausgaben für Arznei-, Verband- und Heilmittel. [2]Das Budget ist für

das jeweils folgende Kalenderjahr zu vereinbaren. [3] Bei der Anpassung des Budgets sind

1. Veränderungen der Zahl und der Altersstruktur der Versicherten,

2. Veränderungen der Preise der Arznei-, Verband- und Heilmittel,

3. Veränderungen der gesetzlichen Leistungspflicht der Krankenkassen,

4. bestehende Wirtschaftlichkeitsreserven und Innovationen

zu berücksichtigen. [4] Übersteigen die Ausgaben für Arznei-, Verband- und Heilmittel das vereinbarte Budget, verringern sich die Gesamtvergütungen um den übersteigenden Betrag, begrenzt auf 5 vom Hundert des Budgets. [5] Der Ausgleich muß bis zum 31. Dezember des zweiten auf den Budgetzeitraum folgenden Jahres abgeschlossen sein; der Ausgleichsbetrag verringert sich um die nach § 106 vom Prüfungsausschuß auf Grund von Prüfungen der Verordnungen von Arznei-, Verband- und Heilmitteln für den Budgetzeitraum festgesetzten Regresse. [6] Der übersteigende Betrag nach Satz 4 ist, gesondert nach Ausgaben in der Allgemeinen Krankenversicherung und in der Krankenversicherung der Rentner, auf die beteiligten Krankenkassen entsprechend der jeweiligen Zahl der Behandlungsfälle aufzuteilen. [7] Ausgaben nach Satz 4 sind auch Ausgaben für Arznei-, Verband- und Heilmittel, die durch Kostenerstattung vergütet worden sind. [8] Unterschreiten die Ausgaben für Arznei-, Verband- und Heilmittel das Budget nach Satz 1, können die Vertragspartner Vereinbarungen über die Verwendung des Unterschreitungsbetrages mit dem Ziel der Verbesserung der Qualität der Versorgung treffen.

(2) [1] Die Krankenkassen erfassen die während der Geltungsdauer der Budgets nach Absatz 1 veranlaßten Ausgaben nach Absatz 1 Satz 4 nicht versichertenbezogen und übermitteln die Angaben jeweils an die Kassenärztliche Vereinigung, der die Ärzte, die die Ausgaben veranlaßt haben, angehören. [2] Die Krankenkassen können Arbeitsgemeinschaften nach § 219 mit der Zusammenführung und Übermittlung der Daten beauftragen. [3] Die Arbeitsgemeinschaften können die Daten für den jeweiligen Geltungsbereich der Budgets an die dafür zuständige Arbeitsgemeinschaft übermitteln. [4] § 304 Abs. 1 Satz 1 Nr. 2 gilt entsprechend.

(3) Für die Wirtschaftlichkeitsprüfungen nach § 106 vereinbaren die Vertragspartner nach Absatz 1 einheitliche arztgruppenspezifische Richtgrößen für das Volumen der je Arzt verordneten Leistungen, insbesondere von Arznei-, Verband- und Heilmitteln.

(4) Das Budget nach Absatz 1 und die Richtgrößen nach Absatz 3 gelten bis zum Inkrafttreten von Folgevereinbarungen.

(5) Der Bundesminister für Gesundheit kann bei Ereignissen mit erheblicher Folgewirkung für die medizinische Versorgung zur Gewährleistung der notwendigen Versorgung mit Arznei-, Verband- und Heilmitteln die Budgets nach Absatz 1 durch Rechtsverordnung mit Zustimmung des Bundesrates erhöhen.

Sechster Titel   **Landesausschüsse und Bundesausschüsse**

§ 92 Richtlinien der Bundesausschüsse

(1) [1]Die Bundesausschüsse beschließen die zur Sicherung der ärztlichen Versorgung erforderlichen Richtlinien über die Gewähr für eine ausreichende, zweckmäßige und wirtschaftliche Versorgung der Versicherten; dabei ist den besonderen Erfordernissen der Versorgung psychisch Kranker Rechnung zu tragen, vor allem bei den Leistungen zur Belastungserprobung und Arbeitstherapie. [2]Sie sollen insbesondere Richtlinien beschließen über die

1. ärztliche Behandlung,
2. zahnärztliche Behandlung einschließlich der Versorgung mit Zahnersatz sowie kieferorthopädische Behandlung,
3. Maßnahmen zur Früherkennung von Krankheiten,
4. ärztliche Betreuung bei Schwangerschaft und Mutterschaft,
5. Einführung neuer Untersuchungs- und Behandlungsmethoden,
6. Verordnung von Arznei-, Verband-, Heil- und Hilfsmitteln, Krankenhausbehandlung, häuslicher Krankenpflege und Soziotherapie,
7. Beurteilung der Arbeitsunfähigkeit,
8. Verordnung von im Einzelfall gebotenen medizinischen Leistungen und die Beratung über die medizinischen, berufsfördernden und ergänzenden Leistungen zur Rehabilitation,
9. Bedarfsplanung,
10. medizinische Maßnahmen zur Herbeiführung einer Schwangerschaft nach § 27 a Abs. 1,
11. Maßnahmen nach den §§ 24 a und 24 b.

(1 a) [1]Die Richtlinien nach Absatz 1 Satz 2 Nr. 2 sind auf eine ursachengerechte, zahnsubstanzschonende und präventionsorientierte zahnärztliche Behandlung einschließlich der Versorgung mit Zahnersatz sowie kieferorthopädischer Behandlung auszurichten. [2]Der Bundesausschuß der Zahnärzte und Krankenkassen hat die Richtlinien auf der Grundlage auch von externem, umfassendem zahnmedizinisch-wissenschaftlichem Sachverstand zu beschließen. [3]Das Bundesministerium für Gesundheit kann dem Bundesauschuß der Zahnärzte und Krankenkassen vorgeben, einen Beschluß zu einzelnen dem Bundesausschuß durch Gesetz zugewiesenen Aufgaben zu fassen oder zu überprüfen und hierzu eine angemessene Frist setzen. [4]Bei Nichteinhaltung der Frist faßt eine aus den Mitgliedern des Bundesausschusses zu bildende Schiedsstelle innerhalb von 30 Tagen den erforderlichen Beschluß. [5]Die Schiedsstelle besteht aus dem unparteiischen Vorsitzenden, den zwei weiteren unparteiischen Mitgliedern des Bundesausschusses und je einem der Vertreter der Zahnärzte und Krankenkassen. [6]Vor der Entscheidung des Bundesausschusses über die Richtlinien nach Absatz 1 Satz 2 Nr. 2 ist den für die Wahrnehmung der Interessen von Zahntechnikern maßgeblichen Spitzenorganisationen auf Bundesebene

Gelegenheit zur Stellungnahme zu geben; die Stellungnahmen sind in die Entscheidung einzubeziehen.

(1 b) Vor der Entscheidung des Bundesausschusses über die Richtlinien nach Absatz 1 Satz 2 Nr. 4 ist den in § 134 Abs. 2 genannten Organisationen der Leistungserbringer auf Bundesebene Gelegenheit zur Stellungnahme zu geben; die Stellungnahmen sind in die Entscheidung einzubeziehen.

(2)* [1] Die Richtlinien nach Absatz 1 Satz 2 Nr. 6 haben Arznei- und Heilmittel unter Berücksichtigung der Festbeträge nach § 35 so zusammenzustellen, daß dem Arzt der Preisvergleich und die Auswahl therapiegerechter Verordnungsmengen ermöglicht wird. [2] Die Zusammenstellung der Arzneimittel ist nach Indikationsgebieten und Stoffgruppen zu gliedern. [3] Um dem Arzt eine therapie- und preisgerechte Auswahl der Arzneimittel zu ermöglichen, können für die einzelnen Indikationsgebiete die Arzneimittel in folgenden Gruppen zusammengefaßt werden:

1. Mittel, die allgemein zur Behandlung geeignet sind,

2. Mittel, die nur bei einem Teil der Patienten oder in besonderen Fällen zur Behandlung geeignet sind,

3. Mittel, bei deren Verordnung wegen bekannter Risiken oder zweifelhafter therapeutischer Zweckmäßigkeit besondere Aufmerksamkeit geboten ist.

[4] Sachverständigen der medizinischen und pharmazeutischen Wissenschaft und Praxis sowie der Arzneimittelhersteller und der Berufsvertretung der Apotheker ist Gelegenheit zur Stellungnahme zu geben; bei der Beurteilung von Arzneimitteln der besonderen Therapierichtungen sind auch Stellungnahmen von Sachverständigen dieser Therapierichtungen einzuholen. [5] Die Stellungnahmen sind in die Entscheidung einzubeziehen.

(3)* [1] Für Klagen gegen die Zusammenstellung der Arzneimittel nach Absatz 2 gelten die Vorschriften über die Anfechtungsklage entsprechend. [2] Die Klagen haben keine aufschiebende Wirkung. [3] Ein Vorverfahren findet nicht statt. [4] Eine gesonderte Klage gegen die Gliederung nach Indikationsgebieten oder Stoffgruppen nach Absatz 2 Satz 2, die Zusammenfassung der Arzneimittel in Gruppen nach Absatz 2 Satz 3 oder gegen sonstige Bestandteile der Zusammenstellung nach Absatz 2 ist unzulässig.

(3 a) Vor der Entscheidung über die Richtlinien zur Verordnung von Arzneimitteln nach Absatz 1 Satz 2 Nr. 6 ist den für die Wahrnehmung der wirtschaftlichen Interessen gebildeten maßgeblichen Spitzenorganisationen der pharmazeutischen Unternehmer und der Apotheker sowie den maßgeblichen Dachverbänden der Ärztegesellschaften der besonderen Therapierichtungen auf Bundesebene Gelegenheit zur Stellungnahme zu geben; die Stellungnahmen sind in die Entscheidung einzubeziehen.

---

* § 92 Abs. 2 und 3 werden am Tag des Inkrafttretens der auf Grund der Ermächtigung in § 33 a erlassenen Rechtsverordnung wie folgt geändert „in Absatz 2 werden die Sätze 3, 4 und 5 aufgehoben. Absatz 3 Satz 4 wird aufgehoben," vgl. GVK-Gesundheitsreformgesetz 2000 vom 22.12.1999 (BGBl. I S. 2626).

(4) [1]In den Richtlinien nach Absatz 1 Satz 2 Nr. 3 sind inbesondere zu regeln

1. die Anwendung wirtschaftlicher Verfahren und die Voraussetzungen, unter denen mehrere Maßnahmen zur Früherkennung zusammenzufassen sind,

2. das Nähere über die Bescheinigungen und Aufzeichnungen bei Durchführung der Maßnahmen zur Früherkennung von Krankheiten.

[2]Die Krankenkassen und die Kassenärztlichen Vereinigungen haben die bei Durchführung von Maßnahmen zur Früherkennung von Krankheiten anfallenden Ergebnisse zu sammeln und auszuwerten. [3]Dabei ist sicherzustellen, daß Rückschlüsse auf die Person des Untersuchten ausgeschlossen sind.

(5) [1]Vor der Entscheidung des Bundesausschusses über die Richtlinien nach Absatz 1 Satz 2 Nr. 8 ist den in § 111a Satz 1 genannten Organisationen der Leistungserbringer Gelegenheit zur Stellungnahme zu geben; die Stellungnahmen sind in die Entscheidung einzubeziehen. [2]In den Richtlinien ist zu regeln, bei welchen Behinderungen, unter welchen Voraussetzungen und nach welchen Verfahren die Vertragsärzte die Krankenkassen über die Behinderungen von Versicherten zu unterrichten haben.

(6) [1]In den Richtlinien nach Absatz 1 Satz 2 Nr. 6 ist insbesondere zu regeln

1. der Katalog verordnungsfähiger Heilmittel,

2. die Zuordnung der Heilmittel zu Indikationen,

3. die Besonderheiten bei Wiederholungsverordnungen und

4. Inhalt und Umfang der Zusammenarbeit des verordnenden Vertragsarztes mit dem jeweiligen Heilmittelerbringer.

[2]Vor der Entscheidung des Bundesausschusses über die Richtlinien zur Verordnung von Heilmitteln nach Absatz 1 Satz 2 Nr. 6 ist den in § 125 Abs. 1 Satz 1 genannten Organisationen der Leistungserbringer Gelegenheit zur Stellungnahme zu geben; die Stellungnahmen sind in die Entscheidung einzubeziehen.

(6 a) [1]In den Richtlinien nach Absatz 1 Satz 2 Nr. 1 ist insbesondere das Nähere über die psychotherapeutisch behandlungsbedürftigen Krankheiten, die zur Krankenbehandlung geeigneten Verfahren, das Antrags- und Gutachterverfahren, die probatorischen Sitzungen sowie über Art, Umfang und Durchführung der Behandlung zu regeln. [2]Die Richtlinien haben darüber hinaus Regelungen zu treffen über die inhaltlichen Anforderungen an den Konsiliarbericht und an die fachlichen Anforderungen des den Konsiliarbericht (§ 28 Abs. 3) angebenden Vertragsarztes. [3]Sie sind erstmalig am 31. Dezember 1998 zu beschließen und treten am 1. Januar 1999 in Kraft.

(7) [1]In den Richtlinien nach Absatz 1 Satz 2 Nr. 6 sind insbesondere zu regeln

1. die Verordnung der häuslichen Krankenpflege und deren ärztliche Zielsetzung und

2. Inhalt und Umfang der Zusammenarbeit des verordnenden Vertragsarztes mit dem jeweiligen Leistungserbringer und dem Krankenhaus.

[2]Vor der Entscheidung des Bundesausschusses über die Richtlinien zur Verordnung von häuslicher Krankenpflege nach Absatz 1 Satz 2 Nr. 6 ist den in § 132a

Abs. 1 Satz 1 genannten Leistungserbringern Gelegenheit zur Stellungnahme zu geben; die Stellungnahmen sind in die Entscheidung einzubeziehen.

(7a) Vor der Entscheidung des Bundesausschusses über die Richtlinien zur Verordnung von Hilfsmitteln nach Absatz 1 Satz 2 Nr. 6 ist den in § 128 Abs. 1 Satz 4 genannten Organisationen der betroffenen Leistungserbringer und Hilfsmittelhersteller auf Bundesebene Gelegenheit zur Stellungnahme zu geben; die Stellungnahmen sind in die Entscheidung einzubeziehen.

(8) Die Richtlinien der Bundesausschüsse sind Bestandteil der Bundesmantelverträge.

§ 93   Übersicht über ausgeschlossene Arzneimittel*

(1) [1]Der Bundesausschuß der Ärzte und Krankenkassen soll in regelmäßigen Zeitabständen die nach § 34 Abs. 1 oder durch Rechtsverordnung auf Grund des § 34 Abs. 2 und 3 ganz oder für bestimmte Indikationsgebiete von der Versorgung nach § 31 ausgeschlossenen Arzneimittel in einer Übersicht zusammenstellen. [2]Die Übersicht ist im Bundesanzeiger bekanntzumachen.

(2) Kommt der Bundesausschuß seiner Pflicht nach Absatz 1 nicht oder nicht in einer vom Bundesminister für Gesundheit gesetzten Frist nach, kann der Bundesminister für Gesundheit die Übersicht zusammenstellen und im Bundesanzeiger bekannt machen.

§ 94   Wirksamwerden der Richtlinien

(1) [1]Die von den Bundesausschüssen beschlossenen Richtlinien sind dem Bundesminister für Gesundheit vorzulegen. [2]Er kann sie innerhalb von zwei Monaten beanstanden. [3]Kommen die für die Sicherstellung der ärztlichen Versorgung erforderlichen Beschlüsse der Bundesausschüsse nicht oder nicht innerhalb einer vom Bundesminister für Gesundheit gesetzten Frist zustande oder werden die Beanstandungen des Bundesministers für Gesundheit nicht innerhalb der von ihm gesetzten Frist behoben, erläßt der Bundesminister für Gesundheit die Richtlinien. [4]Soweit der Bundesausschuß die Gruppen nach § 35 Abs. 1 Satz 2 Nr. 1 nicht gebildet hat, kann der Bundesminister für Gesundheit nach dem 1. Juli 1989 die Richtlinien erlassen, ohne daß es einer gesonderten Fristsetzung bedarf.

(2) Die Richtlinien sind im Bundesanzeiger bekanntzumachen.

---

* § 93 Abs. 1 Satz 1 wird am Tage des Inkrafttretens der auf Grund der Ermächtigung in § 33a erlassenen Rechtsverordnung wie folgt geändert, nach der Angabe § 34 Abs. 1 werden die Wörter „oder durch Rechtsverordnung auf Grund des § 34 Abs. 2 und 3" gestrichen; vgl. GVK-Gesundheitsreformgesetz 2000 vom 22.12.1999 (BGBl. I S. 2626).

Siebter Abschnitt   **Beziehungen zu Apotheken und pharmazeutischen Unternehmen**

§ 129   Rahmenvertrag über die Arzneimittelversorgung

(1) Die Apotheken sind bei der Abgabe verordneter Arzneimittel an Versicherte verpflichtet zur

1. Abgabe eines preisgünstigen Arzneimittels in Fällen, in denen der verordnende Arzt ein Arzneimittel nur unter seiner Wirkstoffbezeichnung verordnet oder die Ersetzung des Arzneimittels durch ein wirkstoffgleiches Arzneimittel durch den Apotheker zugelassen hat,

2. Abgabe von preisgünstigen importierten Arzneimitteln nach Maßgabe des Rahmenvertrages nach Absatz 2,

3. Abgabe von wirtschaftlichen Einzelmengen und

4. Angabe des Apothekenabgabepreises auf der Arzneimittelpackung.

(2) Die Spitzenverbände der Krankenkassen und die für die Wahrnehmung der wirtschaftlichen Interessen gebildete maßgebliche Spitzenorganisation der Apotheker regeln in einem gemeinsamen Rahmenvertrag das Nähere.

(3) Der Rahmenvertrag nach Absatz 2 hat Rechtswirkung für Apotheken, wenn sie

1. einem Mitgliedsverband der Spitzenorganisation angehören und die Satzung des Verbandes vorsieht, daß von der Spitzenorganisation abgeschlossene Verträge dieser Art Rechtswirkung für die dem Verband angehörenden Apotheken haben, oder

2. dem Rahmenvertrag beitreten.

(4) [1]Im Rahmenvertrag nach Absatz 2 ist zu regeln, welche Maßnahmen die Vertragspartner auf Landesebene ergreifen können, wenn Apotheken gegen ihre Verpflichtungen nach Absatz 1, 2 oder 5 verstoßen. [2]Bei gröblichen und wiederholten Verstößen ist vorzusehen, daß Apotheken von der Versorgung der Versicherten bis zur Dauer von zwei Jahren ausgeschlossen werden können.

(5) [1]Die Landesverbände der Krankenkassen und die Verbände der Ersatzkassen können mit der für die Wahrnehmung der wirtschaftlichen Interessen maßgeblichen Organisationen der Apotheker auf Landesebene ergänzende Verträge schließen. [2]Absatz 3 gilt entsprechend.

(6) [1]Die für die Wahrnehmung der wirtschaftlichen Interessen gebildete maßgebliche Spitzenorganisation der Apotheker ist verpflichtet, die zur Herstellung einer pharmakologisch-therapeutischen und preislichen Transparenz im Rahmen der Richtlinien nach § 92 Abs. 1 Satz 2 Nr. 6 und die zur Festsetzung von Festbeträgen nach § 35 Abs. 1 und 2 erforderlichen Daten dem Bundesausschuß sowie den Spitzenverbänden der Krankenkassen zu übermitteln und auf Verlangen notwendige Auskünfte zu erteilen. [2]Das Nähere regelt der Rahmenvertrag nach Absatz 2.

(7) Kommt der Rahmenvertrag nach Absatz 2 ganz oder teilweise nicht oder nicht innerhalb einer vom Bundesminister für Gesundheit bestimmten Frist zustande, wird der Vertragsinhalt durch die Schiedsstelle nach Absatz 8 festgesetzt.

(8) [1]Die Spitzenverbände der Krankenkassen und die für die Wahrnehmung der wirtschaftlichen Interessen gebildete maßgebliche Spitzenorganisation der Apotheker bilden eine gemeinsame Schiedsstelle. [2]Sie besteht aus Vertretern der Krankenkassen und der Apotheker in gleicher Zahl sowie aus einem unparteiischen Vorsitzenden und zwei weiteren unparteiischen Mitgliedern. [3]Über den Vorsitzenden und die zwei weiteren unparteiischen Mitglieder sowie deren Stellvertreter sollen sich die Vertragspartner einigen. [4]Kommt eine Einigung nicht zustande, gilt § 89 Abs. 3 Satz 3 und 4 entsprechend.

(9) [1]Die Schiedsstelle gibt sich eine Geschäftsordnung. [2]Die Mitglieder der Schiedsstelle führen ihr Amt als Ehrenamt. [3]Sie sind an Weisungen nicht gebunden. [4]Jedes Mitglied hat eine Stimme. [5]Die Entscheidungen werden mit der Mehrheit der Mitglieder getroffen. [6]Ergibt sich keine Mehrheit, gibt die Stimme des Vorsitzenden den Ausschlag.

(10) [1]Die Aufsicht über die Geschäftführung der Schiedsstelle führt der Bundesminister für Gesundheit. [2]Er kann durch Rechtsverordnung mit Zustimmung des Bundesrates das Nähere über die Zahl und die Bestellung der Mitglieder, die Erstattung der baren Auslagen und die Entschädigung für Zeitaufwand der Mitglieder, das Verfahren sowie über die Verteilung der Kosten regeln.

§ 130   Rabatt

(1) Die Krankenkassen erhalten von den Apotheken auf den für den Versicherten maßgeblichen Arzneimittelabgabepreis einen Abschlag in Höhe von 5 vom Hundert.

(2) [1]Ist für das Arzneimittel ein Festbetrag nach § 35 festgesetzt, bemißt sich der Abschlag nach dem Festbetrag. [2]Liegt der maßgebliche Arzneimittelabgabepreis nach Absatz 1 unter dem Festbetrag, bemißt sich der Abschlag nach dem niedrigeren Abgabepreis.

(3) [1]Die Gewährung des Abschlags setzt voraus, daß die Rechnung des Apothekers innerhalb von zehn Tagen nach Eingang bei der Krankenkasse beglichen wird. [2]Das Nähere regelt der Rahmenvertrag nach § 129.

§ 131   Rahmenverträge mit pharmazeutischen Unternehmern

(1) Die Spitzenverbände der Krankenkassen und die für die Wahrnehmung der wirtschaftlichen Interessen gebildeten maßgeblichen Spitzenorganisationen der pharmazeutischen Unternehmer auf Bundesebene können einen Vertrag über die Arzneimittelversorgung in der gesetzlichen Krankenversicherung schließen.

(2) Der Vertrag kann sich erstrecken auf

1. die Bestimmung therapiegerechter und wirtschaftlicher Packungsgrößen und die Ausstattung der Packungen,

2. Maßnahmen zur Erleichterung der Erfassung und Auswertung von Arznei-mittelpreisdaten, Arzneimittelverbrauchsdaten und Arzneimittelverord-nungsdaten einschließlich des Datenaustausches, insbesondere für die Ermittlung der Preisvergleichsliste (§ 92 Abs. 2) und die Festsetzung von Festbeträgen.

(3) § 129 Abs. 3 gilt für pharmazeutische Unternehmer entsprechend.

(4) Die pharmazeutischen Unternehmer sind verpflichtet, die zur Herstellung einer pharmakologisch-therapeutischen und preislichen Transparenz im Rah-men der Richtlinien nach § 92 Abs. 1 Satz 2 Nr. 6 und die zur Festsetzung von Festbeträgen nach § 35 Abs. 1 und 2 erforderlichen Daten dem Bundesausschuß sowie den Spitzenverbänden der Krankenkassen zu übermitteln und auf Verlan-gen notwendige Auskünfte zu erteilen.

(5) ¹Die pharmazeutischen Unternehmer sind verpflichtet, auf den äußeren Umhüllungen der Arzneimittel das Arzneimittelkennzeichen nach § 300 Abs. 1 Nr. 1 in einer für Apotheken maschinell erfaßbaren bundeseinheitlichen Form anzugeben. ²Das Nähere regeln die Spitzenverbände der Krankenkassen und die für die Wahrnehmung der wirtschaftlichen Interessen gebildeten maßgebli-chen Spitzenorganisationen der pharmazeutischen Unternehmer auf Bundes-ebene in Verträgen.

Neunter Abschnitt   Sicherung der Qualität der Leistungserbringung

§ 135 Bewertung von Untersuchungs- und Behandlungsmethoden

(1) ¹Neue Untersuchungs- und Behandlungsmethoden dürfen in der vertrags-ärztlichen und vertragszahnärztlichen Versorgung zu Lasten der Krankenkas-sen nur erbracht werden, wenn die Bundesausschüsse für Ärzte und Kranken-kassen auf Antrag einer Kassenärztlichen Bundesvereinigung, einer Kassen-ärztlichen Vereinigung oder eines Spitzenverbandes der Krankenkassen in Richtlinien nach § 92 Abs. 1 Satz 2 Nr. 5 Empfehlungen abgegeben haben über

1. die Anerkennung des diagnostischen und therapeutischen Nutzens der neuen Methode sowie deren medizinische Notwendigkeit und Wirtschaft-lichkeit – auch im Vergleich zu bereits zu Lasten der Krankenkasse erbrachte Methoden – nach dem jeweiligen Stand der wissenschaftlichen Erkenntnisse in der jeweiligen Therapierichtung.

Siebtes Kapitel   Verbände der Krankenkassen

§ 213   Verbände der Krankenkassen

(1) Spitzenverbände der Krankenkassen sind die Bundesverbände der Krankenkassen, die Bundesknappschaft, die Verbände der Ersatzkassen und die See-Krankenkasse.

(2) [1]Die Spitzenverbände sollen sich über die von ihnen nach diesem Gesetz gemeinsam und einheitlich zu treffenden Entscheidungen einigen. [2]Kommt eine Einigung nicht zustande, erfolgt die Beschlußfassung durch drei Vertreter der Ortskrankenkassen einschließlich der See-Krankenkasse, zwei Vertreter der Ersatzkassen und je ein Vertreter der Betriebskrankenkassen, der Innungskrankenkassen, der landwirtschaftlichen Krankenkassen und der Bundesknappschaft. [3]Beschlüsse bedürfen der Mehrheit der in Satz 2 genannten Vertreter der Spitzenverbände. [4]Das Verfahren zur Beschlußfassung regeln die Spitzenverbände in einer Geschäftsordnung.

(3) [1]Kommen die erforderlichen Beschlüsse nicht oder nicht innerhalb einer vom Bundesminister für Gesundheit gesetzten Frist zustande, entscheidet der Bundesminister für Gesundheit im Einvernehmen mit dem Bundesminister für Wirtschaft; einer Fristsetzung bedarf es nicht, soweit die Spitzenverbände die Festbeträge für die in § 35 Abs. 1 Satz 2 Nr. 1 genannten Arzneimittel nicht bis zum 30. Juni 1989 festgelegt haben. [2]Die Entscheidung ist im Bundesanzeiger bekanntzumachen.

(4) Die Spitzenverbände können Arbeitsgemeinschaften zur Abstimmung untereinander und zur wissenschaftlichen Unterstützung ihrer Mitglieder einrichten.

Zehntes Kapitel   Versicherungs- und Leistungsdaten, Datenschutz

Zweiter Abschnitt   Übermittlung von Leistungsdaten

§ 300   Arzneimittelabrechnung

(1) Die Apotheken und weitere Anbieter von Arzneimitteln sind verpflichtet,

1. bei Abgabe von Fertigarzneimitteln für Versicherte das nach Absatz 3 Nr. 1 zu verwendende Kennzeichen maschinenlesbar auf das für die kassen- oder vertragsärztliche Versorgung verbindliche Verordnungsblatt zu übertragen,

2. die Verordnungsblätter an die Krankenkassen weiterzuleiten und diesen die nach Maßgabe der nach Absatz 3 Nr. 2 getroffenen Vereinbarungen erforderlichen Abrechnungsdaten zu übermitteln.

(2) [1]Die Apotheken und weitere Anbieter von Arzneimitteln können zur Erfüllung ihrer Verpflichtungen nach Absatz 1 Rechenzentren in Anspruch nehmen. [2]Die Rechenzentren dürfen die Daten für im Sozialgesetzbuch bestimmte Zwecke verarbeiten und nutzen, soweit sie dazu von einer berechtigten Stelle beauftragt worden sind; anonymisierte Daten dürfen auch für andere Zwecke verarbeitet und genutzt werden.

(3) Die Spitzenverbände der Krankenkassen und die für die Wahrnehmung der wirtschaftlichen Interessen gebildete maßgebliche Spitzenorganisation der Apotheker regeln in einer Arzneimittelabrechnungsvereinbarung das Nähere insbesondere über

1. die Verwendung eines bundeseinheitlichen Kennzeichens für das verordnete Fertigarzneimittel als Schlüssel zu Handelsname, Hersteller, Darreichungsform, Wirkstoffstärke und Packungsgröße des Arzneimittels,

2. die Einzelheiten der Übertragung des Kennzeichens und der Abrechnung, die Voraussetzungen und Einzelheiten der Übermittlung der Abrechnungsdaten auf Datenbändern oder anderen maschinell verwertbaren Datenträgern sowie die Weiterleitung der Verordnungsblätter an die Krankenkassen,

3. die Übermittlung des Apothekenverzeichnisses nach § 293 Abs. 5.

(4) Kommt eine Vereinbarung nach Absatz 3 nicht oder nicht innerhalb einer vom Bundesminister für Gesundheit gesetzten Frist zustande, wird ihr Inhalt durch die Schiedsstelle nach § 129 Abs. 8 festgesetzt.

Kurzdarstellung des Arzneimittelrechts
Unter Berücksichtigung sozialrechtlicher Vorschriften

1 Arzneimittelgesetz, Zielsetzung und Entwicklung

Das Arzneimittelgesetz regelt die staatlichen Anforderungen an die Qualität, Unbedenklichkeit und Wirksamkeit vor allem industriell erzeugter Arzneimittel und ordnet die Herstellung, die Zulassung, die klinische Prüfung, die Arzneimittelinformation, die Risikoerfassung, den Verkehr, die behördliche Überwachung und die Produkthaftung für Arzneimittel.

Das Gesetz ermächtigt ferner das Bundesministerium für Wirtschaft im Einvernehmen mit dem Bundesministerium für Gesundheit, durch Rechtsverordnung Preise und Preisspannen für Arzneimittel zu regeln, die im Großhandel, in Apotheken und von Tierärzten abgegeben werden.

Seit seinem Erlaß im Jahre 1976 ist das geltende Arzneimittelgesetz mehrfach geändert worden, zuletzt durch das Seuchenrechtsneuordnungsgesetz vom 20. Juli 2000. Eine Neufassung des Gesetzes, die alle Änderungen einschließlich des Achten Gesetzes zur Änderung des Arzneimittelgesetzes berücksichtigt ist am 11. Dezember 1998 bekanntgemacht worden. Dieser Textausgabe liegen diese Bekanntmachung und spätere Änderungsgesetze, insbesondere das Neunte und Zehnte Gesetz zur Änderung des Arzneimittelgesetzes zugrunde. Eine Übersicht über die einzelnen Änderungsgesetze ist dem Gesetzestext vorangestellt.

Das Arzneimittelrecht ist ein Sondergebiet des öffentlichen Rechts, genauer des Ordnungsbehörden- und Polizeirechts, und dient der präventiven Gefahrenabwehr durch staatliche Kontrolle. Es soll die Bevölkerung vor Risiken schützen, die der Laie nicht auf Grund allgemeiner Lebenserfahrung bewältigen und die vielfach auch der Fachmann wegen der Komplexität der Probleme und der Begrenztheit der eigenen Erfahrung nicht überschauen und in ihrer Vertretbarkeit bewerten kann. Nach Artikel 74 Nr. 19 des Grundgesetzes ist der Verkehr mit Arzneien ein Gegenstand der konkurrierenden Gesetzgebungszuständigkeit des Bundes. Aus diesem Grunde geht das Arzneimittelgesetz und die auf seiner Grundlage erlassenen Rechtsverordnungen etwaigen durch die Bundesländer erlassenen Vorschriften vor.

Die staatliche Kontrolle, die Tätigkeit der Zulassungsbehörden des Bundes und der Überwachungsbehörden der Bundesländer, stellt jedoch nur eine zweite Sicherheitslinie dar. Die primäre Verantwortung für die pharmazeutische Qualität, die Unbedenklichkeit und die Wirksamkeit der Arzneimittel liegt beim pharmazeutischen Unternehmer. Diese Herstellerverantwortung bleibt trotz der Überwachung durch staatliche Behörden in vollem Umfang erhalten.

Das geltende Arzneimittelgesetz vom 24. August 1976 hat das mehrfach geänderte Arzneimittelgesetz vom 16. Mai 1961 abgelöst, dessen Verdienste als der ersten einheitlichen und im Grundsatz umfassenden Arzneimittelgesetzgebung in Deutschland nicht zu übersehen sind.

Das Gesetz von 1976 hat das deutsche Arzneimittelrecht an die Erste und Zweite Pharmazeutische Richtlinie der Europäischen Wirtschaftsgemeinschaft angepaßt.

Die einzelnen Regelungsgebiete werden im Folgenden dargestellt. Es ist selbstverständlich, daß die komplexen Regelungen und Regelungszusammenhänge des Arzneimittelgesetzes in der hier gebotenen Kürze nicht umfassend dargestellt werden können. Zweck dieser Ausarbeitung ist es, durch eine konzentrierte Kurzdarstellung eine erste Übersicht zu bieten. Auf das Verzeichnis der weiterführenden monographischen Darstellungen und Kommentare im Literaturverzeichnis wird hingewiesen.

2 Arzneimittelbegriff

Der Arzneimittelbegriff in § 2 des Gesetzes erfaßt gleichermaßen Human- und Tierarzneimittel und schließt neben allen Mitteln, die der Heilung, Linderung, Verhütung oder Erkennung von Krankheiten, Leiden, Körperschäden oder krankhaften Beschwerden zu dienen bestimmt sind, teilweise abweichend vom allgemeinen Sprachgebrauch Mittel ein, die die Körperfunktionen beeinflussen sollen, wie z. B. Entwöhnungsmittel, Dopingmittel oder Empfängnisverhütungsmittel. Für die Entscheidung, ob ein Arzneimittel vorliegt, kommt es auf die objektive Zweckbestimmung und nicht auf den Willen des pharmazeutischen Unternehmers an. Die Rechtssprechung stellt bei der Abgrenzung zwischen Arzneimitteln und Lebensmitteln im Grundsatz darauf ab, ob ein durchschnittlich informierter Verbraucher nach der gesamten Produktaufmachung annehmen muß, daß dem Erzeugnis überwiegend pharmakologische Wirkungen zukommen. Lebensmittel, Medizinprodukte, Tabakerzeugnisse, Kosmetika, Tierpflegemittel, Futtermittel, Zusatzstoffe und Vormischungen nach dem Futtermittelgesetz sind ausdrücklich vom Arzneimittelbegriff ausgenommen (§ 2 Abs. 3).

Der umfassende Arzneimittelbegriff des Arzneimittelgesetzes machte es erforderlich, auch die zur Transplantation bestimmten menschlichen Organe Herz, Niere, Leber, Lunge, Bauchspeicheldrüse, Darm und die Augenhornhaut aus dem Arzneimittelbergiff auszuklammern, weil für sie die Regelungen des Arzneimittelgesetzes nicht passen.

Eine Entscheidung der Zulassungsbehörde über die Arzneimitteleigenschaft eines Mittels ist für die staatlichen Behörden verbindlich (§ 2 Abs. 4) aber verwaltungsgerichtlich nachprüfbar.

3 Verbot bedenklicher und irreführend gekennzeichneter Arzneimittel

Das Ziel, den Verbraucher beim Umgang mit Arzneimitteln zu schützen, wird dadurch erreicht, daß nur qualitativ einwandfreie, wirksame und unbedenkliche Arzneimittel in den Verkehr gebracht werden dürfen. Es ist bei Strafe verboten, bedenkliche Arzneimittel (bei denen nach dem jeweiligen Stand der wissenschaftlichen Erkenntnisse der begründete Verdacht besteht, daß sie bei bestimmungsgemäßem Gebrauch schädliche Wirkungen haben, die über ein nach den Erkenntnissen der medizinischen Wissenschaft vertretbares Maß hinausgehen), unwirksame Arzneimittel (bei denen Anwendungsgebiete unbegründet in Anspruch genommen werden) oder qualitativ minderwertige Arzneimittel in den Verkehr zu bringen (§§ 5 und 8 i. V. m. § 95 Abs. 1 Nr. 1 und § 96 Nr. 2). Nach der gesetzlichen Definition in § 5 Abs. 2 ist ein Arzneimittel dann als bedenklich einzustufen, wenn es eine negative Nutzen-Risiko-Bilanz aufweist, wenn also die erhoffte Wirksamkeit nicht ausreicht, um die Hinnahme der zu befürchtenden Risiken zu rechtfertigen. Völlig nebenwirkungsfreie Arzneimittel gibt es praktisch nicht.

Diese gesetzlichen Verbote treten neben die nach allgemeinen Rechtsgrundsätzen bestehenden Verkehrssicherungspflichten des pharmazeutischen Unternehmers.

Es verbleibt jedoch nicht bei Strafandrohungen. Um diese zentralen Vorschriften der §§ 5 und 8 gruppieren sich weitere Regelungen, die vorschreiben, auf welche Weise der Entwicklung, der Herstellung und im Verkehr mit Arzneimitteln ihre Sicherheit in der Anwendung gewährleistet wird.

4 Verbot von Arzneimitteln zu Dopingzwecken im Sport

Das Inverkehrbringen, das Verschreiben sowie die Anwendung bestimmter arzneilich wirksamer Substanzen an anderen zur Leistungssteigerung im Sport ist arzneimittelrechtlich als Doping verboten (§ 6 a).

Das Verbot knüpft an das Gesetz vom 2. März 1994 zu dem Übereinkommen gegen Doping an, das bestimmte Gruppen von Dopingwirkstoffen aufführt, und ermächtigt den Verordnungsgeber, weitere Stoffe zu bestimmen, deren Verwendung zu Dopingzwecken bedenklich ist. Ziel der Regelung ist der Gesundheitsschutz, nicht die Gewährleistung sportlicher Fairness.

Das Verbot richtet sich dementsprechend nicht an den Sportler, der ein Mittel bei sich anwendet, sondern nur an die Personen, die es ihm zur Verfügung stellen oder an ihm anwenden, also z. B. Trainer und ärztliche Betreuer.

Das Verbot gilt für den Leistungssport wie den Breitensport, aber auch für die Stärkung des Muskelwachstums im Zusammenhang mit „Bodybuilding".

Das Verbot des Doping betrifft nicht Arzneimittel, die außerhalb von sportlichen Aktivitäten eingesetzt werden, um die natürliche Leistungsfähigkeit bei besonderen Anforderungen zu steigern, z. B. bei Prüfungen, oder um Schwankungen der Leistungsfähigkeit auszugleichen. Das gilt insbesondere für Arzneimittel, die mit entsprechenden Indikationen zugelassen sind.

Das Dopingverbot wird dadurch ergänzt, daß auch eine unentgeltliche, aber berufs- und gewerbsmäßige Abgabe von apothekenpflichtigen Arzneimitteln verboten ist (§ 43 Abs. 1 in Verbindung mit § 95 Abs. 1 Nr. 5 und § 87 Abs. 2 Nr. 1). Dadurch wird nicht nur die Weitergabe von Arzneimitteln zu Dopingzwecken erfaßt, sondern auch die Abgabe von „Ersatzdrogen".

Ein Dopingverbot für Tiere ist im Tierschutzgesetz erlassen worden.

5   Verkehrsgenehmigung

5.1   Zulassung

Fertigarzneimittel (§ 4 Abs. 1) dürfen erst in den Verkehr gebracht werden, wenn sie durch das Bundesinstitut für Arzneimittel und Medizinprodukte bzw. durch das Paul-Ehrlich-Institut oder das Bundesinstitut für gesundheitlichen Verbraucherschutz und Veterinärmedizin (§ 77) auf Qualität, Wirksamkeit und Unbedenklichkeit geprüft und zugelassen worden sind (§§ 21–37). Der Nachweis von Qualität, Wirksamkeit und Unbedenklichkeit obliegt dem Antragsteller, der Unterlagen über die analytische, die pharmakologisch-toxikologische und die klinische Prüfung vorzulegen hat (§ 22). Die analytische Prüfung erstreckt sich auf die pharmazeutische Qualität der Ausgangsstoffe und des anwendungsfertigen Arzneimittels sowie seine Haltbarkeit; die pharmakologisch-toxikologische Prüfung beurteilt anhand von Tierversuchen und zunehmend durch Untersuchungen an schmerzfreier Materie die Verträglichkeit der Substanzen; die klinische Prüfung untersucht die therapeutische Wirksamkeit nach einem festgelegten Prüfplan an einer Gruppe von Patienten in der Regel gegenüber einer Standardtherapie.

Die behördliche Zulassung ändert aber nichts an der grundsätzlichen zivil- und strafrechtlichen Verantwortung des pharmazeutischen Unternehmers (§ 25 Abs. 10).

Die Zulassung ist nach dem Schema des Verbots mit Erlaubnisvorbehalt ausgestaltet. Die Einführung eines Zulassungsverfahrens durch die genannten staatlichen Zulassungsbehörden, in Berlin und in Frankfurt a. M. (§ 77), ist von der Ersten Pharmazeutischen Richtlinie der EG für Arzneispezialitäten, also Arzneimittel, die unter besonderer Bezeichnung in den Verkehr gebracht werden, ausdrücklich vorgeschrieben. Das Arzneimittelgesetz unterstellt aber nicht nur Arzneispezialitäten, die unter einer besonderen Markenbezeichnung in den Verkehr gebracht werden, sondern alle Arzneimittel der Zulassungspflicht, die als Fertigarzneimittel im voraus hergestellt und in einer zur Abgabe an den Verbraucher bestimmten Packung (§ 4 Abs. 1 und § 21 Abs. 1) in den Verkehr gebracht werden. Ausgenommen von der Zulassungspflicht sind Rezepturarzneimittel, die in Apotheken auf Einzelbestellung und daher nicht im voraus angefertigt werden.

Sodann sind auf Grund ausdrücklicher gesetzlicher Regelung (§ 21 Abs. 2) von der Zulassungspflicht ausgenommen
1. Arzneimittel zur Anwendung beim Menschen, die in Apotheken auf Grund häufiger ärztlicher Verschreibung im Rahmen des üblichen Apothekenbetriebs hergestellt und dort abgegeben werden. Die Ausdehnung dieser Regelung auf 100 abgabefertige Packungen am Tag soll insbesondere einen ordnungsgemäßen Betrieb von Krankenhausapotheken und eine wirtschaftliche Herstellung nachweislich häufig verschriebener Arzneimittel ermöglichen. Für die Herstellung größerer Mengen in der Apotheke kann eine Freistellung durch eine Standardzulassung unter den Voraussetzungen des § 36 in Anspruch genommen werden. Diese Standardzulassung gilt auch für die industrielle Fertigung.

2. Arzneimittel, die zur klinischen Prüfung beim Menschen oder Tier oder zur Rückstandsprüfung bestimmt sind.
3. Arzneimittel, die für Einzeltiere in Apotheken oder tierärztlichen Hausapotheken hergestellt werden, sowie Fütterungsarzneimittel aus zugelassenen Vormischungen.

Auf Grund der besonderen Rückstandproblematik bei Tierarzneimitteln sind grundsätzlich auch Rohstoffe zulassungspflichtig (§ 21 Abs. 1 Satz 2), wenn sie nicht nur von Hersteller zu Hersteller abgegeben werden.

Die Zulassung ist vom pharmazeutischen Unternehmer unter Vorlage der im Einzelnen im Gesetz (§ 22) und in den Arzneimittelprüfrichtlinien (§ 26) vorgeschriebenen Unterlagen zu beantragen.

Zum Nachweis von Qualität, Unbedenklichkeit und Wirksamkeit sind die Ergebnisse einer analytischen, einer pharmakologisch-toxikologischen und einer klinischen Prüfung vorzulegen (§ 22 Abs. 2). Soweit es sich allerdings um Arzneimittel mit Stoffen handelt, deren Wirkungen und Nebenwirkungen bereits bekannt und aus wissenschaftlichem Erkenntnismaterial einschließlich medizinischen Erfahrungsmaterials ersichtlich sind, verzichtet der Gesetzgeber auf den Nachweis durch Prüfungen und läßt Nachweise zu, die anhand von wissenschaftlichem Erkenntnismaterial geführt werden (§ 22 Abs. 3).

Für das wissenschaftliche Erkenntnismaterial sind die Anforderungen der Prüfrichtlinien sinngemäß anzuwenden (§ 26 Abs. 2 Satz 1). Zu berücksichtigen sind insbesondere die medizinischen Erfahrungen der jeweiligen Therapierichtungen (s. unter 4.3).

Zusätzlich zu den Zulassungsunterlagen sind Sachverständigengutachten vorzulegen (§ 24), die die Prüfergebnisse und das wissenschaftliche Erkenntnismaterial zusammenfassen und bewerten.

Über die Zulassung muß innerhalb einer Frist von sieben Monaten entschieden werden (§ 27).

Die Zulassungszeiten der deutschen Zulassungsbehörden entsprechen denen anderer europäischer und außereuropäischer Zulassungsbehörden. Ein früherer Zulassungsstau ist abgebaut.

Die Einbeziehung unabhängiger Gegensachverständiger ist vorgesehen (§ 25 Abs. 5 Satz 3) und soll die Zulassungsbehörde von Routineprüfungen entlasten. In einer Vorprüfung werden unvollständig dokumentierte Zulassungsanträge aussortiert und nach Ablauf einer Mängelbeseitigungsfrist abgelehnt.

Die Zulassung darf nur aus den in § 25 Abs. 2 abschließend aufgezählten Gründen der Ersten Pharmazeutischen EG-Richtlinie versagt werden. Insbesondere sind zu nennen:
- Unvollständigkeit der Unterlagen,
- unzureichende Prüfung des Arzneimittels,
- unzureichende pharmazeutische Qualität,
- unzureichende Begründung der therapeutischen Wirksamkeit,
- begründeter Verdacht der Bedenklichkeit,
- eine unzureichende Begründung von Kombinationspräparaten,

– bei Arzneimitteln, die bei Tieren eingesetzt werden, die der Lebensmittelgewinnung dienen, wird eine ausreichende Wartezeit gefordert und die Vorlage eines routinemäßig durchführbaren und zuverlässigen Rückstandnachweisverfahrens.

Die Vorlage unrichtiger, gefälschter oder unvollständiger Zulassungsunterlagen, also Verschweigen ungünstiger Prüfungsergebnisse, ist mit Strafe bedroht. Änderungen in den Zulassungsunterlagen auf Grund späterer Erkenntnisse sind unverzüglich anzuzeigen (§ 29).

Bei der Zulassung neuer Arzneimittel hat die Behörde die Zulassungskommission A zu hören, in die vom Bundesministerium für Gesundheit Sachverständige auf Vorschlag der Ärzteschaft, der Apothekerschaft und der Industrie berufen werden (§ 25 Abs. 6).

Die Zulassung erlischt, wenn sie nicht nach fünf Jahren auf der Grundlage eines Erfahrungsberichtes des pharmazeutischen Unternehmers verlängert wird.

5.1.1 Zentrales und dezentrales EU-Zulassungsverfahren

Das vom Deutschen Bundestag im Februar 1998 beschlossene 7. Änderungsgesetz hat das zentrale und das dezentrale europäische Zulassungsverfahren im deutschen Recht verankert.

Die zentrale europäische Verkehrsgenehmigung wird im Zusammenwirken von Kommission und Rat der europäischen Gemeinschaften erteilt. Sie wird einer Zulassung durch die zuständigen Bundesoberbehörden gleichgestellt. Daraus folgt, daß das Arzneimittel mit europäischer Zulassung ohne weiteres in Deutschland in den Verkehr gebracht werden darf, aber auch, daß dem pharmazeutischen Unternehmer unmittelbare Nebenwirkungsmeldepflichten gegenüber der Europäischen Arzneimittelagentur auferlegt werden. Bestimmte Produkte, z. B. solche, die in biotechnologischen Verfahren hergestellt werden, werden der Zulassung durch die nationalen Behörden entzogen und bedürfen einer Zulassung im zentralen Verfahren. Die Behörden der Bundesländer überwachen auch die EG-rechtlich zugelassenen Arzneimittel.

Das dezentrale Zulassungsverfahren enthält im Kern ein Element gegenseitiger Anerkennung der nationalen Zulassungsentscheidungen. Die deutschen Zulassungsbehörden entscheiden, sind aber europarechtlich zu einer ganz bestimmten Entscheidung verpflichtet, die durch den Beurteilungsbericht der erstentscheidenden Behörde vorgegeben ist. Sehen sich weitere Zulassungsbehörden fachlich nicht in der Lage, der Vorentscheidung eines anderen Mitgliedstaates zu folgen, muß ein im Ergebnis verbindliches Schiedsverfahren bei der Europäischen Arzneimittelagentur eingeleitet werden. Arzneimittel, die nach dem 1. Januar 1998 ein nationales Zulassungsverfahren bei einem Mitgliedstaat durchlaufen haben, sind weiteren nationalen Zulassungen entzogen und auf das dezentrale Anerkennungsverfahren verwiesen (§ 25 Abs. 5 d).

Immer wieder wird die Frage gestellt, wie im zentralen und dezentralen Zulassungsverfahren das Sicherheitsniveau der Zulassungsentscheidungen gewährleistet wird. Garant für ein fachlich hohes Niveau der Entscheidungen ist als Teil der European Agency for the Evaluation of Medicinal Products (EMEA) in London der Ausschuß für Arzneispezialitäten, in dem die fachlichen Beurteilungen erfolgen. Er setzt sich aus weisungsunabhängigen Vertretern der nationalen Zulassungsbehörden zusammen, die zu jeder Zeit auf das gesamte Wissen der entsendenden Behörde zurückgreifen können.

5.1.2 Beschleunigte Zulassung

Wenn ein Arzneimittel voraussichtlich einen hohen therapeutischen Wert hat und deshalb ein öffentliches Interesse besteht, daß es unverzüglich für die Therapie zur Verfügung steht, besteht ein Konflikt zwischen dem Interesse an schneller Verfügbarkeit und dem Interesse an einer lückenlosen Prüfung aller Qualitätskriterien sowie der toxikologischen und klinischen Daten. Der Gesetzgeber hat diesen Interessenkonflikt zwischen Verfügbarkeit und umfassender Prüfung dahingehend gelöst, daß die Zulassungsbehörde in einer solchen Situation eine Zulassung mit Auflagen erteilen kann. Mit diesen Auflagen kann angeordnet werden, daß der Antragsteller in bestimmter Frist weitere Untersuchungen durchführt und deren Ergebnisse vorlegt.

5.2 Schutz der Zulassungsunterlagen, allgemeine Verwertungsbefugnis

Hat die Behörde nach Prüfung der vorgelegten Zulassungsunterlagen die Zulassung erteilt, stellt sich die Frage, ob für ein Arzneimittel mit gleicher Zusammensetzung und gleichem Indikationsanspruch die Zulassungsunterlagen zum zweiten Mal vorgelegt werden müssen, oder ob sich der zweite Antragsteller auf die Unterlagen des Vorantragstellers berufen kann. Dieser Interessenkonflikt zwischen Vorantragsteller und Zweitantragsteller ist in § 24a geregelt. Bei der Regelung waren außer dem Interessenausgleich zwischen den beiden Antragstellern auch die Vermeidung von unnötigen klinischen Prüfungen und Tierversuchen zu berücksichtigen.

Das Gesetz läßt die Bezugnahme grundsätzlich zu, sofern der Antragsteller die schriftliche Zustimmung des Zulassungsinhabers, des Vorantragstellers, vorlegt. Die Zustimmung ist nicht erforderlich, wenn die erstmalige Zulassung in einem Mitgliedstaat der europäischen Gemeinschaften länger als zehn Jahre zurückliegt. Das Erfordernis der schriftlichen Zustimmung des Vorantragstellers ist durch die fünfte Novelle eingeführt worden und hat die frühere Regelung abgelöst, die dem Vorantragsteller auf zehn Jahre ein Widerspruchsrecht gegen die Verwertung seiner Unterlagen gewährt hatte. Im Gegensatz zu einem Patent bewirkt das Zustimmungserfordernis ebensowenig wie das frühere Widerspruchsrecht eine Monopolstellung, weil der Vorantragsteller das Inverkehrbringen des Arzneimittels nicht untersagen kann, wenn der Zweitantragsteller eigene Zulassungsunterlagen vorlegt und die Zulassung auf ihrer Grundlage erhält.

Die Zulassungsbehörden können bei der Erfüllung ihrer Aufgaben nach dem Arzneimittelgesetz von den Antragstellern vorgelegte Unterlagen zur Unbedenklichkeit und Wirksamkeit eines Arzneimittels zugunsten eines anderen Zulassungsantrags verwerten, wenn die erstmalige Zulassung länger als zehn Jahre zurückliegt (§ 24 c).

5.3 Besondere Therapierichtungen

Bei der Beurteilung von Arzneimitteln der besonderen Therapierichtungen – Homöopathika, Anthroposophika und Phytotherapeutika – hat die Zulassungsbehörde Sachverständige zu hören, die auf dem Gebiet der jeweiligen Stoffgruppe oder der jeweiligen Therapierichtung über wissenschaftliche Erkenntnisse verfügen und praktische Erfahrungen gesammelt haben (§ 25 Abs. 6 Satz 6). Auf diese Weise ist dem Willen auch des Deutschen Bundestages Rechnung getragen, daß die Entscheidungen über die Unbedenklichkeit und vor allem über die Wirksamkeit naturheilkundlicher Arzneimittel nicht allein auf der Basis schulmedizinischer Denkansätze getroffen werden. Er wollte sicherstellen, daß der Pluralität der wissenschaftlichen Lehrmeinungen Rechnung getragen wird. Der Fortbestand der pflanzlichen Arzneimittel, der homöopathischen und der anthroposophischen Arzneimittel, die sich auf lange Erfahrung gründen und eine besondere Auffassung von der Aufgabe der Arzneimittel zur Grundlage haben, soll durch die Regelungen des Gesetzes und bei ihrem verwaltungsmäßigen Vollzug gewährleistet bleiben (Tendenzschutz).

Die vierte Novelle hat diesen Tendenzschutz verstärkt, indem sie eine Berücksichtigung der medizinischen Erfahrungen der jeweiligen Therapierichtung vorschreibt (§ 22 Abs. 3 Satz 2). Ein Hinweis auf die traditionelle Anwendung zur Stärkung oder Kräftigung, zur Besserung des Befindens, zur Unterstützung der Organfunktion, zur Vorbeugung oder als mild wirksames Arzneimittel soll einerseits entsprechende Arzneimittel von unangemessenen Nachweisanforderungen freistellen, andererseits den Verbraucher über die Begründung des Indikationsanspruchs dieser Arzneimittel unterrichten; die Nachzulassung dieser Arzneimittel ist durch die fünfte Novelle einer besonderen Regelung unterstellt worden (§ 109 a, s. u. 5.4).

5.4 Nachzulassung

Arzneimittel, die am 1. Januar 1978, dem Tage des Inkrafttretens des Arzneimittelgesetzes im Verkehr waren, dürfen weiter in den Verkehr gebracht werden, wenn sie binnen bestimmter Frist unter Angabe der Zusammensetzung und der Anwendungsgebiete bei der Zulassungsbehörde angezeigt wurden (§ 105). Die Verlängerung ihrer fiktiven Zulassung war bis zum 30. April 1990 zu beantragen, wobei dem Antrag Zulassungsunterlagen wie bei einer Neuzulassung mit Ausnahme der pharmakologisch-toxikologischen und klinischen Prüfungsergebnisse beizufügen waren. Bis zur Entscheidung über den Verlängerungsantrag, die im allgemeinen als die Nachzulassungsentscheidung bezeichnet wird, bleiben die fiktiv zugelassenen Arzneimittel verkehrsfähig.

Über Unbedenklichkeit und Wirksamkeit sollte nach dem Gesetz zur Neuordnung des Arzneimittelgesetzes aus dem Jahre 1978 ab 1990 durch eine Entscheidung zur Verlängerung der fiktiven Zulassung, der sogenannten Nachzulassung auf der Grundlage von Aufbereitungsmonographien entschieden werden. Diese Monographien sollten von Kommissionen erarbeitet werden, den sogenannten Aufbereitungskommissionen, die für die Humanmedizin nach Indikationsgebieten gegliedert waren. Dazu gab es eine Kommission für Tierarzneimittel und je eine Kommission für pflanzliche, homöopathische und anthroposophische Arzneimittel.

Eine andere Konzeption der Nachzulassung hatte dagegen noch dem Regierungsentwurf des Neuordnungsgesetzes zugrundegelegen. Nach Art. 3 § 7 Abs. 2 des Entwurfes aus dem Jahre 1975 (BT-Drs. 7/3060) sollte über die Nachzulassung gruppenweise nach Inkrafttreten der Neuordnung entschieden werden. Dieser Konzeption ist der Bundestag einstimmig nicht gefolgt. Bei der Nachzulassung könne grundsätzlich auf die Unterlagen zur Unbedenklichkeit und Wirksamkeit verzichtet werden, weil der therapeutische Gebrauch bereits hinreichende Erkenntnisse ermögliche (BT-Drs. 7/5091 zu Art. 3 § 7).

Zu diesen einschneidenden Änderungen war der zuständige Fachausschuß des Bundestages durch einen sehr starken und fast schon als weltanschaulich begründet zu nennenden Widerstand von Anwendern und Patienten veranlaßt worden, der gegen die Einführung eines Wirksamkeitsnachweises bestand. So wurde die uneingeschränkte Delegation der Zulassungsentscheidung auf wissenschaftlich-ärztliche Gesellschaften gefordert, da nur so die ärztliche Therapiefreiheit gewahrt bleibe (BT-Drs./5091 II.2.).

Die Paxis hat gezeigt, daß die Aufbereitungskommissionen in ihrer Gesamtheit trotz allen Einsatzes und trotz Unterstützung durch die Zulassungsbehörden diese übergroße Aufgabe für den gesamten Arzneimittelmarkt nicht leisten konnten. Damit stand insbesondere das Bundesinstitut für Arzneimittel und Medizinprodukte im Jahre 1990, am vorgesehenen Beginn der Nachzulassungsphase vor dem Problem, daß ihr einerseits Aufbereitungsmonographien nur in begrenztem Umfang zur Verfügung standen, andererseits die Antragsteller nach der damaligen Rechtslage zu einem Wirksamkeitsnachweis in der Nachzulassung nicht verpflichtet waren. Schrittweise sind die rechtlichen Grundlagen für die Nachzulassung verbessert worden.

So haben die pharmazeutischen Unternehmer die Möglichkeit erhalten, die fiktiv zugelassenen Arzneimittel in Zusammensetzung und Indikation bereits vor der Nachzulassung an neue wissenschaftliche Erkenntnisse anzupassen.

Mit dem 4. Gesetz zur Änderung des Arzneimittelgesetzes wurden im Jahre 1994 wichtige Änderungen zum Nachzulassungsverfahren eingeführt: Es wurde festgelegt, daß dem Antragsteller auch im Nachzulassungsverfahren der Nachweis der Wirksamkeit obliege; Änderungen sollten nach dem Einreichen der vollständigen Nachzulassungsunterlagen nur noch nach einem Mängelbescheid zulässig sein. Um den Nachzulassungsprozeß auf die wichtigsten Arzneimittel zu konzentrieren, hatte das Fünfte Änderungsgesetz für solche Arzneimittel eine Auslauffrist eingeräumt, auf deren Nachzulassung die pharmazeutische Unternehmer bis zum 31. 12. 1995 verzichten würde. Diese Frist ist später bis zum 31. Dezember 1999 verlängert worden. Von dieser Möglichkeit war etwa für die Hälfte der zur Nachzulassung anstehenden Arzneimittel Gebrauch gemacht worden.

Mit dem Zehnten Gesetz zur Änderung des Arzneimittelgesetz sind die Nachzulassungsvorschriften noch einmal grundlegend novelliert worden. Die Notwendigkeit dazu ergab sich einmal aus einem Vertragsverletzungsverfahren, das die Europäische Kommission gegen Deutschland wegen mangelnder Übereinstimmung der Nachzulassungsvorschriften mit europäischem Recht eingeleitet hatte. Gerügt wurde, daß der Antragsteller nach deutschem Arzneimittelrecht nicht verpflichtet sei, Unterlagen zur Unbedenklichkeit und Wirksamkeit der Arzneimittel vorzulegen, und ferner die Auslauffrist bis 2004. Die Änderungen des Zehnten Änderungsgesetzes sind in der vorstehenden Textfassung durch Fettdruck hervorgehoben.

Für traditionell angewendete Arzneimittel ist das Nachzulassungsverfahren durch die fünfte Novelle modifiziert worden. Soweit freiverkäufliche Arzneimittel und entsprechende apothekenpflichtige Arzneimittel unter den in § 109 a Abs. 3 vorgesehenen Angaben mit Indikationen in den Verkehr gebracht werden, die nach Anhörung einer eigens zu diesem Zweck berufenen Kommission festgelegt worden sind, wird die Nachzulassung erteilt, wenn das analytische Gutachten zur pharmazeutischen Qualität vorliegt und der pharmazeutische Unternehmer eidesstattlich versichert hat, daß das Arzneimittel nach Maßgabe der Prüfrichtlinien geprüft ist und die erforderliche Qualität besitzt.

5.5   Registrierungsverfahren für homöopathische Arzneimittel

Bei homöopathischen Arzneimitteln kann der pharmazeutische Unternehmer für ein Registrierungsverfahren (§§ 38, 39) optieren, wenn die Arzneimittel nach einer Verfahrensweise des Homöopathischen Arzneibuchs hergestellt sind und keine verschreibungspflichtigen Stoffe enthalten. Für diese Arzneimittel bedarf es keines Nachweises von Unbedenklichkeit und Wirksamkeit, jedoch dürfen auch keine Anwendungsgebiete in Anspruch genommen werden. In der Kennzeichnung müssen diese Arzneimittel den Hinweis „Homöopathisches Arzneimittel" tragen. Entsprechend der EG-Richtlinie für homöopathische Arzneimittel schreibt die fünfte Novelle sowohl für die Kennzeichnung als auch für die Packungsbeilage die zusätzliche Angabe „Registriertes homöopathisches Arzneimittel, daher ohne Angabe einer therapeutischen Indikation" sowie den Hinweis vor, daß bei Fortdauer der Krankheitssymptome medizinischer Rat einzuholen ist.

Ist das Arzneimittel bereits in einem anderen EWR-Staat registriert worden, ist es in Deutschland auf der Grundlage dieser Entscheidung zu registrieren (§ 39 Abs. 2 a). Die Registrierung ist nach Ablauf von fünf Jahren zu erneuern.

5.6   Das zugelassene Arzneimittel in der gesetzlichen Krankenversicherung

Der Sachleistungsanspruch der in der gesetzlichen Krankenversicherung versicherten Person (§ 31 SGB V) richtet sich auf alle Arzneimittel, soweit sie nicht nach § 34 Abs. 1 SGB V in den dort bezeichneten Anwendungsgebieten oder durch Rechtsverordnung nach § 34 Abs. 2 oder 3 SGB V generell von der Verordnung zu Lasten der gesetzlichen Krankenversicherung ausgeschlossen worden sind. Von der Verordnungsermächtigung nach § 34 Abs. 2 SGB V, die einen Ausschluß weiterer Arzneimittel von der Verordnung erlaubt, wenn sie ihrer Zweckbestimmung nach üblicherweise bei geringfügigen Gesundheitsstörungen verordnet werden, ist bislang nicht Gebrauch gemacht worden.

Eine Reihe von Arzneimitteln ist jedoch durch Rechtsverordnung nach § 34 Abs. 3 SGB V als unwirtschaftlich von der Verordnungsfähigkeit ausgeschlossen worden, weil sie für das Therapieziel oder zur Minderung von Risiken nicht erforderliche Bestandteile enthalten oder weil ihre Wirkungen wegen der Vielzahl der enthaltenen Wirkstoffe nicht mit ausreichender Sicherheit beurteilt werden können oder weil ihr therapeutischer Nutzen nicht nachgewiesen ist (Verordnung über unwirtschaftliche Arzneimittel vom 21. Februar 1990, BGBl. I S. 301, Negativlisten Verordnung). Nach § 4 der genannten Verordnung wird dieser Ausschluß von der Verordnungsfähigkeit durch eine spätere positive Bewertung der zuständigen Zulassungsbehörde aufgehoben.

Durch das GKV-Gesundheitsreformgesetz 2000 vom 22. Dezember 1999 in § 33a SGB V der Auftrag an ein beim Bundesministerium für Gesundheit errichtetes Institut für die Arzneimittelversorgung in der gesetzlichen Krankenversicherung erteilt worden, eine Vorschlagsliste von Arzneimitteln zu erstellen, die in der vertragsärztlichen Versorgung verordnungsfähig sind. Auf der Grundlage dieser Vorschlagsliste, die bis zum 30. Juni 2001 nach dem zwingenden gesetzlichen Auftrag bis zum 30. Juni 2001 zu beschließen ist, erläßt dann das Bundesministerium für Gesundheit mit Zustimmung des Bundesrates eine Rechtsverordnung mit einer Liste verordnungsfähiger Arzneimittel (Positivliste). Die Positivliste wird die früheren Ausschlüsse der Negativliste zu berücksichtigen haben (§ 33a Abs. 7 Satz 5 SGB V).

Die Kriterien für die Erstellung der Positivliste sind in § 33 Abs. 7 Satz 1 bis 3 SGB V festgelegt.

6   Überwachung der Arzneimittel nach der Zulassung

6.1   Anzeigepflichten

Der pharmazeutische Unternehmer ist nach einer aus generellen Rechtsgrundsätzen resultierenden Schutzpflicht gegenüber dem Verbraucher zur Sicherung seiner Produkte verpflichtet, also auch zur Beobachtung der im Verkehr befindlichen Arzneimittel und der bei ihrer Anwendung gesammelten Erfahrungen. Dieser Verpflichtung entsprechen die pharmazeutischen Unternehmer u. a. durch die Entsendung von Pharmaberatern, die nach § 76 verpflichtet sind, Mitteilungen von Angehörigen der Heilberufe über Risiken schriftlich aufzuzeichnen (s. auch § 14 der Betriebsverordnung für pharmazeutische Unternehmer).

Erkenntnisse, die der pharmazeutische Unternehmer nach der Zulassung des Arzneimittels gewinnt, muß er der Zulassungsbehörde nach § 29 Abs. 1 anzeigen. Das gilt insbesondere für die Beobachtung von Arzneimittelrisiken, seien sie unerwünschte Wirkungen, Gegenanzeigen oder Wechselwirkungen mit anderen Mitteln. Das zweite Änderungsgesetz hat diese Anzeigepflicht des pharmazeutischen Unternehmers auf alle ihm bekannt gewordenen Verdachtsfälle einer Nebenwirkung oder einer Wechselwirkung mit anderen Mitteln ausgedehnt, die die Gesundheit schädigen können. Ebenso ist häufiger oder im Einzelfall in erheblichem Umfang beobachteter Mißbrauch anzeigepflichtig, wenn durch ihn eine Gesundheitsgefährdung droht (§ 29 Abs. 1 Satz 2). Entsprechend dem EG-Recht ist vorgeschrieben, daß Verdachtsfälle schwerwiegender Nebenwirkungen unverzüglich und von anderen Nebenwirkungen alle sechs Monate in den ersten beiden der Zulassung folgenden Jahren, danach einmal jährlich und später jeweils mit dem Verlängerungsantrag mitzuteilen sind.

Nebenwirkungen anzuzeigen hat nach § 29 Abs. 1 Satz 8 auch, wer klinische Prüfungen veranlaßt oder durchführt. Diese Anzeigepflicht besteht gegenüber der zuständigen Zulassungsbehörde und konkurriert mit der Anzeigepflicht für unerwünschte Ereignisse gegenüber den Ethik-Kommissionen (s. unter 9.).

6.2 Stufenplanbeauftragter

Der pharmazeutische Unternehmer hat einen Stufenplanbeauftragten zu bestellen, der für die Sammlung und Bewertung der Risikobeobachtungen verantwortlich ist. Nach der Bewertung und mit dem Bewertungsergebnis ist der Stufenplanbeauftragte zur Erfüllung der dargestellten Anzeigepflichten gegenüber der Zulassungsbehörde nach § 29 Abs. 1 wie auch zur Weiterleitung von Meldungen im Rahmen des Stufenplans (s. 10.3) persönlich verantwortlich (§ 63 a).

6.3 Stufenplan, Information über Arzneimittelrisiken und Nebenwirkungen

Trotz sorgfältiger Entwicklung, umfassender Prüfung im Zulassungsverfahren, verantwortungsbewußter Herstellung und scharfer Überwachung können Arzneimittelrisiken nicht gänzlich ausgeschlossen werden. Deshalb müssen Arzneimittel ständig auf derartige Risiken beobachtet werden. Durch ein lückenloses, auf die Zulassungsbehörden ausgerichtetes System zur Beobachtung, Sammlung und Auswertung von Arzneimittelrisiken, in das alle mit Arzneimitteln befaßte Stellen, Personen und Institutionen einbezogen sind, soll gewährleistet werden, daß keine Beobachtung verlorengeht, die richtigen Schlüsse gezogen werden und bei möglichen Gefährdungen unverzüglich gehandelt wird (§§ 62, 63). Der Stufenplan zur Erfassung und Auswertung von Arzneimitteln durch die zuständige Bundesoberbehörde ist im Jahr 1980 als Allgemeine Verwaltungsvorschrift erlassen worden (BAnz. Nr. 114 vom 26. Juni 1980)[1]. Der Stufenplan regelt die Koordination der Zusammenarbeit aller beteiligten Institutionen und Stellen auf den verschiedenen Gefahrenstufen, die Beteiligung der pharmazeutischen Unternehmer und die Bestimmung der Risikomaßnahmen. Die möglichen Maßnahmen reichen von Auflagen (z. B. Anordnung von Warnhinweisen) bis zur Rücknahme der Zulassung und der Sicherstellung des Arzneimittels.

---

[1] in Kloesel/Cyran, Arzneimittelrecht Kommentar unter A 2.14

Auch die Informationsmittel und -wege sind festgelegt. Soweit es zur Abwehr von Gefahren geboten ist, kann der pharmazeutische Unternehmer von den Landesbehörden oder der zuständigen Zulassungsbehörde angewiesen werden, ein Arzneimittel zurückzurufen.

Besteht der Verdacht, daß ein Arzneimittel bei bestimmungsgemäßem Gebrauch schädliche Wirkungen hat, die über ein nach den Erkenntnissen der medizinischen Wissenschaft vertretbares Maß hinausgehen, kann die zuständige Bundesoberbehörde (§ 77) den Rückruf des Arzneimittels anordnen (§ 69 Abs. 1 Satz 3) und eine öffentliche Warnung herausgeben (§ 69 Abs. 4).

Darüber hinaus kann die zuständige Bundesoberbehörde die Öffentlichkeit bereits im Vorfeld von Maßnahmen über Arzneimittelrisiken und beabsichtigte Maßnahmen informieren (§ 69 Satz 2).

Die Risikodiskussion soll auf diese Weise transparenter werden, und insbesondere bei breit angewendeten Arzneimitteln Anwender und Patienten frühzeitig unterrichten, um das Risikobewußtsein zu schärfen und im Ergebnis auch Verunsicherungen entgegen zu arbeiten. So kann auch das verständliche Interesse der Fachöffentlichkeit befriedigt werden, frühzeitig in die Risikodiskussion einbezogen zu werden.

Die Bundesoberbehörden erhalten durch die Nebenwirkungsmeldungen der pharmazeutischen Unternehmer einen, wenn auch nicht vollständigen, aber doch immerhin einen nicht gering einzuschätzenden Überblick über die Risikosituation, so daß geschädigte Patienten ein Interesse an Auskünften haben können, um Ansprüche gegenüber dem pharmazeutichen Unternehmer begründen zu können.

Die Erteilung von Auskünften steht im Ermessen der Behörde, die das berechtigte Interesse der Person zu berücksichtigen hat, die die Auskunft begehrt.

6.4 Anwendungsbeobachtungen

Anwendungsbeobachtungen nach der Zulassung sollen die Erkenntnisse der Ärzteschaft sammeln, die sie bei der Anwendung von Arzneimitteln an ihren Patienten machen. Die Anwendungsbeobachtungen unterliegen im übrigen keinen Durchführungsregeln, insbesondere nicht den Vorschriften über die klinische Prüfung der §§ 40 und 41. Die Behandlung des einzelnen Patienten beruht allein auf der Therapieentscheidung des behandelnden Arztes und folgt keinem durch einen Prüfplan vorgegebenen Therapieschema oder sonstigen Behandlungsvorgaben, sieht man von den Hinweisen in der Packungsbeilage oder der Fachinformation ab. Die in der Therapie benötigten Arzneimittel werden wie üblich verschrieben und in der Apotheke abgegeben.

Die Anwendungsbeobachtung unterliegt nicht der Überwachung der zuständigen Landesbehörde, sie ist aber bei der zuständigen Kassenärztlichen Bundesvereinigung und der zuständigen Bundesoberbehörde nach § 67 Abs. 6 anzuzeigen.

7 Arzneimittelinformation, Werbung

7.1 Kennzeichnung

Alle im Verkehr befindlichen Arzneimittel müssen nach § 9 Abs. 1 den pharmazeutischen Unternehmer als die für das Arzneimittel verantwortliche Person ausweisen, damit er ggf. straf- oder zivilrechtlich oder durch die Verwaltungsbehörden zur Verantwortung gezogen werden kann. Diese Verpflichtung gilt für jedes Arzneimittel, auch für Zwischenprodukte und Großgebinde.

§ 10 legt im einzelnen die unverzichtbaren Angaben für das Behältnis und die äußere Umhüllung von Fertigarzneimitteln fest. Die Angaben müssen in deutscher Sprache abgefaßt, gut lesbar und allgemeinverständlich sein. Dabei ist die letzte Anforderung am schwersten zu erfüllen, weil die notwendige Eindeutigkeit der Angaben vielfach die Verwendung von Fachbegriffen erfordert. Das Verfalldatum ist unverschlüsselt nach Monat und Jahr auszuweisen. Im Interesse der Übersichtlichkeit des Arzneimittelmarktes sind nach § 10 Abs. 6, soweit vorhanden, zur Bezeichnung der wirksamen Bestandteile die internationalen Kurzbezeichnungen der Weltgesundheitsorganisation, andernfalls gebräuchliche wissenschaftliche Bezeichnungen zu verwenden. Durch die Bezeichnungsverordnung vom 15. September 1980 (BGBl. I S. 1736) werden die Bezeichnungen einheitlich festgelegt. Wesentlich sind weiter u. a. die Lagerhinweise, der Hinweis „Zur klinischen Prüfung bestimmt" und die Bezeichnung der Herstellungscharge (§ 10 Abs. 1 Nr. 4).

Eine umfassende Unterrichtung der Verbraucher über alle Inhaltsstoffe von Arzneimitteln ist für die Packungsbeilage vorgeschrieben.

Die Kennzeichnungsvorschriften gelten auch für die Durchdrückpackungen (Blister).

§ 12 ermächtigt den Verordnungsgeber, die Kennzeichnungsvorschriften auf andere Arzneimittel zu erstrecken. Von dieser Ermächtigung hat die Betriebsverordnung für pharmazeutische Unternehmer vom 8. März 1985 (BGBl. I S. 546) und die Verordnung über radioaktive oder mit ionisierenden Strahlen behandelte Arzneimittel vom 28. Januar 1987 (BGBl. I S. 502) Gebrauch gemacht.

7.2 Packungsbeilage und Fachinformation

Packungsbeilage (§ 11) und Fachinformation (§ 11 a) sind aus Gründen der Übersichtlichkeit und der Verständlichkeit getrennt worden.

Alle Angaben über Anwendungsgebiete, Gegenanzeigen, Nebenwirkungen oder Wechselwirkungen mit anderen Mitteln müssen in deutscher Sprache und in gut lesbarer Schrift gemacht werden; die Angaben müssen den Aussagen des Zulassungsbescheides entsprechen. Die Packungsbeilage und die Fachinformation sind entsprechend dem EG-Recht gestaltet. Die Angabe des Herstellers und des Datums der Fassung der Packungsbeilage sind vorgeschrieben.

Besondere Schwierigkeiten macht die Forderung des Gesetzes nach einer Allgemeinverständlichkeit der Packungsbeilage. Das Bundesinstitut für Arzneimittel und Medizinprodukte hat deshalb Empfehlungen zur Gestaltung von Packungsbeilagen herausgegeben.[1]

§ 28 enthält eine Auflagenbefugnis für die Zulassungsbehörde, um eine der Zulassung entsprechende Kennzeichnung sicherzustellen.

Durch Auflage kann auch ein einheitlicher Wortlaut für Packungsbeilage und Fachinformation identischer Arzneimittel festgelegt werden.

7.3 Werbung

Die Vorschriften des Gesetzes über die Werbung auf dem Gebiete des Heilwesens in der Neufassung vom 18. Oktober 1978 (BGBl. I S. 1677)[2] bauen auf den für die Packungsbeilage zugelassenen Angaben auf.

Gegenstand des Gesetzes ist die Werbung für Arzneimittel sowie für andere Mittel, Verfahren, Behandlungen und Gegenstände, soweit ihnen heilende, lindernde oder diagnostische Wirkung beigemessen wird. Das Gesetz gilt für den human- und den veterinärmedizinischen Bereich. In Betrieben und Einrichtungen, die Arzneimittel herstellen, prüfen, lagern, verpacken oder in den Verkehr bringen, hat die zuständige Landesbehörde nach § 64 in der Regel alle zwei Jahre Besichtigungen durchzuführen und sich dabei u. a. auch von der Einhaltung der Vorschriften des Gesetzes über die Werbung auf dem Gebiete des Heilwesens zu überzeugen.

7.4 Informationsbeauftragter

Der Informationsbeauftragte (§ 74 a), eingeführt durch die fünfte Novelle entsprechend der EG-Werberichtlinie, ist vom pharmazeutischen Unternehmer zu bestellen und hat die Aufgabe, darauf zu achten, daß nicht gegen das Irreführungsverbot verstoßen wird und daß Kennzeichnung, Packungsbeilage, Fachinformation und Werbung mit dem Inhalt der Zulassung übereinstimmen.

8 Herstellung von Arzneimitteln

8.1 Herstellungserlaubnis

Während die Zulassung das Modell eines Arzneimittels, wie es in der Forschung entwickelt worden ist, zum Gegenstand hat und seine Brauchbarkeit und die Nutzen-Risiko-Bilanz untersucht, geht es bei der Herstellung von Arzneimitteln darum, eine gleichbleibende Qualität nach den Kriterien Identität, Gehalt, Reinheit und sonstigen chemischen, physikalischen, biologischen Eigenschaften zu gewährleisten (§ 4 Abs. 15). Die Herstellung von Arzneimitteln ist daher

---

[1] in: Kloesel/Cyran, Arzneimittelrecht Kommentar unter A 2.82
[2] mit weiteren Änderungen in: Kloesel/Cyran, Arzneimittelrecht Kommentar unter B 3.7

erlaubnispflichtig (§ 13); die Herstellung wird von bestimmten personellen und räumlichen Voraussetzungen abhängig gemacht, insbesondere müssen ein qualifizierter Herstellungs- und Kontrolleiter zur Verfügung stehen. Ausgenommen von dem Erfordernis der Herstellungserlaubnis sind die Apotheken und Krankenhausapotheken sowie Tierärzte, soweit sie Tiere behandeln, Großhändler für das Umfüllen, Abpacken oder Kennzeichnen von Großgebinden und Einzelhändler für das Umfüllen, Abpacken oder Kennzeichnen von Arzneimitteln in Verbraucherpackungen. Vorhandene Betriebe erhalten Übergangsvorschriften in §§ 100 bis 102a.

Die Herstellung von Wirkstoffen, die bislang erlaubnisfrei war, ist durch die fünfte Novelle erlaubnispflichtig geworden, soweit die Wirkstoffe menschlicher oder tierischer Herkunft sind oder auf gentechnischem Wege hergestellt werden. Insoweit findet zunächst die Betriebsverordnung für pharmazeutische Unternehmer Anwendung (Art. 4 der fünften Novelle).

8.2 Personelle und sachliche Voraussetzungen

Die Erteilung der Herstellungserlaubnis setzt voraus, daß personelle und räumliche sowie Einrichtungsvoraussetzungen erfüllt sind.

Der Hersteller muß über mindestens zwei sachkundige Personen als Herstellungs- und Kontrolleiter verfügen und der zuständigen Behörde einen Vertriebsleiter benennen (§ 14 Abs. 1). Die genannten Personen müssen außerdem die ihnen obliegenden öffentlich-rechtlichen Verpflichtungen nach § 19 ständig erfüllen können; eine ununterbrochene persönliche Anwesenheit der verantwortlichen Personen ist jedoch nicht gefordert. Der Aufsichtspflicht ist vielmehr hinreichend dadurch Rechnung getragen, daß die in § 19 festgelegten Verantwortungsbereiche tatsächlich durch persönliche Kontrolle der einschlägigen Vorgänge wahrgenommen werden können. Je nach Art und Umfang des Betriebes kann die Tätigkeit eines Kontroll-, Herstellungs- und Vertriebsleiters auch in Teilzeitbeschäftigung oder nebenberuflich ausgeübt werden. Es ist zulässig, daß in einem Betrieb auch mehrere Herstellungs-, Kontroll- und Vertriebsleiter gleichzeitig tätig sind, soweit sie die erforderlichen Voraussetzungen erfüllen und ihre jeweiligen Verantwortungsbereiche klar abgegrenzt und insgesamt umfassend geregelt sind.

Als Sachkenntnis wird in § 15 Abs. 2 entsprechend Artikel 23 der Zweiten Pharmazeutischen EG-Richtlinie ein Hochschulstudium gefordert, das hinsichtlich der Studienfächer mit der Ausbildung zum Apotheker übereinstimmt. Nicht-Apotheker, also Mediziner, Zahnmediziner, Tiermediziner, Biologen, Chemiker und Lebensmittelchemiker müssen diese Studienfächer im einzelnen nachweisen.

Als Ausgleich für die in den übrigen EG-Mitgliedstaaten längere Ausbildungsdauer schreibt die EG-Richtlinie eine zweijährige Praxis in der Arzneimittelherstellung bei einem erlaubnispflichtigen Hersteller vor.

Für die Herstellung und Prüfung insbesondere von Blutzubereitungen, Sera und Impfstoffen wird in § 15 Abs. 3 eine mindestens dreijährige Tätigkeit auf dem

Gebiet der medizinischen Serologie oder der medizinischen Mikrobiologie vorausgesetzt sowie für Blutzubereitungen zusätzlich ein Jahr Erfahrungen in der Transfusionsmedizin.

Übergangsvorschriften zur Besitzstandswahrung finden sich in §§ 101 bis 102 a.

Maßstab für die Eignung der Betriebsräume sind die Anforderungen der Betriebsverordnung für pharmazeutische Unternehmer vom 25. März 1988 (BGBl. I S. 480)[1].

Die zuständige Behörde kann nach § 18 Abs. 2 vorläufig anordnen, daß die Herstellung eines Arzneimittels eingestellt wird, wenn der Hersteller die für die Herstellung und Prüfung zu führenden Nachweise nicht vorlegt. Die vorläufige Anordnung kann auf eine Charge beschränkt werden.

8.3 Ordnungsgemäße Herstellung von Arzneimitteln

Die ordnungsgemäße Herstellung von Arzneimitteln ist Gegenstand von Grundregeln der Weltgesundheitsorganisation, die in der Betriebsverordnung für pharmazeutische Unternehmer im deutschen Arzneimittelrecht verankert sind (vom 8. März 1985, BGBl. I S. 546), geändert durch Verordnung vom 25. März 1988, BGBl. I S. 460[2]). Diese Grundregeln sind auch die Basis für entsprechende Vorschriften der EG und auch anderer internationaler Regelungssysteme wie der Pharmaceutical Inspection Convention. In der Sache sollen diese Grundregeln zur ordnungsgemäßen Herstellung (Good Manufacturing Practices-GMP) die einwandfreie und gleichmäßige Reproduktion des in dem Zulassungsbescheid definierten Modells eines Arzneimittels sicherstellen. Weitere Einzelheiten sind in Aussagen zu bestimmten Arzneimittelgruppen (z. B. für Blutzubereitungen) oder für bestimmte Herstellungsanforderungen (z. B. Sterilprodukte) oder für die Kontrolle der Ausgangsstoffe detailliert festgelegt. Eine amtliche Sammlung von Verfahren zur Probenahme und Untersuchung von Arzneimitteln und ihren Ausgangsstoffen ist in § 55 a durch die fünfte Novelle vorgesehen worden.

8.4 Arzneibuch

Das Arzneibuch ist eine vom Bundesgesundheitsministerium bekanntgemachte Sammlung anerkannter pharmazeutischer Regeln über die Qualität, Prüfung, Lagerung, Abgabe und Bezeichnung von Arzneimitteln und den bei ihrer Herstellung verwendeten Stoffen (§ 55 Abs. 1). Die Regeln des Arzneibuches werden von der Deutschen Arzneibuchkommission oder der Europäischen Arzneibuchkommission beschlossen. Die Bekanntmachung erfolgt im Bundesanzeiger, der die Bezugsquelle der Fassung des Arzneibuchs nennt. Arzneimittel dürfen nur hergestellt und zur Abgabe an den Verbraucher in den Verkehr gebracht

---

[1] in Kloesel/Cyran, Arzneimittelrecht Kommentar unter A 1.5
[2] in Kloesel/Cyran, Arzneimittelrecht Kommentar unter A 1.5

werden, wenn die in ihnen enthaltenen Stoffe und ihre Darreichungsformen den
anerkannten pharmazeutischen Regeln entsprechen.

9 Schutz des Menschen bei der klinischen Prüfung

Das Gesetz geht in Übereinstimmung mit der vom Weltärztebund verabschie-
deten Deklaration von Helsinki (Bekanntmachung des Bundesministers vom
26. Mai 1987, BAnz. S. 7109)[1] davon aus, daß der medizinische Fortschritt auf
Forschung beruht, die sich letztlich auch auf Versuche am Menschen stützen
muß, weil aus den pharmakologisch-toxikologischen Versuchen am Tier allein
nicht auf eine entsprechende Wirkung beim Menschen geschlossen werden
kann und eine nachgewiesene Wirkung am Menschen vorhanden sein muß, um
ein Arzneimittel ggf. an einem großen Personenkreis mit Erfolg anwenden zu
können. Der medizinische Fortschritt in der Behandlung von Krankheiten
rechtfertigt das nicht zu leugnende Risiko bei der Erprobung von Arzneimitteln. Ein umfassender rechtlicher Schutz der Personen, die sich für die klinische
Prüfung zur Verfügung stellen, ist unverzichtbar; er wird in den §§ 40 und 41
gewährleistet.

Klinische Prüfung im Sinne des Arzneimittelgesetzes ist die Anwendung eines
Arzneimittels, die dem Zweck dient, über den einzelnen Anwendungsfall hinaus
Erkenntnisse über die Wirksamkeit und Unbedenklichkeit eines Arzneimittels
zu gewinnen. Die klinische Prüfung kann auch durch einen niedergelassenen
Arzt durchgeführt werden. Sie unterliegt der Überwachung durch die zuständi-
gen Landesbehörden § 64. Das gilt auch für eine klinische Prüfung, die nach der
Zulassung eines Arzneimittels durchgeführt wird.

Die in § 40 niedergelegten Grundsätze für die klinische Prüfung sind wie folgt
zusammenzufassen:

1. Die mit der klinischen Prüfung verbundenen Risiken müssen im Einzelfall
   gemessen an der voraussichtlichen Bedeutung des Arzneimittels für die Heilkunde ärztlich vertretbar sein.
2. Die beteiligten Personen müssen nach Aufklärung schriftlich ihr Einverständnis erklärt haben und müssen auch mit der Weitergabe der Krankheitsdaten zu Prüfzwecken einverstanden sein.
3. Die Versuchspersonen dürfen nicht inhaftiert oder geisteskrank sein.
4. Ihre Leitung muß in der Hand eines Arztes liegen, der eine mindestens zweijährige Erfahrung in der klinischen Prüfung von Arzneimitteln nachweisen
   kann.
5. Die Risiken müssen in einer pharmakologisch-toxikologischen Prüfung
   abgeklärt worden sein, deren Ergebnisse dem Prüfungsleiter bekannt sein
   müssen und bei der Zulassungsbehörde zu hinterlegen sind.
6. Es muß eine sog. Probandenversicherung abgeschlossen sein, die etwaige
   Schäden abdeckt. Die Mindestversicherungssumme ist in der fünften Novelle
   von 500 000 DM auf 1 Mio DM angehoben worden.

---

[1] mit späteren Änderungen in Kloesel/Cyran, Arzneimittelrecht Kommentar unter A 2.13 a

Gesunde Minderjährige dürfen in die Prüfung nur einbezogen werden, wenn das Arzneimittel zum Erkennen oder Verhüten von Krankheiten bei Minderjährigen bestimmt ist und seine Prüfung bei Erwachsenen keine ausreichenden Ergebnisse erwarten läßt.

Eine Prüfung von Arzneimitteln an Kranken ist nur zulässig, wenn die Anwendung des zu prüfenden Arzneimittels angezeigt ist, um das Leben des Kranken zu retten, seine Gesundheit wieder herzustellen oder sein Leiden zu erleichtern. Unter diesen Voraussetzungen ist eine klinische Prüfung auch an kranken Minderjährigen zulässig. Die Einwilligung des Kranken kann auch mündlich gegenüber dem behandelnden Arzt in Gegenwart eines Zeugen abgegeben werden.

Eine klinische Prüfung darf erst begonnen werden, wenn ein zustimmendes Votum einer Ethikkommission vorliegt oder andernfalls die Zulassungsbehörde binnen sechs Wochen nach Anzeige der beabsichtigten Prüfung nicht widersprochen hat (§ 40 Abs. 1 Satz 1 und 2).

Erläuternde Grundsätze für die Durchführung der klinischen Prüfung hat der Bundesminister am 9. Dezember 1987 (BAnz. S. 16617[1]) veröffentlicht.

Das Bundesgesundheitsministerium kann nach § 40 Abs. 5, der durch die fünfte Novelle eingefügt worden ist, durch Rechtsverordnung nähere Bestimmungen erlassen, die die ordnungsgemäße Durchführung der klinischen Prüfung und der Erzielung wissenschaftlich verwertbarer Prüfergebnisse gewährleisten. Derartige Regelungen sichern die Anerkennung der Prüfergebnisse im Ausland.

10 Abgabe

10.1 Apothekenmonopol, Freiverkäuflichkeit

Die Abgabe von Arzneimitteln war bereits im Arzneimittelgesetz 1961 grundsätzlich den Apotheken vorbehalten (sog. Apothekenmonopol, § 43). Allerdings fand der Arzneimittelgesetzgeber im Jahr 1961 eine Situation vor, in der infolge einer längeren Entwicklung eine Reihe von Arzneimitteln, die nicht der Verschreibungspflicht unterliegen, außerhalb der Apotheke abgegeben werden dürfen. Es erschien daher vertretbar und geboten, daß auch in Zukunft für eine begrenzte Anzahl von unbedenklichen Mitteln zur Beseitigung oder Linderung von Krankheiten, Leiden, Körperschäden oder krankhaften Beschwerden und für weitere Arzneimittel, die keine gesundheitsgefährdende Stoffe enthalten, Ausnahmen von dem Apothekenmonopol zugestanden werden. Deshalb tritt zu dem auch im geltenden Arzneimittelgesetz verankerten grundsätzlichen Apothekenmonopol in § 43 die in § 44 geregelte grundsätzliche Freiverkäuflichkeit für alle Arzneimittel hinzu, die ausschließlich anderen Zwecken als der Beseitigung oder Linderung von Krankheiten, Leiden, Körperschäden oder krankhaften Beschwerden zu dienen bestimmt sind. Diese Bestimmung geht als materielle Regelung letztlich auf die sogenannte Kaiserliche Verordnung aus dem

---

[1] in Kloesel/Cyran, Arzneimittelrecht Kommentar unter A 2.13 g

Jahr 1901 zurück. Freigegeben zur Abgabe außerhalb der Apotheken sind ferner bestimmte einzeln aufgeführte Arzneimittel wie natürliche oder künstliche Heilwässer, Bademoore und mit den verkehrsüblichen deutschen Namen bezeichnete Pflanzen und Pflanzenteile – insbesondere also Tees – Destillate und Säfte, Pflanzen, Brandbinden oder Desinfektionsmittel. Der Verordnungsgeber erhält zusätzlich die Möglichkeit, unter bestimmten Voraussetzungen das Apothekenmonopol weiter auszudehnen (§ 45) oder weiter einzuschränken (§ 46). Vor dem Erlaß dieser Regelungen ist ein Sachverständigen-Ausschuß anzuhören, dem Vertreter aus der medizinischen und pharmazeutischen Wissenschaft, den Krankenhäusern, den Heilberufen, den beteiligten Wirtschaftskreisen und den Sozialversicherungsträgern angehören (§ 53 Abs. 1). Zur Zeit gilt die Verordnung über apothekenpflichtige und freiverkäufliche Arzneimittel in der Fassung der Bekanntmachung von 1988, die als einheitliche Verordnung zur Apothekenpflicht zwei früher getrennte Verordnungen zusammenfaßt[1]. Die Freiverkäuflichkeit wird wieder aufgehoben, wenn die Arzneimittel bestimmte Stoffe enthalten oder zur Behandlung bestimmter Erkrankungen bestimmt sind. Freiverkäufliche Arzneimittel sind von der Verordnung zu Lasten der gesetzlichen Krankenversicherung ausgeschlossen (§ 31 Abs. 1 Satz 1 SGB V).

Die Selbstbedienung mit Arzneimitteln ist nach geltendem Recht nur im Einzelhandel außerhalb der Apotheken zulässig. Nach einer Entscheidung des Bundesverfassungsgerichts vom April 1987 ist sie für freiverkäufliche Arzneimittel auch in Apotheken wegen des Gleichbehandlungsgebots durch die vierte Novelle zugelassen worden.

10.2   Versandhandelsverbot

Die Apothekenpflicht stellt sicher, daß Arzneimittel nur von einer fachkundigen Person und nicht ohne sachkundige Beratung abgegeben werden. Diese Schutzbestimmung zugunsten des Verbrauchers wäre umgehbar, wenn apothekenpflichtige Arzneimittel dem Endverbraucher im Versandwege zugestellt werden dürften. Aus diesem Grunde ist in der Apothekenbetriebsordnung für den Apotheker festgelegt, daß Arzneimittel nur in den Apothekenbetriebsräumen und nur durch pharmazeutisches Personal ausgehändigt werden (§ 17 Abs. 1 Apothekenbetriebsordnung[2]).

Vor allem verschreibungspflichtige Arzneimittel, die auf dem Versandwege ohne Vorlage einer Verschreibung und ohne Beratung durch den Apotheker bezogen werden, bergen die Gefahr einer Gesundheitsschädigung durch unsachgemäße Anwendung. Ferner sind Arzneimittelfälschungen und unzureichend und falsch deklarierte Arzneimittel zu befürchten, weil der Absender sich in der Regel jedem Zugriff leicht entziehen kann.

---

[1] Neufassung der Verordnung über apothekenpflichtige und freiverkäufliche Arzneimittel vom 24. November 1988 (BGBl. I S. 2150; 1989 I S. 254), geänd. durch Verordnung vom 28. 9. 1993 (BGBl. I S. 1671), in Kloesel/Cyran, Arzneimittelrecht Kommentar unter A 1.3

[2] in Kloesel/Cyran, Arzneimittelrecht Kommentar unter B 3.15 a

Aus diesem Grunde ist der Versandhandel nunmehr auch durch eine Regelung im Arzneimittelgesetz (§ 43 Abs. 1) verboten worden, nachdem die Versandhandelsrichtlinie der EG den Mitgliedstaaten ausdrücklich weiterreichende Einschränkungen wie das Verbot des Versandhandels mit Arzneimitteln anheimgestellt hat.

Das wurde notwendig, weil die moderne Kommunikationstechnik die Möglichkeit bietet, beim Verbraucher für den Bezug von Arzneimitteln zu werben, ohne daß der einzelne Staat wirksamen Einfluß auf den Inhalt einer grenzüberschreitenden Werbung nehmen könnte. Aus diesem Grunde haben das Europäische Parlament und der Rat durch eine Änderung der Fernsehrichtlinie (Richtlinie 97/36/EG vom 30. Juni 1997 Amtsblatt EG Nr. L 202/60) das Teleshopping für Arzneimittel generell verboten. Ein entsprechendes Verbot ist im Heilmittelwerbegesetzt verankert.

Es wäre kaum begründbar, dem deutschen Apotheker den Versand von Arzneimitteln zu verbieten, den Versand aus dem Ausland aber weiterhin zu dulden. Die Durchsetzung des Versandhandelsverbotes erfordert ein Zusammenwirken der Überwachungsbehörden der Mitgliedstaaten der Europäischen Gemeinschaften.

10.3 Sachkenntnis im Einzelhandel außerhalb der Apotheke

Der Verkauf von Arzneimitteln außerhalb der Apotheken bedarf einer besonderen Sachkenntnis und Fertigkeit im Abfüllen, Abpacken, Kennzeichnen, Lagern und Inverkehrbringen freiverkäuflicher Arzneimittel und der Kenntnis der geltenden Rechtsvorschriften (§ 50). Diese Sachkenntnis kann durch die Ausbildung zum Drogisten, zum Apothekenhelfer, zum pharmazeutisch-technischen Assistenten erbracht werden oder durch eine Prüfung nach der Verordnung über die Sachkenntnis im Einzelhandel mit freiverkäuflichen Arzneimitteln vom 20. Juni 1978 (BGBl. I S. 753).

Eines Sachkundenachweises bedarf nicht, wer mit Tees unter ihrer deutschen Bezeichnung, mit natürlichen oder künstlichen Heilwässern, mit Mitteln zur Verhütung der Schwangerschaft oder Geschlechtskrankheiten, mit nicht verschreibungspflichtigen Wundsprays oder mit Desinfektionsmitteln Handel treiben will.

10.4 Verschreibungspflicht

Arzneimittel aus Stoffen, die ohne ärztliche, zahnärzliche oder tierärztliche Überwachung nicht angewendet werden sollen, unterliegen der Verschreibungspflicht nach § 48, ebenso neu zugelassene Arzneimittel, die Stoffe enthalten, die in der medizinischen Wissenschaft nicht allgemein bekannt sind. Die einzelnen Stoffe sind in Verordnungen aufgelistet und werden laufend ergänzt (Verordnung über verschreibungspflichtige Arzneimittel von 1977 [BGBl. I

S. 1933] und über die automatische Verschreibungspflicht gleichfalls von 1977 [BGBl. I S. 917][1]).

Die Verschreibungspflicht nach § 48 ist begründet, wenn auch bei bestimmungsgemäßem Gebrauch ohne ärztliche Anweisung und Überwachung die Gesundheit von Mensch oder Tier mittelbar oder unmittelbar gefährdet sein kann, oder wenn die Gesundheitsgefährdung durch häufigen und in erheblichem Umfang beobachteten Mißbrauch gefährdet werden kann. Es ist einerseits zu berücksichtigen, daß der Verbraucher, der ein nicht verschreibungspflichtiges Arzneimittel erwirbt, davon ausgeht, daß es sich um ein eher harmloses Mittel handelt. Zu respektieren ist andererseits auch das Recht des Einzelnen, selbst zu entscheiden, ob er ein Arzneimittel anwenden will (Selbstmedikation), soweit das aus Gründen der Arzneimittelsicherheit, bei apothekenpflichtigen Arzneimitteln auch im Hinblick auf die Beratung in der Apotheke vertretbar ist.

Bei der Verlängerung der Zulassungsentscheidungen ist auch zu überprüfen, ob Erkenntnisse vorliegen, die Auswirkungen auf die Unterstellung unter die Verschreibungspflicht haben (§ 31 Abs. 3 Satz 2).

Fütterungsarzneimittel dürfen wegen der Rückstandsproblematik in Lebensmitteln generell nur auf tierärztliche Verschreibung an Tierhalter abgegeben werden (§ 56).

Die Verordnung über verschreibungspflichtige Arzneimittel regelt auch die Form der Verschreibung, ihren Inhalt, ihre Geltungsdauer und verbietet die wiederholte Abgabe der verschriebenen Menge des Arzneimittels, ohne einer Aufteilung der verschriebenen Menge im Wege zu stehen. Die fünfte Novelle hat die Verordnungsermächtigung auf Regelungen erweitert, die vorschreiben, daß ein Arzneimittel nur an spezialisierte Ärzte zur Behandlung in Spezialkliniken abgegeben werden dürfen und daß über die Verschreibung, Abgabe und Anwendung Nachweise geführt werden müssen.

Die automatische Verschreibungspflicht ist für Arzneimittel mit neuen Wirkstoffen auf fünf Jahre befristet (§ 49); das entspricht der fünfjährigen Dauer der Zulassung (§ 31 Abs. 1 Nr. 3). Die Dauer ist allerdings flexibel. Sie kann auf Grund des nach zwei Jahren zu erstattenden Erfahrungsberichts nach drei Jahren aufgehoben werden, aber auch über fünf Jahre hinaus verlängert werden.

10.5 Vertriebsweg, Großhandel

Der Weg vom Arzneimittelhersteller über den Einzelhandel zum Verbraucher ist in § 47 geregelt. Pharmazeutische Unternehmer und Großhändler dürfen apothekenpflichtige Arzneimittel nicht unmittelbar an den Verbraucher abgeben, sondern nur an andere pharmazeutische Unternehmer und Großhändler. Eine Direktbelieferung von Patienten, Ärzten und Krankenhäusern ist verboten, im Falle von Ärzten, Tierärzten und Krankenhäusern nur in bestimmten gesetzlich geregelten Einzelfällen zulässig. Regelungen für den Arzneimittelgroßhandel enthält eine Betriebsverordnung vom 10. November 1987 (BGBl. I S. 2370).

---

[1] in Kloesel/Cyran, Arzneimittelrecht Kommentar unter A 1.0.1

Wer einen Großhandel mit Arzneimitteln betreiben will, die zur Anwendung bei Tieren bestimmt sind, bedarf der amtlichen Anerkennung durch die zuständige Behörde. Ausgenommen sind nur Betriebe, die Arzneimittel vertreiben, die nicht der Apothekenpflicht unterliegen oder die zur Anwendung bei Tieren bestimmt sind, die nicht der Lebensmittelgewinnung dienen.

10.6 Arzneimittelmuster

Muster von Fertigarzneimitteln dienen insbesondere der Information des Arztes über den Gegenstand des Arzneimittels und dürfen nur an Ärzte, Zahnärzte oder Tierärzte und ihre Ausbildungsstätten – von nicht verschreibungspflichtigen Arzneimitteln auch an Heilpraktiker – vom pharmazeutischen Unternehmer zusammen mit der Fachinformation nach § 11 a ausgeliefert werden. Der Umfang der Musterabgabe ist auf zwei Muster eines Fertigarzneimittels je Arzt und Jahr in der kleinsten Packungsgröße beschränkt. Unterschiedliche Darreichungsformen können für unterschiedliche Anwendungsgebiete bestimmt sein, bedürfen einer jeweils eigenen Zulassung und gelten daher auch für die Musterregelung als eigenständige Fertigarzneimittel.

Der pharmazeutische Unternehmer muß über die Empfänger der Muster sowie über Art, Umfang und Zeitpunkt der Abgabe gesondert für jeden Empfänger Nachweise führen und sie auf Verlangen der zuständigen Behörde vorlegen. Die Nachweispflicht besteht nach § 76 Abs. 2 auch bei der Musterabgabe durch Pharmaberater.

11 Gefährdungshaftung für Arzneimittelschäden

Der pharmazeutische Unternehmer haftet nach dem Bürgerlichen Gesetzbuch (§ 823 BGB) für alle Schäden, die er durch das Inverkehrbringen eines Arzneimittels schuldhaft, insbesondere also unter Verletzung von Handlungs- und Aufklärungspflichten verursacht hat.

Das Arzneimittelgesetz eröffnet darüber hinaus Personen, die durch die Anwendung eines Arzneimittels einen nicht unerheblichen Gesundheitsschaden erlitten haben, einen Anspruch aus Gefährdungshaftung (§ 84), der keinen Nachweis eines Verschuldens des pharmazeutischen Unternehmers voraussetzt.

Dieser Anspruch ist dadurch gekennzeichnet, daß der Geschädigte darlegen und beweisen muß, daß das Arzneimittel generell geeignet ist, einen solchen Schaden zu verursachen, und daß im konkreten Fall der Schaden durch die Anwendung des vom in Anspruch genommenen pharmazeutischen Unternehmer in Verkehr gebrachten Arzneimittels verursacht worden ist.

Der Schadensersatzanspruch setzt ferner voraus
– daß das Arzneimittel bei bestimmungsgemäßer Anwendung schädliche Wirkungen hat, die über ein nach den Erkenntnissen der medizinischen Wissenschaft vertretbares Maß hinausgehen und ihre Ursache im Bereich der Entwicklung oder Herstellung haben oder

- der Schaden infolge einer nicht den Erkenntnissen der medizinischen Wissenschaft entsprechenden Kennzeichnung, Fachinformation oder Gebrauchsinformation eingetreten ist;
- das Arzneimittel muß zulassungspflichtig sein oder auf der Grundlage einer Standardzulassung in den Verkehr gebracht worden sein;
- das Arzneimittel muß im Geltungsbereich des Arzneimittelgesetzes an den Verbraucher abgegeben worden sein.

Die Beweisführung wird dem Geschädigten durch die von der Rechtsprechung entwickelten Grundsätze des Anscheinsbeweises erleichtert.

Der 3. Untersuchungsausschuß der 12. Legislaturperiode hat Maßnahmen zur Verbesserung der haftungsrechtlichen Situation von Patienten gefordert, die durch Arzneimittel geschädigt wurden (BT-Drs. 12/8591 vom 25. 10. 1994, S. 258).

Von der Gefährdungshaftung ausgenommen sind homöopathische Arzneimittel, die lediglich registrierungspflichtig sind, weil das Risiko einer Schädigung bei diesen Arzneimitteln sehr gering ist. Ferner sind Arzneimittel ausgeschlossen, die in Apotheken auf Verschreibung eines Arztes hergestellt worden sind. Soweit eine Gefährdungshaftung nach § 84 ausscheidet, greift das allgemeine Produkthaftungsgesetz (vom 15. Dezember 1989, BGBl. I S. 2198), das gleichfalls eine Gefährdungshaftung begründet.

Der Ersatzanspruch besteht für die Kosten der Heilung, den Verlust oder die Minderung der Erwerbsfähigkeit oder die Vermehrung der Bedürfnisse, im Todesfall die Bestattungskosten und ggf. Unterhaltsleistungen. Die Höhe des Ersatzanspruchs ist begrenzt auf einen einmaligen Kapitalbetrag bis zu 1 000 000 DM oder einen Rentenbetrag von 60 000 DM jährlich, bei einer Schädigung mehrerer Personen durch das gleiche Arzneimittel 200 Mio. DM oder einen Rentenbetrag von 12 Mio. DM jährlich, so daß die Einzelansprüche gekürzt werden müssen, wenn eine Vielzahl von Menschen geschädigt worden ist (Verdoppelung des Kapital- und Rentenbetrages durch die fünfte Novelle).

Ein Ersatz immaterieller Schäden, ein Schmerzensgeld, wird nach § 86 nicht geschuldet. Ein solcher Anspruch ist nur bei deliktischer Haftung nach §§ 823, 847 BGB gegeben.

Der pharmazeutische Unternehmer muß in Höhe der Höchstbeträge Leistungen durch eine Deckungsvorsorge in Form einer Haftpflichtversicherung oder Gewährleistungsverpflichtung einer Bank sicherstellen.

Die Erfahrungen mit HIV-infizierten Blutprodukten haben gezeigt, daß der geschädigte Patient in einer schwierigen Nachweislage ist, wenn er mehrere Arzneimittel erhalten hat und nicht festgestellt werden kann, welches dieser mehreren – möglicherweise fehlerhaften – Arzneimittel den Schaden verursacht hat. Schwierig ist die Beweislage für ihn auch bei einer langen Latenzzeit zwischen Infizierung und Ausbruch der Krankheit.

Als nachteilig hatte es sich in diesen Fällen ferner erwiesen, daß auch die Gefährdungshaftung nach §§ 84 ff des Arzneimittelgesetzes keinen Anspruch auf Ersatz immaterieller Schäden (Schmerzensgeld) gewährt. Beiden sollte durch ein Zweites Gesetz zur Änderung schadensersatzrechtlicher Vorschriften abgeholfen werden, das noch in der vorigen Legislaturperiode eingebracht worden ist. Der Gesetzentwurf hatte im Arzneimittelbereich alsm wesentliche (Verbesserungen) einen Auskunftsanspruch des Geschädigten gegenüber dem pharmazeutischen Unternehmer auf Mitteilung der ihm zur Kenntnis gelangten Anzeichen möglicher Nebenwirkungen und einen Schmerzensgeldanspruch vorgesehen.

Das Gesetzgebungsverfahren konnte in der 13. Legislaturperiode nicht mehr abgeschlossen werden. Jedoch ist damit zu rechnen, daß Bundesregierung und Bundestag das Problem in der neuen Legislaturperiode neu aufgreifen werden.

12 Einfuhr und Ausfuhr

Die für die Einfuhr von Arzneimitteln geltenden Regelungen dienen dem Zweck, ein einheitliches Qualitäts- und Sicherheitsniveau sicherzustellen und eine Umgehung der arzneimittelrechtlichen Vorschriften auszuschließen. Anhand der Einfuhrregelungen wird deutlich, daß die Europäische Wirtschaftsgemeinschaft schon weitgehend als ein einheitlicher Binnenmarkt behandelt wird, wenn auch Arzneimittel immer noch in jedem einzelnen Mitgliedstaat einer eigenen Verkehrsgenehmigung (Zulassung, Registrierung, § 73 Abs. 1) bedürfen.

Pharmazeutische Unternehmer mit Sitz in einem anderen Mitgliedstaat werden jedoch wie in der Bundesrepublik ansässige Unternehmen behandelt. So muß jedes Arzneimittel den Namen eines pharmazeutischen Unternehmers ausweisen, der in einem Mitgliedstaat der Europäischen Gemeinschaft ansässig ist (§ 9 Abs. 1 und 2). Importeure, die Arzneimittel aus Drittländern einführen, die nicht Mitgliedstaaten der Europäischen Gemeinschaften sind, bedürfen in der Bundesrepublik ebenso wie in jedem anderen Mitgliedstaat einer Einfuhrerlaubnis (§ 72), die nach ihrer Funktion und den personellen und sachlichen Anforderungen mit gewissen Modifizierungen der Herstellungserlaubnis (§ 13) entspricht. Im übrigen finden sich die für die Einfuhr geltenden Einzelregelungen in der Betriebsverordnung für pharmazeutische Unternehmer vom 8. März 1985 (BGBl. I S. 546[1]). Die Ausdehnung der Einfuhrerlaubnis auf Wirkstoffe, die menschlicher oder tierischer Herkunft sind oder auf gentechnischem Wege hergestellt werden, trägt den Erfahrungen mit Blutprodukten Rechnung und ist durch die fünfte Novelle vorgenommen worden.

Arzneimittel, die noch weiterer Herstellungsschritte bedürfen (Halbfertigware) oder erst in der Bundesrepublik in abgabefertige Packungen umgefüllt werden (sog. Bulkware) dürfen ohne Einfuhrerlaubnis eingeführt werden.

Eine Einfuhr von Arzneimitteln aus Drittstaaten hat zur Voraussetzung, daß bei ihrer Herstellung die Grundregeln der Weltgesundheitsorganisation über die ordnungsgemäße Herstellung von Arzneimitteln eingehalten worden sind, die auch für die Arzneimittelherstellung in der Bundesrepublik gelten. Es ist vorgesehen, daß eine Inspektion der ausländischen Herstellungsstätten durch Zertifi-

---

[1] in Kloesel/Cyran, Arzneimittelrecht Kommentar unter A 1.5

kate ersetzt werden kann, die im Ausland hergestellt worden sind (§ 72 a). Die gegenseitige Anerkennung dieser Zertifikate kann, wie mit einer Reihe von Staaten bereits geschehen, in völkerrechtlichen Verträgen vereinbart werden.

Soweit die Herstellung von Wirkstoffen für Deutschland durch eine Betriebsverordnung nach § 54 geregelt ist, ist auch ihre Einfuhr von einer Inspektion oder einem Zertifikat abhängig. Arzneimittel oder Wirkstoffe, die Blutzubereitungen sind oder enthalten, dürfen immer nur nach einer Inspektion im Ausland oder mit einem Zertifikat eingeführt werden. Die Einfuhr von Blut und Blutzubereitungen aus bestimmten Ländern kann durch Rechtsverordnung nach § 72 a Abs. 2 verboten werden. Die Verordnungsermächtigung ist durch die fünfte Novelle eingefügt worden.

Privatpersonen können Arzneimittel zum persönlichen Gebrauch im Reisegepäck mitführen (§ 73 Abs. 2 Nr. 6); aus EWR-Staaten können Privatpersonen Arzneimittel auch auf dem Postwege beziehen (§ 73 Abs. 2 Nr. 6 a); weitere Einzeleinfuhren sind nur auf ärztliche Verschreibung und nur über eine Apotheke zulässig, sofern das Arzneimittel im Ausfuhrland verkehrsfähig ist (§ 73 Abs. 3). Weiteres ist dazu in der Apothekenbetriebsordnung geregelt. Eine Werbung für Einzeleinfuhren ist unzulässig (§ 8 Abs. 2 HWG).

Die Einhaltung der Einfuhrvorschriften wird von den Überwachungsbehörden der Länder in enger Zusammenarbeit mit den Zolldienststellen überwacht.

Exportarzneimittel sind nach den gleichen Qualitätsanforderungen herzustellen wie Arzneimittel für den Inlandsmarkt. Die vierte Novelle stellt in § 73 a ausdrücklich klar, daß bedenkliche und irreführend gekennzeichnete Arzneimittel nicht ausgeführt werden dürfen. Eine Ausnahme gilt nur dann, wenn das Importland eine Einfuhrgenehmigung erteilt, aus der sich auch ergibt, daß die Gründe für die Einstufung des Arzneimittels als bedenklich im Einfuhrland bekannt sind.

13   Apothekenabgabepreis

Während der pharmazeutische Unternehmer den Preis, zu dem er ein Arzneimittel an den Großhandel oder direkt an die Apotheke liefert, frei von einer staatlichen Preisregelung festlegen kann, ist die Preisgestaltung des Großhandels und der Apotheken staatlich geregelt. Diese Regelung verfolgt das Ziel, den Verbraucher vor einer willkürlichen Preisgestaltung zu schützen, weil er auf das Arzneimittel angewiesen ist, ohne die Berechtigung einer bestimmten Preisforderung erkennen zu können. Für apothekenpflichtige Arzneimittel ist nach § 78 Abs. 2 Satz 2 ein einheitlicher Apothekenabgabepreis zu gewährleisten.

13.1   Arzneimittelpreisverordnung

In der Arzneimittelpreisverordnung vom 14. November 1980 (BGBl. I S. 2147), zuletzt geändert durch Verordnung vom 15. April 1998 (BGBl. I S. 721) sind auf der Ermächtigungsgrundlage des § 78 Preise und Preisspannen für Arzneimittel geregelt. Demnach sind auf den Herstellerabgabepreis der

Großhandels- und der Apothekenzuschlag zu erheben. Beide Zuschläge sind degressiv gestaffelt, so daß bei höheren Herstellerabgabepreisen niedrigere prozentuale Zuschläge zur Anwendung kommen. Da der Apothekenzuschlag ein Festzuschlag ist, der dem Herstellerabgabepreis und dem zugerechneten Großhandelszuschlag aufgeschlagen wird, ergibt sich ein einheitlicher Apothekenabgabepreis, der aus gesundheitspolitischer Sicht zu fordern ist, um dem Patienten den unproblematischen Bezug verschriebener Arzneimittel aus jeder Apotheke zu ermöglichen. § 78 legt ausdrücklich den Verordnungsgeber darauf fest, daß ein einheitlicher Apothekenabgabepreis zu gewährleisten ist.

Die Arzneimittelpreisverordnung legt auch die Abgabepreise für Rezepturen und Stoffe fest, die in Apotheken in unveränderter Form abgegeben werden.

13.2 Festbetragsregelung des Sozialgesetzbuches

Da der Apothekenumsatz nahezu zu 70% mit der gesetzlichen Krankenversicherung abgewickelt wird und die Versicherung keinen unmittelbaren Einfluß auf den verschreibenden Arzt und den Versicherten hat, in welchem Umfang Leistungen der gesetzlichen Krankenversicherung in Anspruch genommen werden, sind die Bedingung eines Marktes nur schwach ausgebildet. Aus diesem Grunde hat der Gesetzgeber Maßnahmen ergriffen, die die Kräfte des Marktes aktivieren sollen. So haben die Selbstverwaltungsorgane der gesetzlichen Krankenversicherung die Aufgabe erhalten, für Arzneimittel Festbeträge festzusetzen. Ist für ein Arzneimittel ein Festbetrag festgesetzt, dann wird die Leistungspflicht der Versicherung auf den Festbetrag begrenzt und der Versicherte muß den Differenzbetrag zahlen, wenn der Arzt ihm ein Arzneimittel verschreibt, dessen Preis den Festbetrag übersteigt. Der Festbetrag eines Arzneimittels wird bestimmt für jede Darreichungsform, Stärke und Packungsgröße. Er wird in einem Berechnungsverfahren ermittelt, das die Preise sämtlicher Arzneimittel dieser Art berücksichtigt, die sich auf dem Markt befinden. Etwa 54% des GKV-Arzneimittelumsatzes und über 62% der kassenärztlichen Verschreibungen sind mit Festbeträgen abgedeckt. Die Festbetragsregelung hat die Entwicklung des Arzneimittelpreisniveaus gebremst und einen erheblichen Einsparungseffekt für die gesetzlichen Krankenversicherung (GKV) erzielt.

13.3 Apothekenrabatt

Nach § 130 Abs. 1 SGB V erhalten die Träger der gesetzlichen Krankenversicherung von den Apotheken einen Abschlag in Höhe von 5% bezogen auf den Apothekenabgabepreis für die Arzneimittel, die sie auf eine kassenärztliche Verschreibung abgeben.

13.4 Zuzahlung

Versicherte, die das achtzehnte Lebensjahr vollendet haben leisten an die Apotheke je abgegebenem Arzneimittel eine Packungsgröße abhängige Zuzahlung in Höhe von 8,–, 9,– oder 10,– DM (§ 31 Abs. 3 SGB V). Die Einordnung als kleine, mittlere und große Packung wird durch Rechtsverordnung des Bundesgesundheitsministeriums nach § 31 Abs. 4 SGB V vorgenommen.

14 Packungsgröße

Die Zulassungsbehörden können nach § 28 Abs. 2 Nr. 4 Auflagen anordnen um sicherzustellen, daß das Arzneimittel in Packungsgrößen in den Verkehr gebracht wird, die den Anwendungsgebieten und der vorgesehenen Dauer der Anwendung angemessen sind.

Packungsgrößen können auch durch Verordnung des Gesundheitsministeriums nach § 12 Abs. 3 festgelegt werden.

15 Überwachung

Die Einhaltung der Vorschriften des Arzneimittelgesetzes wird durch die zuständigen Behörden der Bundesländer überwacht (§§ 64 ff.). In die Zuständigkeit des Bundes fällt allein die Zulassung, die Registrierung homöopathischer Arzneimittel und die staatliche Chargenprüfung, die Entscheidung aber, ob ein bestimmtes Arzneimittel ein Fertigarzneimittel und damit zulassungspflichtig ist, ist wiederum Aufgabe der Überwachungsbehörden.

Je nach Bundesland ist die Arzneimittelüberwachung Aufgabe der mittleren Verwaltungsebene (Regierungspräsidium, Bezirksregierung), in Nordrhein-Westfalen zum Teil auch der Kommune oder in den Stadtstaaten des Senates[1]. Die mit der Überwachung beauftragten Personen müssen diese Tätigkeit hauptberuflich ausüben. Mit der Überwachung der Apotheken können auch ehrenamtliche Pharmazieräte betraut werden, jedoch gilt das nicht, soweit es um die Überwachung von Krankenhausapotheken und von Apotheken geht, die eine Herstellungserlaubnis i. S. des § 13 besitzen.

Die für die Durchführung des Arzneimittelgesetzes zuständigen Behörden und Stellen des Bundes und der Länder sind verpflichtet, sich gegenseitig Amtshilfe zu leisten. Sie haben sich bei Zuwiderhandlungen und bei Verdacht auf Zuwiderhandlungen gegen Vorschriften des Arzneimittelrechts für den jeweiligen Zuständigkeitsbereich unverzüglich zu unterrichten und sich bei der Ermittlungstätigkeit auch ohne besonderes Ersuchen gegenseitig zu unterstützen (§ 68).

Die wesentliche Aufgabe der Überwachungsbehörden besteht zunächst

– in der Erteilung der Herstellungserlaubnis und der Anerkennung der Großhandelsbetriebe,
– in der in der Regel alle zwei Jahre vorzunehmenden Betriebsbesichtigung,
– in der Probenziehung und amtlichen Untersuchung der Proben,

---

[1] Die zuständigen Behörden sind im einzelnen aufgeführt in Kloesel/Cyran, Arzneimittelrecht Kommentar unter A 2.5

- in der Verfolgung von Verstößen gegen arzneimittelrechtliche Vorschriften,
- Verbot des Inverkehrbringens, die Anordnung des Rückrufes und die Sicherstellung bedenklicher Arzneimittel,
- Diese Überwachung sind gleichzeitig auch für die Überwachung der Einhaltung der Vorschriften des Apothekenrechts und des Heilmittelwerberechts zuständig.

Ein Rückruf kann bei begründetem Verdacht auf Bedenklichkeit eines Arzneimittels auch von der zuständigen Bundesoberbehörde im Zusammenhang mit Entscheidungen zur Zulassung oder Chargenfreigabe angeordnet werden (§ 69 Abs. 1 Satz 2). Ebenso kann die zuständige Bundesoberbehörde auch öffentlich vor dem Einsatz eines Arzneimittels warnen.

Die der Überwachung unterliegenden Betriebe und Einrichtungen sowie Einzelpersonen sind verpflichtet, Überwachungsmaßnahmen nicht nur zu dulden, sondern auch bei der Überwachung mitzuwirken (§ 66). Es besteht eine allgemeine Anzeigepflicht (§ 67).

Das Bundesministerium für Gesundheit kann nach § 82 mit Zustimmung des Bundesrates die zur Durchführung des Gesetzes erforderlichen allgemeinen Verwaltungsvorschriften erlassen; auf dieser Rechtsgrundlage beruht die Allgemeine Verwaltungsvorschrift zur Durchführung des Arzneimittelgesetzes vom 25. August 1983 (BAnz. S. 9649)[1].

Die Arbeitsgemeinschaft der Obersten Landesgesundheitsbehörde hat einen Ausschuß der in den Bundesländern zuständigen obersten Pharmaziebeamten gebildet, in dem alle grundsätzlichen Durchführungsfragen abgestimmt werden mit dem Ziel, eine möglichst einheitliche Interpretation der arzneimittelrechtlichen Vorschriften zu erreichen. Dieser Ausschuß für „Arzneimittel-, Apotheken- und Medikalprodukte" tagt in der Regel zweimal jährlich unter dem Vorsitz des Landes, das turnusmäßig der Gesundheitsministerkonferenz vorsitzt. Der Vorsitz dort wechselt nach zwei Jahren.

16 Tierarzneimittel

Das Gesetz gilt in seinen wesentlichen Bestimmungen gleichermaßen auch für Tierarzneimittel. Auch für diese muß eine einwandfreie Qualität, die Unbedenklichkeit und der Nachweis der behaupteten Wirksamkeit gewährleistet sein. Außerdem sind Vorkehrungen zu treffen, daß durch Rückstände von Arzneimitteln in Lebensmitteln Menschen nicht gefährdet werden. Die für Tierarzneimittel geltenden Regelungen zum Verbraucherschutz werden durch die Vorschriften des Lebensmittel- und Bedarfsgegenständegesetzes (in der Fassung der Bekanntmachung vom 8. Juli 1993, BGBl. I S. 1169) und des Fleischbeschaugesetzes vom 28. September 1981 (BGBl. I S. 1045) ergänzt. Sondervorschriften gelten vor allem für die Herstellung, die Zulassung, die Abgabe und die Anwendung von Tierarzneimitteln.

---

[1] in Kloesel/Cyran, Arzneimittelrecht Kommentar unter A 2.6

Tierarzneimittel dürfen außer durch die Apotheken auch durch Tierärzte an Halter der von ihnen behandelten Tiere aus der tierärztlichen Hausapotheke abgegeben werden (§ 43 Abs. 4 und 5). Fütterungsarzneimittel bedürfen in jedem Fall einer Verschreibung durch den Tierarzt (§ 56). Der Großhandel mit Tierarzneimitteln ist von einer amtlichen Anerkennung abhängig, wie die Betriebsverordnung für Arzneimittelgroßhandelsbetriebe vom 10. November 1987 (BGBl. I S. 2370) auf Grund der Ermächtigung in § 54 Abs. 2 a festgelegt hat.

Der Erwerb, die Herstellung, die Prüfung, die Aufbewahrung und die Abgabe von Arzneimitteln durch Tierärzte sind in der Verordnung über tierärztliche Hausapotheken in der Neufassung vom 3. Mai 1985 (BGBl. I S. 752[1]) geregelt.

Tierarzneimittel werden in großem Umfang zur Behandlung von Nutztierbeständen eingesetzt, wobei ein rationeller Einsatz der Arzneimittel nur über die Futtermittel möglich ist. Aus der Mischung von Arzneimittelvormischungen mit Futtermitteln entstehen Fütterungsarzneimittel, die auch der behandelnde Tierarzt u. a. in anerkannten Futtermittelmischbetrieben herstellen lassen kann (§ 13 Abs. 2 Nr. 3). Die Herstellung von Fütterungsarzneimitteln unterliegt besonderen Einschränkungen (§ 56); so dürfen insbesondere nur zugelassene Arzneimittel-Vormischungen verwendet werden und in dem verwendeten Mischfuttermittel darf kein Antibiotikum oder Kokzidiostatikum als Futtermittelzusatzstoff enthalten sein, das auch in der Arzneimittel-Vormischung enthalten ist. Technische Einzelheiten enthält die Verordnung über tierärztliche Hausapotheken.

16.1 Rückstandsproblematik

Werden von Tieren, die mit Arzneimitteln behandelt worden sind, Lebensmittel gewonnen, so können diese mit Rückständen belastet sein, die, wenn auch nur in geringen Mengen enthalten, nicht ohne weiteres als harmlos bezeichnet werden können. Im Einzelfall mag eine nachweisbare Toxizität erst in sehr hohen Dosen oder bei Lanzeitexposition in Betracht kommen. Es handelt sich aber fast stets um Stoffe von großer biologischer Wirksamkeit, die nicht nur in der verabreichten Form, sondern auch als Abbau- und Umsetzungsprodukt in Lebensmitteln enthalten sein können (so die Amtliche Begründung zur Tierarzneimittelnovelle von 1974, BT-Drucks. 7/256). Aus diesem Grund werden bei der Zulassung Wartezeiten festgelegt, nach deren Ablauf nicht mehr mit Rückständen nach Art und Menge nicht unbedenklicher Stoffe in Lebensmitteln gerechnet werden muß (§ 4 Abs. 12, § 24 Abs. 1 Nr. 4 und § 25 Abs. 2 Nr. 6).

Ferner ist als Voraussetzung für die Zulassung von Tierarzneimitteln die Vorlage eines routinemäßig durchführbaren Rückstandsnachweisverfahrens festgelegt worden, das die Kontrolle der festgesetzten Wartezeiten erleichtern soll.

Bei der Festlegung der Wartezeiten sind festgesetzte Höchstmengen für Lebensmittel zu berücksichtigen. Dementsprechend muß auch das Sachverständigen-

---

[1] in Kloesel/Cyran Arzneimittelrecht Kommentar unter A 2.22

gutachten über die Rückstandsproblematik nach § 24 Abs. 1 Satz 2 Nr. 4 feststellen, ob nach Ablauf der Wartezeit die festgesetzten Höchstmengen unterschritten werden.

Arzneimittel zur Anwendung bei Tieren, die der Lebensmittelgewinnung dienen, dürfen nur noch mit pharmakologisch wirksamen Stoffen zugelassen werden, die in Anhang I, II oder III der Verordnung (EWG) Nr. 2377/90 enthalten sind.

16.2 Anwendung

Die Erfahrungen in der Rückstandsüberwachung der von Tieren gewonnenen Lebensmittel sowie in der Arzneimittelüberwachung machen es zum Schutz vor einer ungerechtfertigten, mißbräuchlichen Verwendung von Arzneimitteln bei Tieren, die der Lebensmittelgewinnung dienen, erforderlich, die Zufuhr von Stoffen mit pharmakologischer Wirkung an solche Tiere auf den unvermeidbaren Umfang zu beschränken. Aus diesem Grund ist mit der ersten Novelle zum Arzneimittelgesetz die Regelung des § 56 a eingefügt worden, die dem Tierhalter und dem Tierarzt die Anwendung von Arzneimitteln nur unter bestimmten Voraussetzungen gestattet:

– Die Arzneimittel müssen zugelassen sein.
– Sie dürfen nur in dem zugelassenen Anwendungsgebiet angewendet werden; Ausnahmen sind für den Tierarzt gestattet.
– Nur in einer Menge, die nach Dosierung und Anwendungsdauer den Angaben des Herstellers entspricht, die in der Zulassung behördlich überprüft worden sind.

Diese Anwendungsregelungen sind durch ein ganzes System von Vorschriften zusätzlich abgesichert. Der Tierhalter darf nach § 57 Abs. 1 Arzneimittel nur bei den durch das Arzneimittelgesetz autorisierten Stellen, dem behandelnden Tierarzt, den Apotheken, und Fütterungsarzneimittel bei Herstellungsbetrieben erwerben. Pharmazeutische Unternehmer und Großhändler haben nach § 47 Abs. 1 b, Tierärzte nach der Verordnung über tierärztliche Hausapotheken in der Neufassung vom 3. Mai 1985 (BGBl. I S. 752), Tierhalter nach der Verordnung vom 2. Januar 1978 (BGBl. I S. 26) Nachweise zu führen.

16.3 Überwachung

Die Befugnisse der Überwachungsbehörden sind im Hinblick auf Tierarzneimittel erweitert worden. Sie können nicht nur die Herstellungsbetriebe und die verschiedenen Vertriebsstellen, den Großhandel, die Apotheken und den Tierhalter überwachen, sondern auch Personen, die mit Arzneimitteln berufsmäßig zu tun haben oder sie nicht ausschließlich für den Eigenbedarf mit sich führen. Wer Arzneimittel oder bestimmte Rohstoffe wie Antibiotika und Hormone in Besitz hat, unterliegt bereits der Überwachung, wenn er keinen Eigenbedarf geltend machen kann.

17   Straf- und Bußgeldvorschriften

Die Einhaltung der materiellen Schutzvorschriften, z. B. des Verbotes bedenklicher Arzneimittel in § 5, der Bestimmungen über die Herstellungs- und Verkehrsvoraussetzungen in den §§ 13 ff. und 23 ff. sowie anderer für die Arzneimittelsicherheit tragender Bestimmungen, ist durch Straf- und Bußgeldvorschriften abgesichert. Das Strafmaß ist nach dem Unrechtsgehalt abgestuft und reicht von einer Regelhöchststrafe von drei Jahren bis zu einer Strafe von einem Jahr bis zu zehn Jahren Freiheitsstrafe in besonders schweren Fällen. Auch eine fahrlässige Begehung ist unter Strafandrohung gestellt. Minder schwere Delikte werden in § 96 mit Freiheitsstrafe bis zu einem Jahr bewehrt. Die fahrlässige Verwirklichung dieser Tatbestände wird wie der Verstoß gegen eine Reihe von Vorschriften, wie Informationspflichten gegenüber den Verbrauchern, Anzeigepflichten gegenüber den Behörden, Nichteinhaltung der Vertriebswege oder die Abgabe verfallener Arzneimittel, als Ordnungswidrigkeit mit Bußgeld bis zu 50 000 DM bedroht.

Gegenstände, auf die sich eine Straftat oder eine Ordnungswidrigkeit bezieht, können nach § 98 eingezogen werden.

Die Vorschriften über die Straf- und Bußgeldbewehrung sind bereits durch das erste Änderungsgesetz mit dem Ziel verschärft worden, daß Verstöße gegen die arzneimittelrechtlichen Vorschriften mit der Folge einer gesundheitsbedenklichen Rückstandsbelastung der Lebensmittel schärfer als bisher bestraft werden können.

18   Arzneimittelrecht und EG-Binnenmarkt

Das nationale Arzneimittelrecht wird inzwischen in wesentlichen Teilen durch Rechtsakte der Europäischen Gemeinschaften vorgegeben. Die Erste Pharmazeutische Richtlinie, die insbesondere eine materielle Prüfung des Arzneimittels vorschreibt, ehe es mit staatlicher Genehmigung in den Verkehr gebracht werden darf, stammt aus dem Jahre 1965. Aus dem Jahre 1975 stammt die Zweite Pharmazeutische Richtlinie, die vor allem Vorschriften über die Arzneimittelherstellung, die Einfuhr aus Drittstaaten und ein Verfahren enthält, das die Zulassung von Arzneimitteln Ausschuß für Arzneispezialitäten erleichtern sollte, wenn ein Mitgliedstaat bereits eine Zulassung erteilt hatte. Im Jahre 1986 ist das sog. Hochtechnologieverfahren eingeführt worden, das die Mitgliedstaaten verpflichtete, vor der Zulassung bestimmter, z. B. in biotechnologischen Verfahren hergestellter Arzneimittel, im Spezialitätenausschuß zur Diskussion zu stellen. Die Rechtsvereinheitlichung innerhalb der Europäischen Gemeinschaften hat den großen gemeinsamen Markt zum Ziel, in dem Arzneimittel wie die anderen Güter ohne Grenzschranken zirkulieren können. Über die Rechtsvereinheitlichung im strengen Sinn hinaus sind auch die materiellen Prüfungsanforderungen – pharmazeutische und medizinische – in sogenannten Prüfrichtlinien und noch konkreter in speziellen Einzelempfehlungen angeglichen worden. Eine besondere Richtlinie bestimmt die Farbstoffe, die in Arzneimitteln verwendet werden dürfen. Das politische Ziel, einen großen Gemeinsamen Markt für Arzneimittel zu schaffen, realisiert die Verordnung des Rates der EG vom 22. 7. 1993 (Abl. Nr. L

214 vom 24. 8. 1993) für einen wichtigen Sektor des Arzneimittelmarktes. Diese Verordnung sieht für hochtechnologische Arzneimittel und solche mit besonders hoher medizinisch/therapeutischer Bedeutung ein Zulassungsverfahren bei der Europäischen Arzneimittelagentur (European Agency for the Evaluation of Medicinal Products – EMEA) vor. Die materielle Prüfung wird nach wie vor im Ausschuß für Arzneispezialitäten vorgenommen, der sich aus Vertretern der Zulassungsbehörden der Mitgliedstaaten zusammensetzt.

Die Europäische Arzneimittelagentur setzt sich zusammen aus dem Ausschuß für Arzneispezialitäten, einem Sekretariat unter der Leitung eines Verwaltungsdirektors und einem Verwaltungsrat, der vom Europäischen Parlament, der EG-Kommission und den Mitgliedstaaten besetzt ist.

Die Zulassungsentscheidung wird von der Kommission der Europäischen Gemeinschaften getroffen und gilt in allen Mitgliedstaaten, ohne daß eine nationale Zulassung erteilt wird. Das ist das sogenannte zentrale Verfahren. Ein dezentrales Verfahren findet in den Fällen statt, in denen ein Mitgliedstaat die frühere Zulassungsentscheidung eines anderen Mitgliedstaates nicht anerkennt, obwohl dieser Mitgliedstaat in einem besonderen Bewertungsbericht die Gründe für die Zulassungsentscheidung dargelegt hat. In einem solchen Nichtanerkennungsfall gibt der Ausschuß für Arzneispezialitäten ein Votum ab, das für die Mitgliedstaaten verbindlich ist.

19 Einigungsvertragsgesetz und EG-Recht-Überleitungsverordnung

Mit Wirkung vom 3. Oktober 1990 ist die Deutsche Demokratische Republik nach Artikel 23 des Grundgesetzes der Bundesrepublik Deutschland beigetreten. Dieser Beitritt hat die Wirkung, daß die Länder Brandenburg, Mecklenburg-Vorpommern, Sachsen, Sachsen-Anhalt und Thüringen Länder der Bundesrepublik Deutschland werden, die 23 Bezirke von Berlin bilden das Land Berlin. Die genannten 5 Länder der DDR sind durch das Ländereinführungsgesetz vom 22. Juli 1990 mit Wirkung vom 3. Oktober 1990 gebildet worden. Dieses Ländereinführungsgesetz gilt nach dem Beitritt als Bundesrecht fort.

Die Bedingungen des Beitritts sind in dem am 31. August 1990 geschlossenen Einigungsvertrag niedergelegt. Die Einigung ist vollzogen. Durch die Ratifizierung des völkerrechtlichen Einigungsvertrages durch die gesetzgebenden Körperschaften der Bundesrepublik und der ehemaligen Deutschen Demokratischen Republik sind die Beitrittsbedingungen geltendes Recht geworden.

Im Hinblick auf das Recht des wiedervereinigten Deutschland ist grundlegend die Bestimmung des Einigungsvertrages, daß das gesamte Recht der Bundesrepublik Deutschland mit dem Wirksamwerden des Beitritts der Deutschen Demokratischen Republik zur Bundesrepublik Deutschland in den fünf neuen Ländern in Kraft tritt. Dieser Grundsatz ist in Artikel 8 des Einigungsvertrages festgelegt.

Übergangsvorschriften finden sich in der Anlage I des Einigungsvertrags und in der im Anhang VII abgedruckten EG-Recht-Überleitungsverordnung.

Die Übergangsvorschriften in Anlage I des Einigungsvertrages regeln u. a. das Tätigwerden von Kontroll- und Vertriebsleitern, Fragen der Packungsbeilage, der Probandenversicherung, der Gefährdungshaftung und der Sachkunde für den Einzelhandel und als Pharmaberater. Weiterhin sind die Übergangsvorschriften des ersten Änderungsgesetzes für Tierarzneimittel und des zweiten Änderungsgesetzes für die Fachinformation auf Arzneimittel aus den beigetretenen fünf Ländern erweitert worden. Die Übergangsvorschriften sind jeweils an entsprechender Stelle in dieser Textausgabe des Arzneimittelgesetzes eingearbeitet und gekennzeichnet worden.

Weitere Übergangsregelungen betreffen die Arzneimittel-Warnhinweisverordnung, die Betriebsverordnung für pharmazeutische Unternehmer, die Großhandelsbetriebsverordnung, die Arzneibuchverordnung, die Verordnung über radioaktive Arzneimittel, die Verordnung über die Sachkunde im Einzelhandel sowie die Verordnung über tierärztliche Hausapotheken.

DDR-Recht gilt nur dann fort, wenn es ausdrücklich in Anlage II des Einigungsvertrages aufgeführt ist. Aus dem Arzneimittelrecht ist in Anlage II keine DDR-Regelung aufgeführt, so daß nach dem Beitritt im gesamten Rechtsgebiet für Arzneimittel ausschließlich das Arzneimittelgesetz und die auf seiner Grundlage erlassenen Rechtsverordnungen zur Anwendung kommen.

In der Gestaltung der Übergangsvorschriften waren die beiden Vertragspartner in großen Bereichen aber nicht völlig frei, vielmehr mußten sie der Tatsache Rechnung tragen, daß die Bundesrepublik den Europäischen Gemeinschaften angehört und auch die fünf beigetretenen Länder der EG angehören würden. In dieser Staatengemeinschaft ist das Arzneimittelrecht durch die pharmazeutischen Richtlinien harmonisiert. Diese Harmonisierung bedeutet, daß bestimmte Grundanforderungen mit den EG-Anforderungen übereinstimmen müssen, z. B. die Definition der Arzneimittel, ihre Kennzeichnung, die Gestaltung der Packungsbeilage, die Fachinformation, die Herstellungserlaubnis.

Mit dem Tage der staatlichen Vereinigung gilt das Recht der Europäischen Gemeinschaften unmittelbar in den neuen Ländern (Artikel 10 Einigungsvertrag). Das betrifft die Europäischen Verträge selbst wie auch die auf ihrer Grundlage erlassenen Rechtsakte, für Arzneimittel also insbesondere die pharmazeutischen Richtlinien mit ihren Vorschriften über die Herstellung sowie die Verkehrszulassung von Arzneimitteln. Eine EG-Recht konforme Regelung, die sicherstellt, daß die DDR-Arzneimittel den EG-Anforderungen entsprechen, hätte also nur so aussehen können, daß mit den Tagen des Beitritts alle Arzneimittel der DDR nicht mehr in den Verkehr gebracht werden dürften, und zwar weder in der jetzigen Bundesrepublik noch im ehemaligen DDR-Gebiet. DDR-Arzneimittel hätten also sofort vom Bundesgesundheitsamt (oder Paul-Ehrlich-Institut) zugelassen werden müssen und es hätte sofort eine Herstellungserlaubnis nach dem Arzneimittelgesetz beantragt werden müssen. Welche Probleme bei einer solchen rigiden Handhabung des EG-Rechts entstanden wären, liegt auf der Hand.

Aus diesem Grunde sieht Art. 10 Abs. 2 des Einigungsvertrags vor, daß die notwendigen Übergangsvorschriften getroffen werden; Art. 4 des Einigungsvertragsgesetzes gibt die notwendige Verordnungsermächtigung für Übergangsvorschriften, sobald die Europäischen Gemeinschaften ihre Zustimmung gegeben haben.

Mit vorläufiger Zustimmung der EG, die später bestätigt worden ist, konnte die in der Anlage VII abgedruckte EG-Recht-Überleitungsverordnung am 3. Oktober 1990 gleichzeitig mit dem Einigungsvertragsgesetz und dem Beitritt der fünf Länder in Kraft treten.

Die Übergangsvorschriften dieser Verordnung betreffen den Zulassungs- und Herstellungsbereich. Arzneimittel aus den beigetretenen Gebieten bleiben dort verkehrsfähig und dürfen im bisherigen Geltungsbereich des Arzneimittelgesetzes in den Verkehr gebracht werden, sobald ein Zertifikat über ihre Herstellung entsprechend den Grundregeln der Weltgesundheitsorganisation über die ordnungsgemäße Herstellung von Arzneimitteln von der zuständigen Behörde erteilt worden ist.

Literatur

Kommentare

Etmer, Lundt, Schiwy	Arzneimittelgesetz Kommentar, Loseblatt Percha
Kloesel/Cyran	Arzneimittelrecht mit amtlichen Begründungen, weiteren Materialien und einschlägigen Rechtsvorschriften sowie Sammlung gerichtlicher Entscheidungen Kommentar 3. Auflage, Loseblatt Stuttgart
W. A. Rehmann	AMG Arzneimittelgesetz München 1999
A. Sander, O. May	Arzneimittelrecht für die juristische und pharmazeutische Praxis zum neuen Gesetz über den Verkehr mit Arzneimitteln (Arzneimittelgesetz) sowie mit Betäubungsmitteln (BtMG) Kommentar, Loseblatt Köln, Stuttgart, Berlin, Mainz

Monographien

E. Deutsch	Medizinrecht, Arztrecht, Arzneimittelrecht und Medizinprodukterecht, 3. Auflage Berlin, Heidelberg, New York 1997
G. Glaeske, E. Greiser, D. Hart	Arzneimittelsicherheit und Länderüberwachung, 1993
U. Di Fabio	Risikoentscheidungen im Rechtsstaat, Tübingen 1994
D. Hart, A. Hilken, H. Merkel, D. Woggan	Das Recht des Arzneimittelmarktes, Bremen 1988
D. Hart	Die Sicherheit von Blutarzneimitteln, Rechtsgutachten, BT-Drs. 12/8591
G. Lewandowski	Sicherheitsentscheidungen im Zulassungsverfahren und bei der Risikoabwehr – Rechts- und Verfahrensfragen, Pharma Recht 1980, S. 132
H. J. Papier	Der bestimmungsgemäße Gebrauch von Arzneimitteln – die Verantwortung des pharmazeutischen Unternehmers Baden-Baden 1980

H. Plagemann	Der Wirksamkeitsnachweis nach dem Arzneimittel- gesetz von 1976 Baden-Baden 1979
T. Räpple	Das Verbot bedenklicher Arzneimittel, Baden- Baden 1991
M. Ramsauer	Die staatliche Ordnung der Arzneimittelversorgung Stuttgart 1988
B. Schnieders, R. Mecklenburg (Hrsg.)	Zulassung und Nachzulassung von Arzneimitteln, Basel 1987